U0854728

走出思想的边界

knowledge-power

读行者

大明王朝的七张面孔

Seven Faces of the Ming Dynasty

张宏杰 著

SPM 南方传媒 | 广东人民出版社 博集天卷 CS-BOOKY
·广州·

图书在版编目（CIP）数据

大明王朝的七张面孔/ 张宏杰著. --广州：广东人民出版社，2016.1（2022.3重印）

ISBN 978-7-218-10608-3

Ⅰ.①大… Ⅱ.①张… Ⅲ.①历史人物—生平事迹—中国—明代—通俗读物 Ⅳ.①K820.48-49

中国版本图书馆CIP数据核字（2015）第289088号

DAMING WANGCHAO DE QI ZHANG MIANKONG

大明王朝的七张面孔

张宏杰 著

出 版 人：肖风华

责任编辑：梁 茵 陈泽航
监 制：秦 青
特约策划：曹 煜
文案编辑：巩树蓉 王 争
封面设计：格局视觉

出 版：广东人民出版社
地 址：广州市大沙头四马路10号（邮政编码：510102）
电 话：（020）83798714（总编室）
传 真：（020）83780199
网 址：http://www.gdpph.com
印 刷：三河市百盛印装有限公司
开 本：680mm×955mm 1/16
印 张：23 字 数：300千
版 次：2016年1月第1版
印 次：2022年3月第5次印刷
定 价：68.00元

为什么张宏杰写的历史好看？

——莫言（诺贝尔文学奖得主）

张宏杰的笔总是能如此轻松地割开时间帏幕，让那些本来离我们极其遥远的历史人物的气息，甚至体温扑面而来：“吴三桂真正过人之处在于他的处世能力。他情商极高，善于感觉别人的情绪变化。不论什么场合，他都能镇定自若。在战场上，他表现出的勇气和沉着使他能赢得所有军人的尊重，而在社交场合，他的沉稳风度使他能够永远成为人群的中心……虽然年纪轻轻，又是名门之后，可他身上见不到一点纨绔之气，和任何人交往都和颜悦色，彬彬有礼。”

写历史人物就像写自己身边一个极熟悉的朋友，这种笔法本身就是一种能力。或者说，这是一个与众不同的视角。张宏杰的作品之所以呈现出一些特别之处，原因就在这里。

张宏杰不是从政治、道德或者学术的角度，而仅仅是从人性的角度去接近古人。他不批判也不仰视，他只是抱着悲悯之心，替他笔下的人物设身处地，悲欢与共。也仅仅因为此，那些在历代史书中伟大或者邪恶得光怪陆离的历史人物被他还原成了可以信赖的人，与以往的描述面貌迥然不同。

比如说，在我们心目中汉奸的代名词“吴三桂”三个字，经过他的笔墨滋润，一变而成了一个“外表兼具北雄南秀”的美男子，一个在战场上冷静、坚决、无与伦比的战士，一个曾经视荣誉如生命的忠臣孝子，一个在历史夹缝中被挤压被扭曲的痛苦灵魂。

再比如，那个历来被认为凶险、狡诈、处心积虑的大太监魏忠贤，在剥去历代史家的层层曲解之后，在他的笔下剩下的是一个憨厚粗朴、待人真诚的“傻子”。这个“傻子”原本胸无大志，素来在太监中被欺负被嘲弄，直到五十二岁了还仅仅满足于做一个“伙食管理员”。谁成想，机缘巧合命运捉弄，他居然被颠簸到大明王朝权力结构的最高点进行了一番手忙脚乱、漏洞百出的表演。

这些结论真是触目惊心，但过程却是层层深入的。张宏杰不是刻意地翻哪个人的案，他只是把这些历史名人所做的那些匪夷所思的伟大或者邪恶的事放到具体的历史环境中去，用人情伦理的平常心去推理，结果却是顺理成章，让我们感觉到如果我们生在那个时代，也许我们也不得不如吴三桂那样无情。这些大伟人或者大恶人，其实都是命运之流中苦苦挣扎的可怜人，和你我一样。在阅读中，你不得不和他们一起痛苦、战栗和呻吟。在河北保定的军营中，我曾经做过一段时间的图书管理员，培养起了对历史书籍的阅读兴趣，但是从那时起到现在，我很少读到什么历史读物能像张宏杰的这些作品一样给我带来这样大的阅读快感。

把这些作品归到某种文学体裁，是件挺困难的事。这些东西不是小说，不是散文，也不是时下流行的历史报告文学，甚至还不是人物传记。但是，毫无疑问的是，这些东西都流露着天然的文学品质，因为它的出发点是对人性和命运的关心。借用张宏杰自己的一句话，“关心历史其实是关心自己”，他对这些古人的性格和命运的兴趣里，无疑包含了对自己的兴趣。张宏杰解读古人就如同解读自己，既小心翼翼又深入彻骨。

“人是太复杂的一种动物，其复杂程度有时让人类自己也瞠目结舌。”（张宏杰语）我相信，张宏杰对人性的复杂一定有着科学家般的浓厚兴趣。在我们短暂的一生中，不会有太多的大风大浪，不会有太多的悲欢离合，体验到的和经历过的事毕竟有限。即使是最杰出的小说家，想象力也只能在经验的边界里飞翔。因此，人性的侧面在现实中表现得是非常有限的。但是在历史这个壮观的剧场里，人性却有机会表现它平庸生活中难得展示的一面。因为在漫长的历史中，各种各样出人意料的事情都已经发生过了：改朝换代、家破人亡、非同寻常的诱惑与考验、传奇般的危机和奇遇。在张宏杰的这本书里，好像上帝为了分析出人性的每一种成分，他老人家进行了千奇百怪的实验：他把吴三桂放到明清易代的大背景下，看着吴三桂的人格结构在历史重压下如何抵抗、伸缩、变形、扭曲、断裂。他把魏忠贤这样天姿平庸的人推向社会制高点，看魏忠贤在这个让人眩晕的高度上如何忘乎所以、丑态百出。他把海瑞这样的道学先生放到纷纭复杂的政治环境中去，看海瑞无望的坚定顽强和可悲的下场。任何一个小说家极尽想象力，也写不出这样精彩的剧本。这些剧目对七十年代生人张宏杰来说是如此具有吸引力，所以他循着对自己性格和命运的关心闻声而来，来到了这里，做了这冷清剧场内的一个有心的看客。

张宏杰是个观察和记录的高手。他冷静细致的笔法，把人性的复杂、深奥、奇特、匪夷所思出人意料而又情理之中表达得淋漓尽致，原本熟悉的历史事实在他的笔下呈现出完全不同的面貌，新鲜而又迷人，让我们这些历史书页背后的观赏者触目惊心、目眩神迷、欲言又止。当历史扑面而来，我们只好在造物者的深刻面前一再确认自己的浅薄。

目录

Contents

大明王朝的七張面孔

历史的惯性：朱元璋

DAMING WANGCHAO DE QIZHANG MIANKONG

龙爪上的泥土

一

古今中外的帝王们中间，大明王朝开国皇帝的出生大概最为草率了。

元帝国的糟糕统治使贫农朱五四对生育已经不感兴趣，四十七岁的他被生活折磨得完全像个老头了。他和四十二岁的陈二娘，此时已有了三男二女。在这个年岁，再怀孩子，会被人笑话，说明他俩做那件事的劲头太大。然而一不小心，还是怀上了。

朱五四夫妇已经习惯了听天由命。笑话只好由人笑话，既然怀上了，那就揣着，就好比揣个南瓜。反正装在肚子里，比衣袋里还安稳，并不妨碍陈二娘侍弄鸡猪、插秧锄草。

问题是朱家的房子，对这个即将出世的新生儿来说太局促了点。一家七口，挤在安徽凤阳东乡赵府村三间低矮的茅草房里，房顶有一处已经塌了，门也坏了多日，一直没来得及修理。一家人一年辛苦到头，到手的粮食还总是不够吃。不过五四脸上并没有愁容，他经历的大灾大难太多了，船到桥头自然直，上天既然又把一条小命派发到这个世上来，就总有养活他的办法。

蒙古人灭南宋后的第四十九年，元天顺帝天历元年（1328年）九月十八那天中午，陈二娘收拾好碗筷，喂完鸡鸭，挪着步子，匆匆往地里奔。正是秋播紧张的时候，一时一晌也耽误不得。走到村东头二郎庙旁边，肚子一阵阵疼了起来，这才想起，肚子里还装着个孩子呢！没办法，只好急忙拐进破庙。刚刚迈进庙门，靠着墙壁大口大口喘气的工夫，孩子已经蠢蠢而动了。身不由己地，她顺着墙壁滑下来，刚躺到地上，孩子已经呱呱坠地了。

哭声十分响亮。

然而，没有任何人注意到这个新出生的生命。这孩子在世上就像野地里的一棵草，多他一棵不多，少他一棵也不少。他的存在对这个世界没有任何意义。只有朱五四面临了一个非常严峻的问题：孩子生下来，连块裹身子的破布都没有，总不能成天这样光着啊！

幸亏二哥到河边提水时捞了一块破绸子，解了老朱家的燃眉之急。

除此之外，没有任何困难了，连名字都不用费心，亲兄弟加堂兄弟按顺序排下来，这孩子正好第八，就叫“重八”。像一只小猪小狗一样，重八就自生自长起来了。什么前途、教育、事业，是些什么东西，没人费心去想。

从小到大，重八没穿过新衣服，没穿过新鞋。大人出去干活时，就拿一条索子，系在桌腿上，任由他在地上哭、坐、爬、吃泥土、玩自己的脚趾头。刚刚懂事，重八就成天干活，早起拾粪，白天放牛，晚上还要编草席，困得打呵欠才叫去睡觉。五四在外面老实懦弱，谁都可以欺负他，在家里却是凶神恶煞，看见哪个孩子偷懒，上去就是一顿拳脚，没好没歹。

二

二十五岁以前，朱重八对生活最深刻的感受就是：饥饿。

一年到头，朱五四一家都是以世界上最粗粝的粮食来填充胃肠。而且，即使是这最粗粝的粮食，也总是不够。那口破铁锅，只在过年过节时，才能见点荤腥。

这不是贫农朱五四一家一户的状况。这是帝国里多数农民的景状。几千年来，这片土地一直是一个巨大的空荡荡的胃。

这个判断也许离我们头脑中的“常识”相距太远。在我们的“常识”中，中国地大物博，文化灿烂；中国人民勤劳勇敢，聪明智慧，在清朝中期以前，我们一直领先于世界。我们居然会饿了几千年？

谓予不信，请看孟子的话。周赧王十五年（公元前300年），孟轲奔走各国，大声宣扬他的政治主张。而他自视为完美的政治目标，不过是“乐岁终身饱，凶年免于死亡”。他用形象化的语言来夸饰他的政治理想：

> 五亩之宅，树之以桑，五十者可以衣帛矣。鸡豚狗彘之畜，无失其时，七十者可以食肉矣。百亩之田，勿夺其时，数口之家可以无饥矣。

这沾沾自喜的夸饰带给我们的却是一种酸楚的感觉：一个耕种“百亩之田”的“数口之家”，挣扎奋斗一生，五十岁之前却不能“衣帛”，七十岁之前不能“食肉”。这样的一生，竟然就是我们祖先梦寐以求的“王道”理想！

即使如此，这个可怜的理想也很少在这片土地上实现过。中国人以聪明和勤劳闻名于世，中国的农业文明也领先了世界几千年。按理说，中国人在这片土地上，应该能生活得很舒适。然而，人口压力、频繁的灾害和贪婪的专制统治取消了传统时代中国人舒适生活的权利。由于中国人独特的生育观，中国的人口密度一直大于绝大多数国家和地区。中国的季风性气候是一种极不稳定的气候，广袤的大地上局部灾害无年不有。中国传统官僚体系的庞大举世无匹，使官僚队伍吞噬了大量社会财富。这几个因素结合在一起，造成了古代中国独一无二的经济繁荣表象下的贫困化。饥饿和赤贫，连同战乱和灾祸，始终追随着我们的祖先。从孟子的时代穿越汉唐宋明，两千年间，丰衣足食的盛世远少于在温饱线上挣扎的岁月。

自新航路开辟以来，那些慕名而来的传教士惊讶地发现，中国虽然确乎像传说中的那样地大物博、声色繁华，但民众的实际生活水平却远低于同期的欧洲人。一位耶稣会传教士在致朋友的信中曾这样描述中国民众的生活：“我将告知你一个事实，虽然它看似自相矛盾，但严格说来却是真实的，这就是，这个世界上最富裕、最繁荣的帝国，在某种意义上却是最贫穷、最悲惨的一个国家。这个帝国，尽管疆域辽阔，土地肥沃，却不足以养活它的居民。要使其居民舒适，需要比其实际疆域大三倍那样面积的国土。”在这个帝国，“人们熟知，极端的悲惨驱使人们采取一些最为骇人听闻的行为。一个到中国的观光者，如果他认真观察，将不会吃惊于母亲杀死或抛弃自己的许多子女，父母为了点点钱物而出卖女儿。……街上充斥着乞丐。让人吃惊的是，最为可怕的事这里都发生了”。

三

我们得重新定义文明与财富的关系。贫穷从来不是好事。“贫困对人的尊严和人性的堕落所造成的后果是无法衡量的。”（［美］查尔斯·K·威尔伯）贫穷遮蔽了人的眼睛，让他看不到食物以外的东西；贫穷的枷锁禁锢了人的身体，让他像动物一样不停地被原始欲望折磨。贫穷剥夺了人的力量、尊严和权利，让他在自然、神灵和权力面前自觉软弱，卑躬屈膝。而财富则让人有了多余的时间和精力，来关心自己的内心，关心视野以外的大千世界，思索那些与胃无关的奢侈问题。财富是文明生长的土壤。

朱重八符合苦大仇深的贫下中农的一切条件。从懂事开始，他就开始了劳动生涯，跟在娘的屁股后面拔草，和小伙伴们上山打柴。十多岁开始，就去给地主放牛。从降生到这个世界上起，到十七岁以前，朱重八一步也没有离开过农村。世界在他眼里，就是从南岗到北坡之间熟悉的一草一木。他所接触过的人，不过是村子里那百十口老老少少。在这个地图上找不到的小村子里面，人们的生活与外国人描写的毫无二致：“农民的贫困和无知，使人惊讶……吃不饱饭却终日不停地劳动，三十到四十岁上就死去，是很平常的事情。做苦工是一个人从小到老的命运……他们光着身子睡在炕上，盖的是爬满虱子的破布。

几乎家家都用鸦片来麻痹自己。几乎每个儿童都长寄生虫，患有胃病、佝偻病和可怕的皮肤病。”（《延安日记》）

穷人的孩子好养活，虽然吃的是世界上最恶劣的饭食，患每个儿童都患的蛔虫病和皮肤病，却并没有耽误他长成一副魁梧的身材，只不过容貌丑了点，脑袋很长，下巴宽大，整个一张驴脸。《明史》含蓄地称他“姿貌雄杰，奇骨贯顶”。因为身强力壮，打架在行，他成了村子里的孩子王。

这个未来的皇帝最爱玩的游戏是“做皇帝”。他找个土堆一坐，让孩子们跪成一排排，整整齐齐三跪九叩头，同声喊万岁。谁叩头叩得不认真，他当时走下去，一脚撂倒，然后再叫边上的孩子继续打，直到打得他肯把头叩得嘣嘣响，脑门上长出大包为止。

唯一的文化活动，就是听在四邻八乡游串的说书先生来讲书了，什么隋唐、三国、杨家将、《大宋宣和遗事》。在这些评书里，他知道了“君叫臣死，臣不得不死”，知道了朝廷之上有“忠臣”“奸臣”，知道了“宋太祖一条哨棒，打下四百座军州”。

在对一个人精神世界发展至关重要的青少年时期，朱重八所能接触到的外界资源太少了。史称朱元璋自小资质俊秀，“聪明过人”。《明太祖实录》载：“太后（即朱元璋的母亲）常谓仁祖（即朱元璋的父亲）曰：‘人言吾家当生好人。今诸子皆落落，不治产业。’指上（即朱元璋）曰：‘岂在此乎？’”从朱元璋后来的表现看，这些评语并不是奉承皇帝的过誉之辞。然而，再聪明，他也不过是一个乡下孩子，如果不是元末农民大起义把他颠簸出原来的生活轨道，朱元璋注定终生被贫困牢牢锁定。在乡村社会里，不仅仅有淳朴的人情和田园风光，也有愚昧、野蛮和对权力的盲目顺从。就在社会最底层的摸爬滚打中，底层文化精神全方位地渗进朱元璋的身心。随着命运神奇的改变，登上皇位的朱元璋不可避免地把他性格中的贫困文化因子更为广泛深刻地传播到整个帝国和民族精神里面。

终其一生，大明王朝的开国皇帝的一举一动都受着农民思维方式的牢牢制约。我们在他的治国大政方针里，可以清晰地分辨出淮河南岸那个小村庄的贫困文化的精神印记。

在凤阳乡下这些农民的眼睛里，天圆地方，日升月落，小小的村野四周，景色永远不变。老一辈的生活经验对农民们有着持久的报答力。“不听老人言，吃亏在眼前。”对于外部世界，他们的基本反应是排斥、恐惧和不信任。封闭的生活状态让他们感觉安全、轻松。

基于乡村生活经验，洪武皇帝的治国理念中表现出强烈的静态取向。他治理国家的基本倾向就是把国家的运转方式固定化，使整个社会倒退到“小国寡民”“老死不相往来”的原始状态。

虽然取天下依靠的是武力、进取和冒险精神，然而一旦天下安定，朱元璋立刻恢复了农民的保守本性。大元帝国是一个世界性帝国，继承者朱元璋却对外面的世界丝毫不感兴趣。他对曾给中国带来巨大财富的海外贸易不感兴趣，不但禁绝了海外贸易，甚至禁止渔民下海捕鱼，把海岛上的居民悉数内迁，“以三日为限，后者死”。在《皇明祖训》里，他把十多个邻国列为不征之国，以这些邻国“得其地不足以供给，得其民不足以使令”，告诫后代，“切记不可”对其动心思。虽然没有多少财产需要保护，套院墙在农民生活中却是一项非常重大的事务。继秦始皇之后，朱元璋的明朝又一次花费巨大人力物力来重修长城，以至我们今天所见到的长城，基本都是明朝遗物。

短视的实惠观是孤庄村生活在朱元璋身上打下的第二个深刻的印记。底层文化是饥饿的产物，实用主义是它的核心，占有和保存那点为数不多的生存资源吸引了农民们的全部注意力。为了一点粮食、几间草屋，人们可以毫不顾惜地运用体力脑力，把算盘打到最精，让每一粒米都发挥最大效益。从这点看，底层文化是现实、精明而有效的。然而，由于生活经验的限制，农民们目光短浅，缺乏想象力。他们的精明、现实有时不可避免地变成短视和愚昧。

朱元璋和任何一个孤庄村乡亲一样，是坚定的重农轻商主义者。在他们眼里，商人都是不劳而获者。农民们辛辛苦苦地用汗水换来实实在在的粮食，而商人们只是把货物交换一下罢了，并没有增加货物总量，却像变魔术一样地获得了许多额外的利润。这无论如何都让他们想不通。

朱元璋是中国历史上最为轻商的皇帝。他屡屡说："农桑为衣食之本。"只有实实在在出产了粮食和棉花的活动，在他看来才是劳动。他说："上古时代，每个男人都耕地，每个女人都织布，所以水旱无虞，饥寒不至。自从人们学会了经商，学会了享受，农桑之业废。……所以，要让天下人都吃饱饭的关键在于禁止商业。"为了贬抑商人，他特意规定，农民可以穿绸、纱、绢、布四种衣料。而商人却只能穿绢、布两种料子的衣服。商人考学、当官，都会受到种种刁难和限制。

本来，中国社会发展到宋朝，已经有了现代社会的雏形，商品经济高度发达，税收实现了货币化。朱元璋却严厉限制商品经济，恢复了低效率的实物征收制和劳役制。"衙门内的传令、狱丁，都由各乡村轮派，即使文具纸张，甚至桌椅板凳公廨之修理也是同样零星杂碎地向村民征取。"用黄仁宇的话来说，洪武型财政的特点就是"缺乏眼光，无想象力，一味节省，以农村内的经济为主，只注重原始式的生产……不顾投资为来日着想"，"这种维护落后的农业经济，不愿发展商业及金融的做法，正是中国在世界范围内由先进的汉唐演变为落后的明清的主要原因"。

第三个影响是强烈的亲族观念。"打仗亲兄弟，上阵父子兵。"农业社会里，血缘关系比任何关系都可靠。成为皇帝的朱元璋对所有人都抱着强烈的猜忌之心，独独对自己的血亲却无条件地倚重信任。

虽然有历代藩王之乱的前车之鉴，他还是视而不见，固执地让他的孩子们分享皇帝的权力。他的孩子都被封为亲王，拥有雄厚的兵力，甚至有的"带甲八万，革车六千"，以此防止帝国大权落入外姓之手。大臣们指出他封建诸王之策的严重弊端，他却认为这是离间他的骨肉，把谏言者抓来囚死狱中，终于酿成了靖难之乱。他对任何人都刻薄寡恩，唯对自己的亲人奉之唯恐不厚。他规定了历代以来最薄的官俸，同时又规定了历代最厚的皇族俸禄。他规定他的亲属和后代们都要世世代代安享富贵，不必从事任何职业，以至皇族的供应成了明中期之后国家最沉重的财政负担。

像每个农民一样，朱元璋有着强烈的乡土观念。登基之后，他觉得哪个地方也没有老家好，越来越想念淮河南岸的那个小村。“圣心思念帝乡，欲久居凤阳。”凤阳本是贫瘠之地，四周又没有险要可守，从地理位置上讲，绝非建都之所。然而洪武二年，朱元璋却坚持定凤阳为中都。虽然大臣们多次劝谏，他也毫不动摇。农民们在生活细节上一再节省，盖房子时却会倾其所有，力求坚固气派。同样，为了经营中都，一贯坚持轻徭薄赋的朱元璋也劳民伤财，不惜人力物力，先后征用了几十万军人和工匠。用钱唯恐不多，用料唯恐不精，为求坚固，石缝里都灌上铁汁，甚至整条大街都用白玉石铺成。由于催工过紧，劳役太重，工匠们不堪忍受，他们在皇宫建筑里埋下木头小人，用“厌胜法”表示愤怒。朱元璋得知后勃然大怒，把数万工匠不分青红皂白一律杀掉，衣锦还乡的计划因此不得不落空。要不然，淮河南岸那个“十年倒有九年荒”的贫瘠小村，就会变成大明王朝最为雄伟气派的都城。

初生鳞甲

一

元至正四年（1344年）春，朱重八还不满十六周岁，正处在懵懵懂懂的青春前期。这时的他，却已过早品尝到了命运的苦涩和严峻。

今天仍以洪水和污染闻名的淮河，几千年来不断地给两岸带来灾难。不过，至正三年（1343年）和至正四年，发生在淮河两岸的不是洪水，而是干旱。俗话说“羊马年好种田”，然而，至正三年这个羊年却一夏无雨，粮食减产一半。转年，元至正四年开年，又是数月不雨。

本来就不敢多下的米，每顿饭时又少放了。从草木返青开始，人们就四出剜野菜，剥树皮，搀在粥里吃。两碗野菜稀粥吃进肚里，一泡尿又都撒光了。

上天显然是存心和人们过不去了。就在人们的身体已经虚弱至极的时候，瘟疫又来了。症状是突然发高烧，上吐下泻，人很快虚脱，一般挺不过三五天就死了。一开始人们还没有在意，当每个村子边上都添上几座新坟的时候，恐慌才笼罩了整个凤阳。人们明白，这是上天又“收人”了。不少人家打起包裹，锁上院门，开始逃难去了。

朱五四逃了一辈子难，如今已六十四岁，须发皆白，身躯佝偻，实在逃不动了。已经一个多月没有吃饱过的老人，身体虚弱到了极点，习惯于欺凌弱者的病毒首先把他列为攻击对象。老汉全身高烧，嗓子红肿，躺在床上绝望地呻吟。请大夫，对这户人家来说是太奢侈的事情，他们所能做的，只是在观世音菩萨面前烧上两炷香，然后，就是听着老汉的呻吟，等着他死去。

四月初六，五四终于结束了他的所有苦难，撒手去了。然而，对于朱家来说，这却只是灾难的开始。就在五四去世前三天，重八的大哥重四也倒下了，在大嫂的哭声中挺了六天，四月初九去世。死亡名单上的第三个是大哥的长子。最后，四月二十二，五十九岁的老母陈氏终于给这个名单画上了句号。

十六岁的朱重八眼睁睁看着自己最亲爱的人一个个在面前死去，却无能为力，只有和还活着的人相对痛哭。十六天内，连失四个亲人，对一个半大孩子，精神打击不言而喻。而在此次灾荒之前，二嫂三嫂都已先后病故，二哥的独生子也夭折了。现在，朱家只剩下重八和他的二哥重六，以及大嫂王氏和她的一双小儿女。

二

从朱重八记事起，老朱家就不停地搬家。朱五四六十四岁的人生中搬过七次家，从江苏再到安徽，却也没有找到一块能养活一家人的土地。如今，他被土地榨干了一切，大地却没有准备他的葬身之处。大嫂带着剩下的儿女去逃荒了，家里只剩了重八和二哥。走投无路之下，兄弟俩狠起心厚着脸皮去求地主刘德，以为主佃关系多年，他不至于忍心让佃户暴尸荒野吧。谁知刘德没有一丝怜悯，反而“呼叱昂昂”，把兄弟俩痛骂了一顿赶了出来。最后还是刘德的胞兄刘继祖看不过眼，给了他们巴掌大一块荒地，这才没让亲人的尸体去喂野狗。

家破人亡，亲人离散，兄弟也准备像父祖当年那样，分头去逃难。在这个世界上，穷人的生命比一只蚂蚁还脆弱，这一分手，分散在茫茫人海，也许永世不能相见了。想到这里，兄弟俩抱头痛哭。多年后，朱元璋在《皇陵碑》中这样回忆当年的惨景：

兄为我哭，我为兄伤，皇天白日，泣断心肠！

哭声惊动了隔壁的汪大娘，老人家挪着小脚，过来安慰兄弟俩。大娘说，二哥一个人出去还行，重八年龄太小，怎能一个人出门！不如到村头皇觉寺里当个和尚吧！

同一方水土的人，如同一根藤上的瓜，心都是连在一起的。虽然自己也是穷得揭不开锅，汪大娘还是掏出压在箱底的钱，替重八买了香烛礼品，让儿子小三儿陪重八到了庙里。

三

虽然是自学成才，但朱元璋的诗文通脱自然，朴茂雄强，颇有可观之处。请看他是如何在《皇陵碑》中描述自己三年流浪生活的：

> 居未两月，寺主封仓，众各为计，云水飘扬。我何作为，百无所长。依亲自辱，仰天茫茫。既非可倚，侣影相将。突朝烟而急进，暮投古寺以趋跄。仰穹崖崔嵬而倚碧，听猿啼夜月而凄凉。魂悠悠而觅父母无有，志落魄而佒佯。西风鹤唳，俄淅沥以飞霜。身如蓬逐风而不止，心滚滚乎沸汤。一浮云乎三载，年方二十而强。

这一百二十字，是关于朱元璋流浪生涯的唯一记载。文语直白，情辞并茂，把少年朱元璋流浪路上的形单影只、艰苦悲凉表现得相当动人。可惜，基于流浪生涯对朱元璋的一生轨迹的重要性，这一百余字无疑是太寥寥了。我们必须在这一百二十字之上深入探索，来推断这三年风雨对他的影响。

朱重八在皇觉寺半饥半饱的小和尚生活，只过了五十天。全县大饥，寺庙里的粮仓也迅速空了下去。第五十一天，老和尚把几个和尚叫到一起，宣布粮食已尽，只好封仓，叫大家各谋出路。

对朱重八来说，唯一的出路，就是乞讨了。寺院生活把他从一个农民变为流丐的时间推迟了五十天，而且还给了他一套比一般乞丐体面一点的行头：一套僧装，一个木鱼，一只瓦钵。一般的乞丐叫“要饭”，他则可以聊以自慰地称为“化缘”。名目虽异，内容则一。

当朱重八背上破包袱，提上木鱼和瓦钵，走出皇觉寺破败的大门的那一刻，世界在他眼里变了。在此之前，他朱重八是被许多套定位系统牢牢锁置在大元社会的一个细胞：不论是户籍本，家谱，还是和尚度牒，都表明他是被这个社会牢牢控制着和规定着的。他是大元朝濠州府钟离县太平乡孤庄村的一个男丁，是朱氏和陈氏家族亲戚网的一个不可缺少的结点，泾渭分明，一目了然。他的未来生活本当恪守三纲五常、乡规民约，信奉鬼神，尊敬长上，安分守法，勤苦成家，春种秋收，娶妻生子，生老病死。

可是，因为这一场大饥荒带来的巨变，他身上所有的锁链都被扯断了。父母不存，兄弟失散，一切家族亲戚关系都被割断了，只剩下他孤零零一个人。官府不再管他，甲长不再管他，甚至现在连寺庙也不再管他，平生第一次，他一无所属，在这个世界上失去了定位。

现在，展现在他面前的天地是无序、混乱、凶险的。失去了家族和寺院的庇护，他就像断了缆绳的一艘小船，任何大浪打来，都有可能吞没他。

他沿着乡村小路，一直向南走去。老和尚说南边年景好点。路边的景色，变得越来越陌生。经过一个大村子，他挑了一家高门大户的院子，有点胆怯地扣动了门环。

四

可以想见，从一个重信誉、好面子的农民家庭出来的孩子，第一次向人家开口要饭要突破多大的心理障碍。

老半天，门开了，门里人探头看了一眼，不耐烦地“咣”地把门又关上了。朱重八心里一凉。正当他犹豫不决转身要走的时候，门又开了一条缝，一只拿着勺子的手伸了出来。重八赶紧把瓦钵伸过去，勺子一倾，一把生了虫子的糙米哗哗滑落：“今天已经过去三个化缘的了，就这点了，快走吧！”

中午，朱重八就在村边的破庙里找几块石头，支上瓦钵，倒上水，把这把米煮得半生不熟，勉强填了填肚子。

艰苦的流浪生活就此开始了。他先是向南一直走到合肥，接着又往西走到河南固始。随后的几年中，他又相继流浪到河南信阳、临汝，往东折向河南淮阳，经河南鹿邑、安徽亳县，又前往安徽阜阳。一路爬山涉川，云水飘扬。可以想见，一个十七岁的孩子在乞讨路上会品尝到多少常人体会不到的饥饿、孤独和艰辛。有好几次，他差点命丧虎狼之口。他吃过大户善人施舍的白面馒头，也曾吃过草根、野菜。他住过高门大户的下人房，住过村边的破庙，也曾经睡在山洞山崖，睡在雪地里风雨中，天为幕，地为席。他一路念过佛号，也帮人打过短工。在许多城镇里他和乞丐们打过架，有的时候，他也曾加入当地丐帮，一起设局骗人。在实在饥饿难耐的时候，他还做过小偷，趁农忙村民们都下地的时候，跳墙进入人家家里，偷厨房的食物、柜里的银钱，也偷院里的鸡鸭。有几次，他还做过更为恶劣的行径：抢比他更饥饿的人的粮食，甚至掘过坟、盗过墓。

朱重八游荡三年，相当于在社会大学读了三年书。由于悟性高，他的成绩也非常出色。经过最初的不适应，他已经成了流浪的老手。这种生活让他大开眼界。

和平静的孤庄村比起来，外面的世界实在是太复杂、太庞大、太繁华了。他见到了在孤庄村里无论如何都不可能见到的社会百相。

元末人口日益繁盛，政府统治力下降，社会越来越呈现多元化，世相越来越纷繁复杂，因此，对一个十七岁的孩子来讲，这个世界真是险恶重重。仅就骗子来说吧，多如牛毛。如今中国社会上的种种骗术，千百年前就已经流行在江湖。元末的文献暂不论，《武林旧事》所载宋朝市民社会的发展可参照：商业繁华之区，人口密集，游手好闲的人，实在太多了。有所谓“美人局”（以妓女为姬妾，诱引少年人）、“柜坊赌局”（以赌博、游戏、结党等手法骗

子，保不住哪天就被官兵抓去充当“乱民”，被砍掉脑袋。没办法，白天只好揣个饼子，躲到山里，等太阳下山了，再回来睡觉。

岂料在两军夹缝间，如此苟且偷生都不可能。那天和尚们下山，庙已经没了。原来起义军来庙里找吃的，一粒粮食也没找着，一生气，一把火把庙给烧了个精光。

朱元璋彻底走投无路了。再出去流浪吧，烽烟处处，天下已经没有安静的地方。兵为刀俎，民为鱼肉。看来在这个武力决定一切的时候，只有拿起武器，才有可能活下来。可是，当什么兵，也是个问题：“出为元兵，恐红巾至，欲入红巾，畏元兵至，两难莫敢前。”

在残垣断壁里忍饥挨饿躲藏了几天，他意外地收到了同村的一个哥们给他捎来的音讯。原来这个哥们已经加入红巾军了，说如今大碗喝酒，大块吃肉，快活得很，劝他也快快参加。

他并没有欣然往赴。谨慎的天性让他一次次拖延。这时，命运给了他又一次推动力。大师兄告诉他，红巾给他捎信的消息已经被人知道了，有人想向官军举报他呢。

事已至此，他还是没下定决心。他找到了一尊没被烧坏的菩萨像，想让神佛给出出主意。点上香，磕了头，拿起神案前的两块木片，按老和尚教给他的卜卦法卜算起来。第一卦问：应该去当兵还是继续当和尚？答案是应该当兵。那么，当红巾好还是当官军好？答案是当红巾。

一个伟大农民起义领袖的命运就这样被两块木片确定下来了。革命与反动之间就这样一念之差。不过，这个一念之差一直让朱元璋感觉不好意思。后来，他不断强调自己加入起义军实在是迫不得已，是人生的一大污点。他说自己加入起义军是“昔者，朕被妖人（红巾军）逼起山野……”（《与元臣秃鲁书》）他又说：“朕本淮右布衣，暴兵（红巾）忽至，误入其中。”（《明太祖实录》卷三七）在《皇陵碑》中，朱元璋说：“元纲不振乎彼世祖之法，豪杰（那些起义领袖）何有乎仁良（哪有什么好东西）？” 登基后，这固然是为维护皇朝统治而不得不以造反为非，也未尝不是朱元璋参加革命大业时的部分真实思想。

二

至正十二年闰三月初一，一个穿着破烂袈裟的年轻和尚来到濠州城下，向守门的士兵要求进城去，参加红巾军。这和尚身材高大，黑长脸，大鼻子大耳朵大下巴，双目炯炯有神。守兵觉得他身上有点什么与众不同的地方。面对雪亮的大刀，这个人沉得住气，并不害怕。鉴于城外元军密布，守兵认为面前这个人有可能是元军的奸细，发一声喊，几个人按住年轻和尚，五花大绑，拉到护城河边准备砍了。宁可错杀一千，不可放过一个，这是形势的需要。在这些初级阶段的革命者看来，可以随便杀人也是起义者的一种特权。

选择了当兵就是选择了风险，朱元璋早有心理准备。没有想到的是，还没当成兵就可能先成刀下鬼。不过朱元璋并没有惊慌失措，他的第一反应是声嘶力竭地呼喊，试图吸引更多的军人来围观，也许会有人出来制止这几个守兵的野蛮行径。

郭子兴

这个做法救了他。正在城外巡视的起义军元帅郭子兴听到了他的呼喊，驰马赶到，想看看发生了什么事。从这个二十四岁的小和尚眼里，郭子兴看到了一点与众不同的内容。冰凉的刀片贴在脖子上，这小和尚的眼睛里，却看不到慌乱。从这个心灵的窗口，你能看到他的大脑在紧张地运转，迅速地做着各种判断，以求拯救自己于危局。他沉着地回答着郭子兴的问话，神态恭敬，语言流利，逻辑周密，三言两语就使郭子兴确信他不是间谍。

否极泰来。护城河边这意外的一遇，开启了朱元璋成功的序幕。郭子兴对这个机智勇敢的年轻人留下了如此深的印象，不久，他就把朱元璋调到元帅府做了自己的亲兵。

注定朱元璋出类拔萃的品质是，不管做什么事，只要着了手，他都会全心全意地做好。既然选择了军人生涯，他就强迫自己竭尽全力，去做一个出色的士兵。

在这个年轻人身上，郭子兴不断发现珍贵的品质：头脑异常清楚，说话条理清晰，做事谨慎周密。在他身上，一点也没有年轻人常有的轻浮鲁莽，有的是这个年龄段的人所缺乏的沉着老练。交给他几件事，都办得妥妥帖帖。出兵打仗，这个年轻人很勇敢，“从旁翼卫，跳荡无前，斩首捕生过当”，出色地履行了亲兵的职责。郭子兴尝试着叫他带小队出征，每次朱元璋都身先士卒，得到了战利品，从不独吞，总是和大家平分。时间不长，朱元璋就成功地在小队里树立了威信。

郭子兴知道他碰到了一个难得的人才。渐渐地，他有些事开始找朱元璋商量，让这个年轻人帮他拿拿主意。朱元璋的意见常常出乎他的意料，然而经朱元璋分析解说之后，郭子兴又觉得确实很有道理。他对朱如此激赏，以至不久，他就把自己的干女儿马氏许配给了朱元璋。这个赤贫农民的儿子，前流浪汉与和尚，现在成了义军元帅的女婿，不久，又由小队长升为镇抚。大家改口称他为“朱公子”，有生以来，他开始有了地位，也有了可以看得见的前途。直到这时，他才确信，菩萨指给他的道路是正确的。军人生涯固然风险最大，可是也收益最高。如果不是参加义军，很难想象，以朱元璋的出身和素质，会如此迅速地出人头地，在社会阶层上获得令人炫目的晋升。

朱元璋发现自己喜欢上了军人生活。朱元璋甚至发现自己原来天生就是一名军人。

三

这个“志意廓然，人莫能测”的农村青年，很快让人们领教了他的精明和老辣。成为“朱公子”之后，朱元璋不断四出征伐，一路飞黄腾达，很快升任总兵官。

至正十三年（1353年）冬，朱元璋看到濠州的红巾军首领们只热衷于抢劫财物，没有远大计划，自觉和他们一起混下去没有前途。乃向郭子兴要求，带领二十四名亲信离开濠州，向南方去发展势力。

南下路上，朱元璋的流氓手段得以牛刀小试。出发不久，他听说定远张家堡有一支三千人的地主武装，孤军乏粮，在元军与起义军之间左右为难，不知投向哪一方为好。朱元璋亲自前去招降，到了张家堡，巧舌如簧，封官许愿，这支武装的首领大为心动，答应来投朱军。朱元璋大喜，回去等候。不料没几天，有人来报，说张家堡的这支人马又变了卦。朱元璋一听到消息，当机立断，骑马赶到张家堡外，派人去请首领，说有要事相商。首领一到，朱元璋立刻缴了他的械，派人把他押回朱军，然后又派人到张家堡，说首领又变计，转投朱军。手下不知是计，三千义军跟随而来。首领无法，只好承认了既成事实。就这样，三千地主武装被朱元璋招降成功。

除了招降成建制的武装，朱元璋一路又大量招集那些被灾荒赶得走投无路的农民，“不逾月而众集，赤帜蔽野而盈冈”。大军向南，一举攻下了滁州，队伍发展到了约三万人。

不久，郭子兴去世，朱元璋成为义军队伍实际上的领袖，开始了独当一面的军事生涯。五年的战争风云，促使他的权术日趋精熟，心机日益深重，推动他绕过一个个危机，向权力的顶峰迂回前进。

他善于“以术驭人”。至正十五年（1355年），郭子兴部攻和州，郭子兴以朱元璋为前敌总指挥。然而，郭子兴手下的其他总兵官却对朱元璋不服不忿。原因当然是他年纪轻、资历浅，蹿升太快。总兵官集体议事时，朱元璋坐在第一把交椅上，那些老资格的军官大为不惬，在背后飞短流长，说什么朱元璋是靠着“娇客”的身份蹿上去的，说什么出生入死不如娶个好老婆。

朱元璋以他极高的天分，树立了一个“以术驭人”的典型例子。为了确立自己的威信，他叫小兵把会议大厅的椅子撤了，换上长凳。这样在开会时，各人就可以自由挑选自己的座位。第二天朱元璋有意迟到，进会场一看，诸将果然都老实不客气。那时以右为尊，他们把右边都坐满了，留给他最左边一个位置。朱元璋一句话没说就坐下了。开会了，讨论军事问题，排在右首的人先发言。这些大老粗坑哧半天，也说不出几句有水平的话。最后一个轮到朱元璋，他侃侃而谈，分析得入情入理，大家听了，不得不点头称是，按朱元璋的意思去办了。这样的情景出现几次后，再开会时，大家都自觉把右边的位置给他留出来了。朱元璋的威信就这样逐步树立起来了。

他善于故作姿态、故作宽大，来收拢人心。韩林儿“大宋皇帝”龙凤二年（1356年），朱元璋俘虏了陈兆先军三万六千人。朱元璋很欣赏这支军队的战斗力，为了征服军心，朱从俘军中挑出五百名精壮，说要安排给他们特殊任务。这些人不知道朱给他们什么任务，惶惶不安。到了晚上，朱把自己的亲兵撤走，让这五百人做自己的大帐侍卫。自己钻进帐篷，脱下战甲，倒头就睡。这五百人感动不已，从此死心塌地效忠朱元璋，三万六千俘虏也由此军心安定，很快成了朱军的主力。

对待自己欣赏的俘虏，朱元璋有时甚至宽大到没有原则的地步。猛将朱亮祖被俘后，朱元璋立刻委以重任。不料几个月后他又叛归元朝。后来，在战斗中又一次被朱元璋俘获。朱元璋爱其武勇，再次释放他，命他带大队兵马跟徐达等人去攻打宣城。朱亮祖由此倾心卖力，为朱元璋屡立战功。

徐达

后来的历史事实证明，朱的本性相当狭隘敏感，他的宽大仁慈并不是出于天性，而完全是出于理智的考量。他的过人之处，就在于必要的时候能够成为一个高明的演员。

为了寻找生存空隙，朱元璋经常朝三暮四，虚与委蛇。朱元璋的军事生涯，主要是在与周围的汉人武装自相残杀，他不肯为抗元大业做多少贡献，在抗元战争的最关键时刻，他看到形势对义军不利，竟然两次派人送重礼给元军，准备投降元朝，夹击义军。元政府大喜，授他以“行省平章”的高官。幸亏此时义军势力又起，朱元璋这才打消了投降的念头。在那之后很长一段时间里，他也还保持着骑墙态度，并不与元军交恶，给自己留有余地，万一元运复兴，他又可以倒在蒙古大汗脚下，不失富贵。（吴晗《朱元璋传》）

至于忘恩负义、斩草除根，这些中国权谋家惯用的伎俩，他也运用得十分出色。在北面，全靠韩林儿为主的红巾军抵抗元军，他才能从容在南方发展。

因此，他也一直奉韩林儿的“正朔”，上表称臣。当他实力壮大，韩林儿对他无用之后，他派人用船到北方去接韩林儿，说要迎他来坐天下。船到江心，却被他派人凿沉。从此之后，朱元璋再也不提自己曾经是韩林儿的臣下，连当年立的一些石碑，也因为曾经用了韩林儿的年号，一律毁掉，文字史料，更是消灭得一干二净。

四

当然，朱元璋取天下，并不仅仅依靠厚黑手段。在群雄逐鹿的过程当中，朱元璋表现出的勇气、眼光、魄力也是他人所不能及的。他在军事生涯中，曾经制造过多个经典战例。

朱元璋一生成功，有三大关节点：一是离开江淮，渡江攻占集庆（今南京），开辟新的根据地，奠定了独立称雄的基础。二是东征西讨，次序正确地分别消灭了陈友谅和张士诚。三是南略北伐，稳扎稳打地消灭北元。在三个大关节点中，具体又各部署了若干战役，无论是通盘计划或具体战役，谁者宜先，谁者宜后，谁者轻，谁者重，朱元璋都能精确地做出计算，做到知己知彼，用力适分，有条不紊，稳操胜券。在错综复杂的局势中，朱元璋不但展示了他驾驭全局的能力，更展示了他杰出的分析人的能力。

在毛泽东最佩服的古代军事家中，朱元璋排名第二。毛泽东说：“自古能军无出李世民之右者，其次则朱元璋耳。”

因一念之转，这个投身军队的文盲，后来居然以最伟大军事家之一的身份载入了中国战争史。这一军事传奇的产生，离不开朱元璋脚下这片独特的土地。

中华民族似乎不是一个超群智慧的民族。中国古代的自然科学成就只是工匠们在千百年的劳作中偶然发现的积累，社会科学亦缺乏严谨的理论体系，更多的是语录式的、片段式的灵感火花。

但另一方面，中国人又是世界上最聪明的一个民族。在这片人口拥挤的土地上，也许是因为生存异常艰难吧，中国人把大量智慧都用在了“琢磨人”上。《老子》《论语》《菜根谭》《增广贤文》《厚黑学》，林林总总，无非讲如何与人相处。所以，中国人的谋略文化特别发达。姜子牙、诸葛亮、刘伯温……这些智谋大师历来是中国人崇拜的对象。而张仲景、张衡、祖冲之等自然科学家却不为普通人所知。到现在为止，谋略文化仍然在中国生机勃勃，随便找家书店一看就会发现，生存谋略类书籍占据了相当的比重。

中国人谋略化的思维方式与军事思维非常接近。传统时代的中国人不善坦诚合作，也不善公平竞争，而独善于破坏规则的恶性竞争。战场上，需要的正是随机应变，不择手段；战场上，必须用最大的恶意去揣测对方，最大限度地利用对方的弱点；战场上，可以光明正大使用阴谋来欺骗对手，创造性地去示假隐真、欲擒故纵、调虎离山、引蛇出洞、金蝉脱壳、围魏救赵、暗度陈仓、借刀杀人……

战场是中国人表现才智的最佳舞台。正如西方说中国人都是天生的商人一样，其实也可以说中国人都是天生的军事家。

所以，中国古代缺少其他门类的专家大家，独大军事家层出不穷。和西方国家不一样，这里不需要什么“军校”来培养人才。朱元璋就是其中最典型的一个。

五

其实，论狡猾机变，朱元璋在元末群雄中也不过中等偏上水平。那些游民出身的起义领袖，哪一个不是世事洞明，人情练达。论战略战术，朱元璋虽然胜人一筹，但也做不到步步高明。

朱元璋之所以在诸雄中脱颖而出，决定性的因素在于他身上独有的另一些至关重要的品质。

第一点是重视军纪，善于打造“仁义之师”的品牌。

虽然历朝农民起义者据说是历史中最先进因素的代表，但绝大部分人个人素质并不高。从各地义军领袖的绰号我们就能看出一二：什么“棒胡”“韩法师”“芝麻李”“金花小姐”……他们一般都出身流氓无产者，之所以成为乱世英雄，是因为他们有常人所没有的勇敢和残忍，然而文化素质低下、目光短浅却是他们的通病。这些绿林英雄起兵之初没有完整计划，起兵之后热衷于“走府过县”，烧杀抢掠。他们并不像传说中的那样“劫富济贫”，一心帮助阶级兄弟。他们连阶级兄弟也抢，甚至在大户逃亡净尽的时候，他们主要得靠抢阶级兄弟为生。就拿郭子兴的队伍来说吧：“郭子兴的队伍原来纪律很差。刚起义时，他们占领濠州，‘哨掠四邻’，往往不分青红皂白，不仅剥夺地主富豪，也打劫一般平民的财产，有时甚至放火焚烧庐舍，弄得人家屋无根椽片瓦，墙无立堵可观。‘不两月，越境犯他邑，所过亦然。’攻占和州，仍未改旧习，‘破城横暴’，随意砍杀掳掠，抢劫妇女，闹得百姓妻离子散，民心浮动。”（陈梧桐《洪武皇帝大传》）

而朱元璋却从不像那些好汉那样放任自己，今日狂歌痛饮，明朝弃尸马前。他参加起义，不是出于一时的冲动，也不是出于对“大碗喝酒，大块吃肉”的向往。这是他经过深思熟虑后做出的慎重选择，他要的是安身立命，飞黄腾达。人无远虑，必有近忧。只有那些看出五步之外棋局变化的人，才能笑到最后。

后来被证明是中国历史上最残酷的皇帝之一的这个人，登上皇位前对百姓摆出的却是一副最和善的面孔。他所图的，是帝国大业，所以必须团结一切可以团结的力量。他深知战争中人心的向背取决于军队的纪律。所以，独自带兵之始，他就十分注意军纪。他对手下大将说：“我每次听说你们攻下一城之后不乱杀人，就喜不自胜。鸟不会投到老鹰盘踞的树林，百兽不会进入网罗密布的地方。百姓们会逃离野蛮的军队，而归顺到不乱杀人的武装之下。”至正十五年，朱元璋攻占和州之后，手下军人照老例烧杀抢掠。朱元璋召集手下大小头目，郑重宣布："城破之后兄弟们都抢了不少女人。我规定，以后只许抢没结婚的少女，那些结了婚的，一律给我放回去！"（参阅《皇朝本纪》）他召集全城的男人到州衙门前，把那些抢来的已婚妇人列队送出，让夫妻相认。全城百姓奔走相告，感激涕零。

中国老百姓就是这样容易满足。在乱世之中，握有暴力的人不全力残害他们，他们就会感激不尽。后来，在朱元璋攻灭张士诚的战役中，张士诚兵尽粮绝，走投无路，举火自杀。因为他只烧了自己的王府，没有烧掉全城百姓的房屋，城内百姓对他感激得无以复加，一直尊敬地称呼他为"张王"。后来，在很长一段时间里，每逢张士诚的生日七月三十晚上，苏州人就烧九四香（张士诚原名九四），点灯来纪念他。所以，朱元璋军在元末诸军中"独不嗜杀"，很快就赢取了老百姓的衷心拥护，这为朱元璋建设根据地打下了良好的基础。

在渡江之后，朱元璋更加重视军纪建设。他明令士兵破城之后，不许抢劫。作为补偿，他集中没收大户的财产，平均分给将士，将士所得倒也不比抢劫所得少多少。此举以后成为定制，从此军人百姓，两相安静。

为了凸显自己的仁慈，在攻下许多城池之后，朱元璋都释放罪犯，减轻刑罚，宣布小罪可以免于处罚。有部下说他用刑太宽，他却说："老百姓受的苦够多的了，如今归顺于我，我当然应该照顾照顾。用刑应该以宽厚为本，对人应该以仁慈为本。我要尽最大努力，使老百姓不受冤狱之害。"

朱元璋十分擅长搞政治攻心。在鄱阳湖大战中，陈友谅因军事进展不顺，心情不好，对俘虏的朱军大开杀戒，表现得毫无风度。朱元璋却利用俘虏，大造政治攻势。他听到陈杀俘的消息之后，命令全部释放陈军俘虏，有伤的派大夫治疗，然后悉数发给路费，遣送回家。两相对比，高下立判，对瓦解陈的军心起到了很大的作用。

在登基之前，朱的部队一直是"仁义之师"，朱本人一直是行"王道"的表率。岂料据有天下，普世人民被纳入他的牢笼之后，他从宽厚仁慈一变而严苛残忍，举起手中的鞭子和屠刀，宰割天下，残杀功臣，成为让所有人胆战心惊的魔王。其实，变的并不是朱元璋的本性，而是时势。登基前，他有求于各个社会阶层，需要获得他们的支持。登基后，百姓已经成为他牧下的牛羊，他当然乐于以屠刀和鞭子指挥他们前进。

六

与普通武夫不同的第二点，是朱元璋对书籍的兴趣和对知识分子的态度。

草莽群雄最容易犯的错误是在对待士人的态度上：一方面，他们因为本身文化程度太低，在士人面前难以摆脱自卑感；另一方面，他们的粗豪气质又与士人格格不入，十分反感士人的酸腐柔弱。所以，大部分起义军领袖对读书人没有好感，抓到之后多是一杀了之。朱元璋却不一样，他深知“知识就是力量”。他尊重这些读书人肚子里的知识。在军中朱元璋专门养了几个秀才，得隙就向他们学习读书认字。

许多在乱世中生计断绝的读书人，久闻朱元璋军“不嗜杀人”，对他很有好感。从这一迹象上，他们看到了“做稳了奴隶”的希望。又得知朱喜欢亲近读书人，便有许多人来投奔，指望依靠朱元璋，重建三纲五常的理想社会。他们不断对朱讲解各种道理，听得朱喜不自胜。朱元璋说：“我读书，常常从中受益。……读书明理，让人在日常事务中能用道理去分辨，可以叫人少犯错误。”在空闲时间他由浅入深，学习读书作文。不能不承认，朱元璋在语文上确实有些天才。至正十五年，他写下了平生第一首诗《不惹庵示僧》：“杀尽江南百万兵，腰间宝剑血犹腥。山僧不识英雄汉，只凭哓哓问姓名。”粗犷豪朴之气，扑面而来。在后来，他的吟诗作文越来越熟练，其中也颇有可读之彝。清初谈迁《国榷》说：“吴王微时，目不知书，起兵后，日亲诸儒，浏览神解，手撰书檄，注射简峭，文士顾不及也。”

对知识分子的成功招徕使他建立起了元末群雄中最雄厚的智力资源库。刘基、宋濂、朱升等一时名士尽入囊中，使朱元璋的战略水平大大提升，这是他最终问鼎的另一个关键。

刘基

七

第三个不同点是朱元璋的“谨慎”。他最突出的军事个性是“持重”。

朱元璋一生做事，信奉稳扎稳打，积小胜为大胜。朱元璋的一切活动特别是重大的军事和政治行动都是经过精心筹划，三思而行的。他很少冲动冒险，也不追求侥幸。起兵之初，其他豪杰信奉流寇主义，喜欢流动作战，经常是攻下一城，饱掠一番即扬长而去，征杀数年也没有一块属于自己的根据地。而朱元璋与众不同，攻下一地后就张官设吏，进行根据地建设，巩固一块后，再徐徐向四周扩展。所以，在群雄之中，他露头角最晚，势力发展却最为迅速。

朱元璋为人耐性极佳，老儒朱升的“高筑墙，广积粮，缓称王”九字方针，史称给朱元璋带来了胜利，殊不知这也是朱元璋本身的一贯思想，只不过朱升之策恰与朱元璋同心而得其认可罢了。朱元璋从来不务虚名，不求近利。朱元璋自己说过："吾平日为事，只要务实，不尚浮伪……不事虚诞。"（《明太祖实录》）郭子兴死后，他被韩林儿政权仅任命为郭子兴部的三把手，他也不急于正名，而安于实际上的一把手、名义上的三把手这个地位。他早就有能力从韩林儿政权脱身，却依然委身韩林儿政权之下，直到确有把握才脱离。他说："建大事者，必勤远略，不急近功，故泰山之高，非篑土可成，江湖之广，由勺水所积，天下之大，岂一日可定也？自古帝王之兴，皆上察天运，下顺民心，从容待成，曷尝急遽？"早就有人劝他称帝，他迟迟不同意。朱元璋是反元力量中称王称帝最晚的一个，但也是唯一笑到了最后的一个。

八

战争是如此有力的一只重锤，它对人的心态、性格、思维方式的改变是不可逆转的。

来到郭子兴军前的朱元璋已经是一块好铁。上天在不经意间，安排给了这个社会最底层的孩子一个出色的大脑。从小经历的艰难困苦给了他高度的自制力。

即使如此，朱元璋也不过是一块不错的铁胚罢了。是战场成就了最终的朱元璋，那个绝对冷酷、精明、狡猾、强大的朱元璋。

战场是练就男子汉的地方。古今中外，顶级的男子汉都是在战场上练就的，因为只有战场，才能提供炼成其所必需的高温和高压。

战争要求军人具备的第一条素质就是"不动心"。战场是最容易犯错误的地方。在战争中，军人承受着常人在常态生活中体会不到的巨大压力。危机重重，千钧一发，生死攸关，在鲜血、烽烟和呐喊中，一个人很容易乱了方寸。然而，战场又是一个不能犯错误的地方，每犯一个错误都得付出惨重的代价。

漫长的军事生涯使朱元璋原本温度就相当低的心达到了零度状态。他能对战士们的鲜血和呻吟无动于衷，能够把一条条活生生的生命当成自己赌博场上的筹码，能排除一切情绪干扰，在最复杂的情况中冷静地选择最合理的策略。

战争，把朱元璋那本来已十分精明的头脑锻炼得更加精确。

在战争中，一个统帅所需要考虑的变数太多了。天气、地理、后勤、敌情、我情……一着不慎，满盘皆输。战争需要一个人的思维迅速、周密、严谨，把每一个微小的因素都得考虑进来。战争需要军人把自己的大脑变成一台超高性能的计算机，在战场的厮杀呐喊中能进行高速精确的计算。

战争，把朱元璋本来就已经谨小慎微的个性修正得更加严谨。在战场上，他变成了一只极具耐性的狼，不把敌人拖得筋疲力尽，不到有九成把握的时候，绝不贸然出击。在巨大利害的压迫下他能寂然不动，长久地忍耐，一旦机会来临，则“动如雷霆”，一举摧垮敌人。

在一次次的危机、逃亡、死亡的绝境中，这块铁里的杂质被命运的重锤一点点砸出去。在十余年军旅生涯之后，朱元璋终于百炼成钢。他练成了一颗超人之心。水一样沉着，弓弦一样柔韧，钢一样坚硬，冰一样冷酷。这颗心只受利益支配，并绝不会被感情软化。这颗心能承受任何巨大的压力，能冷静面对任何艰难的挑战，能指挥他的手和嘴，发布任何别人所不敢发布的不义命令。大明王朝开国帝王后来在治国中表现出来的铁腕、周密和残酷，都是由这颗心所决定的。

九

大明帝国开国后的种种重大举措，与朱元璋长期形成的战争型思维方式有极大关系。

军事思维是在恶性竞争中形成的思维方式。如学者吴兴明先生所言：军事谋略的出发点是“在人生在世的多重关系中它取定人人关系，在人人之间的诸多关系中它取定利害关系，在利害关系的协同与争斗的双向关系中它又进而只取定争斗关系”。所谓“与人奋斗，其乐无穷”，就是军事思维的典型表现。

明太祖朱元璋

在处理人我关系时，习惯军事思维的人总是以他人为手段，以自我为核心。保存自我，打击他人，这是军人的行为本能。在战争中，只有把所有不利因素考虑到了，才能立于不败之地。这样，在判断人物上，军事家往往习惯从人性恶的一面出发，把针对自己的危险因素考虑到点滴不漏的程度。以这种思维方式来待人接物，所看到的危机自然无处不在，所以，“恐惧是身处谋略地带人的基本心态”。

这样，我们就不难理解为什么朱元璋刚刚登上帝位，就“寝不安枕，忧悬于心”了。登基的第二天，他告诫侍臣：“创业之初，其功实难。守成之后，其事尤难。”他反复强调消灭危险于萌芽状态的重要性：

> 忧患之来，常始于宴安者。明者能灼于未形，昧者犹蔽于已著，事未形，犹可图也，患已著，则无及矣。

在给子孙们写的《皇明祖训》中，他这样教导后代们：你们做皇帝时，即使安居无事，也要常怀警惕，一时一刻也不能怠慢。

为此，他不厌其烦地谆谆嘱咐后代皇帝如何注意安全，其小心谨慎已经达到神经质的程度：“弄几套盔甲刀枪，放在身边。选几匹好马，养在宫门口，四个城门也要各备几匹，万一有事好跑！”

在漫长的军事生涯中，朱元璋习惯了高强度、高密度的脑力劳动，习惯了每时每刻估量形势，算计对手，习惯了激越昂扬的行进节奏，习惯于享受“与人奋斗”的乐趣。从战场上下来的人，最忍受不了的就是没有对手。所以，在陈友谅、张士诚、元朝皇帝一个个消失了之后，他开始了寻找对手的漫长过程。

洪武初年，朝中的实权派人物大多是朱元璋的老乡，即所谓的“淮西勋贵”。他们和朱元璋说同一方言，有的干脆就是他儿时一起做游戏的伙伴。在十余载栉风沐雨的征战途中，他们形成了一个以朱元璋为核心的坚强集体，结下了深厚的友谊。不过，取得天下之后，这些人对朱元璋来说，已经无用了。相反，他们拥有的权力，对朱元璋构成了现实的威胁。朱元璋本是心胸狭窄之人，对臣下之一举一动，悉加注意，经常对臣下的举止表示不满，说：“此等愚夫，不学无术，勇而无礼，或闲中侍坐，或饮宴之间，将以朕为无知，巧言肆侮，凡所动作，悉无臣礼。”在他“危机放大”的军人心理形成的放大镜下，他们日常表现中的小小不谨不敬，都被放大成了叛逆的苗头，在其视野里，他原来的朋友一个一个变形成了对手。

在军事上，抢占先机，趁人不备，打闪袭战，往往能大获全胜。正是基于这种心态，他“灼于未形”，在功臣们还没明白过来时，就大批把他们杀掉，消除尚不明显的隐患。

洪武十三年（1380年），他突然宣布宰相胡惟庸妄图谋反，将他赐死，并且把和胡氏关系密切的淮西贵族一个个深文周纳进去，觉得谁不可靠，就把他牵到胡案之中，全家杀掉。整个胡惟庸案先后诛杀了三万余人，其中包括朝中最有权力的二十二名淮西贵族，都是公侯一级，甚至连自己的儿女亲家李善长也不放过。李善长被杀时已经七十六岁，作为开国元勋，替朱元璋办了三十九年事，位极人臣，为人也老实本分，本以为能把尊荣富贵享到头，谁料朱元璋借口星象不吉，需要杀大臣应灾，李家及其妻女弟侄家七十余口满门被杀。

胡惟庸案杀的多是文官，后来，朱元璋又制造了蓝玉案，又杀了一万余人，这次多是武将。通过这两次屠杀，朱元璋将满朝最有实力最有能力的文武大臣基本杀光了。

军事思维是功利化的思维，除了自己一家一姓的私利外，朱元璋对什么东西都没有真正的信仰。在权谋化思维习惯的支配下，朱元璋的治国方法是无巧不取，无利不谋，无所不为。他竭尽全力维护三纲五常，推崇儒家正统。然而，因为《孟子》说过“民贵君轻”，有违他唯我独尊的心态，就居然敢删节《孟子》。他不尊迷信，但为了蒙骗百姓，就以神道设教，甚至装神弄鬼，用迷信来骇人。战时，他喜欢读《孙子兵法》等兵书，对权术运用精熟。战后，对兵书中的机谋权变之术，他却一概斥为卑下之识，反对人们去研究它。因此，他屡屡说：“用仁者无敌，恃术者必亡。”他远交近攻，对外宽容，对内残忍。对他统治力所不及的少数民族、边疆邻国，他一副和善面孔，厚往薄来，大方之至，并且列出周围的不征之国，要求子孙和他们建立长期友好的关系。然而，对于他鞭子所及的臣民百姓，他凶暴残忍，苛刻无情，为了一姓之私，妄图永世囚禁万民，成为他的家奴。

战争中的一些具体手段也保留下来，成为他的治国方法。

“知己知彼，百战不殆。”朱元璋是中国历史上最善使用特务的将领之一，他对驾驭特务很有经验。早在天下未定之时，他派卫士何必聚到江西袁州（今宜春）侦察敌情，何必聚回来向他汇报后，他不相信，问：“汝到袁州有何为记？”何答：“欧平章门有二石狮，吾断其尾尖。”后来攻占袁州后，他还专门检查此事，检查属实后才放心。史料提供的情况表明，朱元璋的特务侦察手段是相当有效的。正是这些侦察活动所得到的材料，为他的正确战略决策提供了可靠依据。

开朝后，他在政治生活中一样大用特务，监视帝国人民的一举一动，并且明目张胆，毫无顾忌。他在中国历史上首创公开的特务机关“锦衣卫”，豢养大批特务，称为“检校”，四出侦察臣下的活动，从事镇压“不轨”“妖言”的勾当。“检校”专门告人阴私，人人惧怕，他却十分欣赏，说：“有此数人，譬如恶犬，则人怕。”（《国初事迹》）这些人无事不查，无事不报，社会的每个层面都在他们的侦察范围内。应天（今南京）各部的小吏原来都戴漆巾，门口挂牌额，检校发现礼部小吏有人白天睡觉，兵部门口不设巡警，就把睡觉者的头巾和兵部门牌偷走，报告给朱元璋。朱元璋因此规定，礼部小吏从此不许戴漆巾，兵部不许挂牌额，以为惩戒，从此成了明朝定制。他还特别喜欢侦察别人的私生活，怕别人在背后议论自己。老儒钱宰嫌政务太烦，作诗说："四鼓冬冬起着衣，午门朝见尚嫌迟。何时得遂田园乐，睡到人间饭熟时！"特务侦知报告。第二天，朱元璋在朝廷上召见钱宰，说："昨日好诗，然何尝'嫌'汝，何不用'忧'字？"遂遣钱宰回籍，说："朕今放汝去，好放心熟睡矣。"

战争时从纪律中得到的甜头，使朱元璋对纪律达到了迷信的程度。从严治军，是他的一贯作风。与开朝后规定的林林总总的法条一样，朱的军纪严苛到不近人情的地步。有一段时间，朱元璋在军中禁酒，喝一口即是死罪。大将胡大海领兵在外围攻绍兴之时，他的儿子胡三舍和两个朋友上街喝酒，被朱元璋抓了个现行。身边随从诸将都为三舍求情，说胡大海在绍兴战事正紧，此时杀了他儿子怕影响胡作战。朱元璋不为所动，说："宁可胡大海反了，不可坏了我号令！"说罢，拔出刀来，一刀把三舍的头砍了下来。

锦衣卫印

开朝之后，这一作风依然延续。他对那些劳苦功高的大臣，也一样说杀就杀，说打就打，廷杖制度即由此而来。对任何违反他制定的法规纪律的人，一律毫不手软，绝不放过。义子、亲侄朱文正官至大都督在镇守江西期间，骄侈荒淫，强奸民女。朱元璋在马皇后劝说下才免他一死，罢官置之凤阳，守护先人坟墓，后来因为逃跑，即被朱元璋赐死。驸马都尉欧阳伦是马皇后亲生女儿

马皇后

安庆公主的夫婿，他不顾朝廷禁令，派家奴去陕西偷运私茶出边境贩卖。朱元璋毫不手软，得知之后，立命抓来赐死。

对至亲之人如此严苛，对待百姓就可想而知了。他说：“胡元以宽而失，朕收平中国，非猛不可！”朱元璋在开朝后的治政方针就是严刑峻法，靠杀人来震慑万民。他颁布的法令，连篇累牍，林林总总，无所不包，对帝国生活的方方面面规定得无微不至。稍有违反，则治以非人之刑。在他的治下，贪污六十两，即被剥皮处死。出行不带“通行证”，在家“不务正业”，遇到不法之事没有及时举报等小过，朱元璋的惩治措施动不动就是全家“迁发化外”“枭首示众”“断手”“断足”……翻开《大诰》，随处可以看到朱元璋亲手制造的惨绝人寰的大案。

龙椅上的农民

一、均平天下

（一）

吴元年（1367年）十二月，南方全部平定，北伐大军也一路奏凯，天下大势已经板上钉钉。朱元璋这才定下心来搞登基大典。古礼三推三让，他不耐烦搞那套劳什子，只一让便答应了。发布诏书，报告上天说："唯我中国人民之君，自宋运告终，天命真人于沙漠入中国为天下主。其君臣父子及孙百有余年，今运亦终。其天下土地人民，豪杰纷争。唯上天赐我英贤之才为辅，遂扫平群雄，使白姓息于田野。今地周回二万里广，诸臣下皆曰生民无主，必欲推尊帝号。臣不敢辞。"

没做过皇帝的人，想象不到登上那个龙椅前要经过多少繁文缛节。祭天，祭地，祭什么星辰、社稷、太岁、岳、镇、海、渎、山川，甚至还有城隍。饮福、受胙、送神，林林总总。在这些令人疲惫的环节中，有一个典礼让朱元璋真的动了感情，那就是追尊祖先为皇帝皇后。父亲朱五四被尊为仁祖淳皇帝，母亲陈二娘被尊为淳皇后。朱元璋身穿绘有日、月、山、龙等图案的衮服，戴上平天冠，跪在祖先牌位前。读罢册文，略一闭目，父母的面孔又浮现在眼前，他们的悲惨命运与龙袍和皇冠是那么不协调。起兵以来，权力越来越大，事情越来越多，他很少有暇想起往事。只有这一刻，他才猛然一惊，清晰地看到自己是从何等低微的位置爬上来的。一时间，那个四处漏风的茅草屋家中散发着酸味儿的一切，又清晰地出现在脑海。这期间的落差，让他突然感觉有些眩晕。

他定一定神，心里默默地说：“爸、妈，不光你们想不到，儿子自己也没想到能有今天。”

（二）

史学家们争论不休的一个问题是：朱元璋是何时背叛了农民，成为地主阶级利益的代言人？

太祖皇帝地下有知，一定会龙颜大怒。

在三十一年皇帝生涯中，朱元璋一天也没有忘记早年的艰辛，从不讳言自己的出身。在诏书中，他屡屡说自己是“农夫”：

> 朕本农夫，深知民间疾苦。
>
> 朕本农夫，深知稼穑艰难。

他多次对大臣们讲，农民的生活多么艰苦，教育他们要关心、爱护农民：士、农、工、商，四种职业之中，最劳苦的是农民。他们终年辛勤劳动，很少得到休息。风调雨顺之年，数口之家犹可足食。“不幸水旱，年谷不登，则举家饥困。”“夫农勤四体，务五谷，身不离畎亩，手不释耒耜，终岁勤劳，不得休息。其所居，不过茅茨草榻；所服，不过练裳布衣；所饮食，不过菜羹粝饭。而国家经费，皆其所出……必念农之劳，取之有制，用之有节，使之不至饥寒……若复加之横敛，则民不胜其苦矣。”

正如清人邹潘在《天潢玉牒》中所说的那样：朱元璋一生诚心爱民，尤其同情贫弱之人，一说起稼穑之艰苦，每每为之涕泣；他对于富豪大户兼并他人土地，贪官污吏榨取百姓钱财，深恶疾之，犯者必置诸法。在历史上，像他这样对农民和地主爱憎分明的皇帝，绝无仅有。

在中国历史上，另一位农民皇帝刘邦本质上是一个流氓而非农民。在这个意义上，朱元璋可以被称为中国史上唯一的“农民帝王”。他终生保持着农民趣味、农民气派、农民作风。他绝无声色之好，所有的时间都用来打点朱氏家业，从登基到去世，几乎没有休息过一天。他的节俭，在历朝皇帝中也堪称登峰造极。皇帝的生活用具，按规定应该用黄金制造，他指示一律用黄铜代替。他不喜饮酒，每日早膳，只用蔬菜。

更为重要的是，在中国历史上，朱元璋是唯一没有背叛“农民理想”的起义领袖，终其一生，朱元璋都在为实现农民乌托邦而艰苦奋斗。在他的帝国蓝图中，“农民理想”是最根本的指导思想。在他治国举措的方方面面，无不体现着对农民利益的根本关切。

（三）

为了判断朱元璋到底有没有背叛农民阶级，我们必须首先判明什么是农民阶级的社会理想。

我们不能想象，那些追随朱元璋起义的农民怀抱着红军式的革命理想。作为自然经济时代的小农，他们既渴望平等，又迷信权威。归结几千年来生息在这片土地上的农民们的社会理想，无非以下几点：

第一，在他们的理想社会里，必须有一个严厉、公正、说一不二的明君，高高在上，杀伐决断，慷慨地向农民身上泼洒阳光雨露。这个明君应该强大威严，洞察一切，任用忠臣，摒弃奸佞，像父亲一样赐予他们纪律与安宁。这个明君又应该仁慈无比，轻徭薄赋，像母亲一样关心爱护他们，在灾害年份及时救济他们。

第二，这个社会应该是一个平均主义的社会。“平均”是农民们最大的理想，也是历次大型起义的口号。作为一个弱势群体，农民们懦弱、自私又善良。他们受够了别人的欺凌，最知道受人欺负的滋味，因此，每个人的土地和财富大体平均，谁也不必遭受嫉妒心的折磨，就成了他们千百年来对理想社会的描述。在孔夫子那里，这个农民理想就被文绉绉地描述为："不患寡，而患不均；不患贫，而患不安。"这句话的最佳白话文解释应该是："我不怕日子穷，就怕别人不和我一样穷；我不怕东西少，就怕别人比我多。"

第三，作为平均主义的补充，这个社会又应该等级鲜明。天在上，地在下，父为尊，子为卑。"权威主义"的人格结构决定了农民们强烈渴望等级明确、秩序井然的稳固不变的社会。农民们的"平均主义"是小农内部的平均主义，他们从来没有期望过全社会所有成员一律平等，那样"长幼不分，尊卑不明"的自由竞争的社会状态是他们所不敢想象的，他们认为那一定会带来混乱。他们绝对赞成一个社会要有"尊卑上下"，绝对赞成上面赐给他们严明的纪律。他们认为，这样社会才能"四海升平，万民乐业，风调雨顺，君正臣良"。

第四，作为社会最底层的农民，除了害怕天灾之外，最害怕无非三种人：一种是贪官污吏层层盘剥，一种是豪强大户以强凌弱，一种是地痞流氓为非作歹。因此，农民们衷心期望在这个社会里，文武百官能清正廉洁，地主大户能善良守法，地痞流氓能被消灭净尽。换句话说，农民们期望能够得到"公平"和"正义"，以使"人人辛苦力田，个个尽忠守职，男重贤良，女务贞洁"。

在朱元璋之前，还没有哪个皇帝能实现农民们的全部梦想。即使是那些经历了农民起义烈火洗礼的开国帝王，也不过是在开国之初能做到几年轻徭薄赋而已。更多的帝王是在登上皇位的第一天即与地主和官僚沆瀣一气，联起手来鱼肉最底层的广大人民。

（四）

看来是天下穷苦人的祈盼，且得天道循环，向安徽凤阳县赵府村生下太祖洪武皇帝来。这朝圣人出世，据后来乡亲们回忆，也曾红光烛天（不过朱元璋当上皇帝前，可没人回忆起来过）。这个洪武帝，英雄勇猛，智量宽洪，自古帝王，都不及这朝天子，率领二十四员猛将，打下十五个行省。这天子扫清寰宇，荡静中原，国号大明，建都应天，十六朝皇帝班头，三百年开基帝主。这朝天子与历朝帝王不同之处，端在于他出身纯正。所以他能与农民心连心，急农民之所急，想农民之所想。

翻阅厚厚的中国历史，朱元璋总结出，王朝灭亡的诱因不外是两个：一个是帝王大权旁落，王朝轻易为权臣、外戚、太监所倾覆；另一个是土地兼并与政治腐败联手，导致贫富差距加大，造成官逼民反。

因此，要保证江山世世代代在朱氏子孙手里，必须根绝这两种现象。

针对第一个诱因，他以历朝帝王所不及的魄力，大刀阔斧进行了政治改革：废除丞相和大都督这文武两个最高职务，把丞相权力一分为六，分给六部；把大都督权力一分为五，成立五军都督府，并且从制度上让各个权力部门相互牵制，谁也不能单独对皇权构成丝毫威胁。用朱元璋自己的话来说："今我朝罢丞相，设五府、六部、都察院、通政司、大理寺等衙门，分理天下庶务，彼此颉颃，不敢相压，事皆朝廷总之，所以稳当。以后子孙做皇帝时，并不许立丞相，臣下敢有奏请设立者，文武群臣即时劾奏，将犯人凌迟，全家处死。"

相比之下，要消灭第二个诱因，则要难得多。因为土地兼并与官僚腐败，几乎就如水往低处流，是传统社会发展的必然现象。

无知者无畏，朱元璋并不缺乏向规律挑战的勇气。兼并是由于地主阶级的贪婪，腐败则源自官僚阶层的天性。为了帝国的根本利益，他必须严厉打击地主阶级与官僚阶层。基于这个思路，大明王朝初期呈现出"三明治式"治理方式，皇帝与底层农民联起手来，共同挤压社会中间阶层即地主和官员的生存空间，由此开创了中国史上前所未有的新奇景观。

在这个思路的指导下，朱元璋把帝国的大地主几乎消灭殆尽，使普天下农民们土地大体平均。他展开了人类史上最严酷的惩贪运动，几千年来习惯于骑在人民头上作威作福的官僚做着帝国里最倒霉的职业，一度被群众运动冲击得威风扫地。他爱护百姓，勤劳国事，发展生产，底层人民的吃饭穿衣问题得到了有效解决。他严厉打击地痞流氓，惩办游手好闲不务正业的二流子，使得“流氓”在朱元璋时代几乎绝迹。他还开展了富有创造性的思想教育行动，大力移风易俗，扭转了不良的社会风气。甚至，他还试图在农村推行初级社，实行一定程度的计划经济。

一般来讲，如果一个皇帝能不傻不茶，不在农民们吃不上饭的时候问他们为什么不喝肉粥；能心理正常，不成天迷恋于“秘戏”或者剖开孕妇的肚子看胎儿男女；能自己个儿把握朝政，而不是几十年不上朝或者把权力都交给太监们，农民们对于这个皇帝就基本上可以满意了。而朱元璋居然超额实现了农民们的全部梦想。生逢朱元璋时代，难道还不是农民们的最大幸福吗？

（五）

朱元璋对地主阶级的恶感，基于双重因素。

作为一个贫农的儿子，朱元璋的血液里天然流淌着对地主阶级的仇恨。朱元璋永远忘不了自己一家在一户户地主的压榨下不断逃亡的惨痛，永远忘不了父亲死后，他和哥哥到刘德家去跪求施舍一块葬身之地，被刘德赶出家门的屈辱。在朱元璋的头脑里，地主大户们的形象始终如新中国“文化大革命”时的宣传画中的一样，脑满肠肥，面冷心黑。

而坐在龙椅上，用帝王的眼睛看下去，地主阶级的形象也并不讨人喜欢。虽然朱元璋知道“有恒产者有恒心”，但他更清楚的是地主阶级本性中的贪婪、狡诈、为富不仁对他的统治构成严重威胁。一则富家大户势力过于强大，很容易破坏地方社会秩序；二则他们难以抑制的兼并土地的欲望，很容易导致贫富差距的急剧扩大，从而诱发王朝的崩溃。

被起义农民推上皇位的朱元璋做的第一件事，就是在新帝国内严厉打击地主阶级。

战争时期，军队所过之处，地主纷纷逃亡。新朝建立，他们从藏身的穷山大谷中兴冲冲跑回家乡，却发现他们的土地大部分已经被穷人们耕种了。他们出示地契，趾高气扬地要求农民们把土地归还原主，农民们却不买他们的账。地主们不知道，天下已经变色了。朱元璋在洪武元年（1368年）发布了一道诏书："各处地主，过去因为兵荒马乱抛下田土，已经被别人耕种了的，这块地的产权归现在的耕种者所有。"这道诏令否定了地主阶级的部分产权。不少战前的豪门大户，千里奔波回来，却发现自己已经从缙绅之家沦为上山开荒的贫农。

甚至对于土地完整的地主，朱元璋也不允许他们恢复旧有的家园。洪武五年，他下诏说："战争时期，不少人抛下产业，逃到他方。现在天下太平，又都回来了。这些回来的人家，如果原有土地多，而现在人口少，不许他们占有原来那么多的地，有几口人，给几分地。原来土地少而现在人口多的，可以自己开垦无主之地。总之要平均，占地太多，要治罪！"

这近乎是一种土改。

不过，这些措施的范围只能限于那些逃亡归来的地主。也有许多地主并没有逃亡，他们庞大的产业经过战争的洗礼，依然地连阡陌，庐舍巍然。更主要的是，这些人在地方上累世经营，根深蒂固，是朱元璋均平天下的主要障碍。

在自然经济时代，凭空剥夺这些人的财产显然不符合"天道人心"，缺乏理论和道德资源的支持。但是，这难不倒朱元璋。只要明确了目的，手段对他来讲从来不是问题。对剩下的大地主，他的基本策略是"草鞋没样，边打边像"，因地制宜，用各种不同的借口，依次加以摧破。

第一个借口是"徙富室以实京师"。这是历朝历代习用的一个办法。开朝不久，朱元璋把江南大量富豪之家强行迁到首府应天，使应天很快发展成为一个人口大约百万的巨型城市。为了防止这些富户逃回，朱元璋制定了禁止逃亡的严厉法令。朱元璋后来对大臣们说：“过去汉高祖刘邦迁徙天下豪富之家到关中，我初不以为然。现在想来，京师是天下根本之地，把他们迁到这里，实在是事有当然，不得不尔。”所谓“事有当然，不得不尔”，盖因这些豪强大户都是地方上的强悍势力，把他们从地方上拔出，一可以削弱他们的势力，把他们放到皇帝的眼皮底下，防止他们为乱地方；二他们带来的大量财富，可以活跃首都经济。

第二个办法是制造冤案，发动百姓诬告陷害地主，以此抄没他们的财产。

一个有名的传说是，江南首富沈万三为了讨好朱元璋，出巨资助建了应天城墙的三分之一，孰料朱元璋见沈万三如此富有，深恐其“富可敌国”，欲杀之，经马皇后劝谏，才找了个借口流放云南。沈万三终客死云南，财产都被朱元璋收归充公。这个传说虽然被历史学家证明为杜撰，却十分传神地表现了朱元璋的仇富心理。

在罗织罪名摧残富民这件事上，朱元璋的流氓性格得到了淋漓尽致的体现。他为达目的不择手段，心黑手狠，任意黑白，不怕别人咒骂，不怕后人评说，不但不为妇人之仁，甚至也不受基本道德准则的约束。洪武年间，朱元璋为了惩贪和消灭政治上的异己力量，制造了四大冤案，即空印案、郭桓案、胡惟庸案和蓝玉案。强权在手，朱元璋搞起政治斗争来，长袖善舞，左右逢源。在消灭政敌的同时，“搂草打兔子——捎带手”，他把江南幸存的地主们也都消灭了。其手段是任意利用案件勾连地主富户，唆使人们诬陷他们藏有贪官寄存的赃款，以便没收他们的财产。《明史》说，郭桓案“核查赃款所寄放的人家，遍及天下，民众中中等以上富裕的人家大抵皆破”。在胡、蓝党案中，江南有名的豪强地主几乎都受到株连，仅吴江一县，罹祸的就“不下千家”。此举“尽洗富土之民，而夷其室庐”。绝大多数案件，都是一望而知的冤案。

朱元璋的措施卓有成效。不少明朝人说，在朱皇帝的流氓手段打击之下，地方上的富家大户已经被清洗一空，几乎一个也没剩下。明人吴宽说江南“一时富室或徙或死，声销景灭，荡然无存”。明人贝琼也说，当时三吴地区的大户，“既盈而复，或死或徙，无一存者”。当然，这种说法近年遭到怀疑，有学者研究证明，朱皇帝的清洗并没有那么彻底，也有极少数地主大族采取散发家财、外出逃亡等手段，活了下来。如无锡华宗寿家田地很多，富甲邑中，“至国初，悉散所积以免祸”。长洲朱士清入赘乌溪大姓赵惠卿为婿，“赵以富豪于一方”，朱士清预料会出事，“出居于外以避之，后竟保其家”。不过，这样的幸存者毕竟是太少了。

（六）

西谚有云：“穷人的房子风可进，雨可进，未经允许国王不可进。”

在同时代的欧洲社会，像朱元璋这样大规模地强制性搬迁，这样任意剥夺私人财产，是不可想象的。

我上学时读世界史，书上说欧洲的国王们很穷，要打仗要办事得向商人们借钱，借得多了还不起，就被商人们控制，不得不听商人的话，制定有利于资本主义发展的政策，结果资本主义就这样发展起来了。（在日本也是这样，到明治维新前，一些大商人家族控制了大部分领主的财政收入，因此有“大阪商人一怒，天下诸侯惊惧”的民谣。）我读了之后大惑不解：怎么君主还会被商人控制？抄了商人的家，商人的一切不就都是君主的了吗？西方的君主怎么那样笨？

我的想法是典型的中国人的思维方式。虽然私有制在中国起源很早，然而，中国人从来没有真正确立起“私有财产神圣不可侵犯”的概念。

中国社会和西方社会本质上的区别是组织方式的区别。西方社会的统治者的权力总是或多或少产生于契约关系。在封建时代的君主制下，国王只能对他的直属附庸的封地享有契约规定的某些权利。所以，“你的附庸的附庸就不是你的附庸”。而在以希腊为代表的民主制下，权力的产生基于这样一种假设，即每个公民都是平等的，公民们在一个国家之内共处，要通过公开的竞争，组织起政府，把权力自下而上赋予它，使它合法地为众人服务。所以西方行政权力的表情有点像一个雇工，毕恭毕敬，一副被选票所操纵的窝囊样。

而当古代中国人群聚之时，要做的第一件事是“明上下”“辨尊卑”。他们较量武力，比赛智谋，来进行颇似大猩猩群中争夺首领的惨烈斗争，用朱元璋的习惯语言，就是：“其天下土地人民，豪杰纷争。”最后，唯一的一个胜利者穿着血迹斑斑的征衣，踩着失败者的头颅登上王位，对所有人发号施令，生杀予夺，即：“遂扫平群雄，使百姓息于田野。”而其他活下来的竞争失败者和那些胆怯的旁观者，于是立刻匍匐在地，山呼万岁，从此成为王者统治下的顺民，即：“诸臣下皆曰生民无主，必欲推尊帝号”，成为天下人民的“主人”。学者林沄曾对“王”字的起源做过专门研究，发现“王”字本是斧钺之形，是杀伐的象征。而“臣”字的本义是奴隶。它的字形是一个卑躬屈膝的人。东汉许慎《说文解字》说：“臣，像屈服之形也。”伪孔安国《传》讲：“役人贱者，男曰臣，女曰妾。”唐人孔颖达疏《礼记》也说：“臣，谓征伐所获民虏也。”

因此，同样是分封制度，中国的封建与西方的封建并不是一回事。两周时代的分封关系不是在大小贵族之间经过博弈产生的，而是作为最后的战胜者的王，以帝国土地和臣民的最高所有者的资格，向臣下“授民授疆土”。“授”下去以后，“王”仍然拥有最高的所有权；而且授受双方之间，只存在下级对上级的单方面服从关系，而不存在契约性的相互制约关系。

因为权力的取得是沾满鲜血的，所以中国式权力的表情是居高临下、威严无比的，一副天上地下唯我独尊的霸气和“率土之滨，莫非王臣”的大气。没有一个国家像古代中国那样，政治权力决定着一切。每个社会成员，都被政治权力所牢牢控制。政府与他统治下的人民是什么样的关系呢？从这样一个词，就可以看得清清楚楚：古代中国称统治人民曰“牧”。《淮南子》直截了当地说："夫牧民者，犹蓄禽兽也。"在以暴力起家的统治者眼里，被统治者是自己用刀剑猎获来的猪羊，自己对他们拥有绝对的产权，生杀予夺，任由己便。

有了鲜血和头颅做底气，古代中国的最高统治者做起事来，从来都是大刀阔斧，乾纲独断，没有和皮鞭下这些猪羊商量的习惯。上古时代，史载商王盘庚欲迁都于殷，但许多人留恋故土，盘庚声色俱厉地说："不听话的人，我就把他们斩尽杀绝，不让这孬种留在新邑蔓延滋长。"

秦始皇时代大规模的移民、修长城，也没听说征求过百姓的意见。甚至到了清朝康熙时代，尚可一道迁海令下，沿海三十里内，人民搬迁一空。如此巨大的行政动员能力，让当时的西方传教士惊叹不已，说欧洲任何一个帝王，也不可能有此威权。

所以，如果一个人能掌握帝国的最高权力，便可以对天下一切人随意"生之、任之、富之、贫之、贵之、贱之"。所以，朱元璋才可以凭一己之喜怒，把帝国像揉面团一样揉来揉去。

（七）

底层社会的成长经历，使朱元璋终生对官僚阶层保持着底层视角。

在传统中国，庞大的官僚体系就是一丛吸血的庞大根须，每一滴膏血最终都源自社会最底层。因此，从社会底层向上望去，视野中所见的景象自然是一张张贪婪的面孔，是"无官不贪""无官不可杀"。中国的农民起义，与其说是农民阶级与地主阶级的斗争，不如说是农民阶级对官僚阶层的反抗。逼得百姓揭竿而起的，其实不是地主黑手里悬的霸主鞭，而是各级官吏们催粮催款敲诈勒索时的凶残嘴脸。中国老百姓说得简单而明白："官逼民反。"

一方面怀抱对官僚体系根深蒂固的反感与怀疑，另一方面他又不得不依靠这个体系，这一矛盾反映在朱元璋给官员们的待遇上。在中国历朝历代中，朱元璋对官员们是最苛刻的。一方面，朱元璋对自己的亲戚家人待之唯恐不厚，宗室贵族的俸禄异常丰厚。皇子封为亲王后，年俸有五万石，是最高官员的数十倍，还不包括其他各种赏赐；另一方面，朱元璋又把官吏的俸禄定得出奇之低，对普通官员以“薄俸”为主流，史家因有“明官俸最薄”之说，官僚们“月不过米二石，不足食数人”。按照惯例，官员的部分幕僚、随从的报酬和部分办公费是要在年俸中开支的，所以官员们依靠正常的俸禄无法过上舒适的生活，低级官员更连养家活口都有困难，“不足以资生”“困于饥寒”的抱怨不绝于口。

除了低薪制，朱元璋还取消了官员的许多其他特权。唐宋两朝，官员的子弟会得到“荫封”，可以直接做官，而朱元璋则取消了这一做法，大官之子虽有“荫叙”，但所叙的只是“禄”而非“官”，想做官仍要参加考试。和今天的“降级撤职”作为一种惩罚一样，明朝以前，官场上一直实行“以官抵罪”，即官员犯罪，以降职或夺官作为一种抵罪措施。然而，这一特权也被朱元璋毫不留情地勾销了。官员犯罪，与百姓同样，该坐牢坐牢，该流放流放，一点也不予宽容。清人薛允升因云：“唐律于官员有犯除名官当，免官免所居官，委曲详备，其优待群僚之意溢于言外。明律一概删去，古谊亡矣！”

很明显，在分配帝国利益蛋糕时，朱元璋把官僚体系排除在外了。一个前贫民对官僚阶级的下意识里的报复欲望，朱元璋用这种方式表达出来。

（八）

唯有对于农民，朱元璋是关怀备至的。坐在皇位上，朱元璋发现，一个皇帝心中的蓝图与广大农民的梦想居然重合得如此天衣无缝。他清楚地看到，实现“农民理想”，即是皇族的利益所在。

因为自耕民恰好处在历朝统治者梦寐以求的没有“余粟”“余智”“余

力”的状况下，只要他们都能吃得上饭，并且没有渠道自我组织起来，就对帝国构不成丝毫威胁。况且，驯服的小农是专制政权最牢固的基础，他们的劳动成果也是皇族最主要的财政来源。

所以，朱元璋要制造一个平均化的社会，使尽可能多的人成为自耕农。这样，基层社会的每一个成员，体积大小都差不多，不会相互侵凌，也不会相互融合。在皇权面前，他们都是原子化的个人，对皇权的控制没有丝毫的抵抗力。

通过打击地主，他已经把大的土块基本上碾成碎沙。不过，这盘沙子在整个中国这个盘子里的分布还不均匀。

明朝初年，举国人口分布严重不均。因为连年战乱，许多地方百姓非亡即逃，土地荒芜，人烟稀少。面对这种情况，朱元璋动用行政力量，组织了人类史上最大的政府组织移民行动，在位期间共移民一千三百四十万人，占帝国总人口的五分之一。“问我祖先在何处，山西洪洞大槐树。”这在中国史、人类史上都是空前绝后、绝无仅有的。

心思缜密的朱元璋对移民组织得很成功。他居高临下，根据各地的人口密度，确定迁出地、迁入地，由各地官员组织护送，并且发给迁移人口一定量的种子、粮食和农具，以使他们到了新地区后能迅速扎下根来，安居乐业。应该说，这是一件便利天下的好事，计划周密，组织有序，措施得力，可圈可点。

可是，我们现在读到的关于明初移民的记载和传说，却一律充满了悲苦和辛酸。民间传说，当时为防止人们半路逃归，每登记一人，在脚小趾上划一小口，所以山西移民皆为小趾重甲；长绳捆绑，押解上路，由此人们都养成了背手的习惯；连小便都要报告长官，由军人解开手，才能行事，所以华北各地，都把上厕所叫作解手。

原来，明初大移民是强制性的，谁搬谁不搬，搬多远，搬到哪儿，都由政府官员一手划定，理解的要执行，不理解的也要执行，老百姓一点发言权和知情权也没有。纵然从长远看，移民造福于民，然而中国老百姓历来安土重迁，要说服他们背井离乡谈何容易。以山西人为例，无论是迁往安徽还是山东，多则四五千里，少则也有千余里，所到之地又是人烟稀少，荆棘丛生，“既无室庐可居，又无亲戚可依”，其艰难困苦之状可想而知。山西历来比较富裕，所以百姓并不愿意搬迁。朱元璋仅有的动员手段就是顶在后脑上的枪刀，有时甚至是欺骗手段。河南偃师县《滑氏溯源》一文谈道：“人们传说山西迁民，唯不迁洪洞，所以人们都纷纷逃聚洪洞。不料上面骤然行文，独迁洪洞……”

通常是迁民令一下，各地官员就纷纷下乡，把各地百姓整编成一百一十家为一里的队伍，统一到某处集合，点名，发给身份证明。然后，由官兵押着，一队队出发，奔向天南海北。洪洞大槐树、苏州阊门、南昌筷子巷和朱市巷，都是这些移民出发前集合点名的地方，是移民听候官员发号施令的所在，时间久远，就被移民的后代们传说成了自己的故乡。移民们一队队拖家带口，扶老携幼，拉着家里的坛坛罐罐，洒泪告别送行的父老乡亲。无论是寒风刺骨的严冬，还是盛夏酷暑，在押解人的斥骂声中，走在前途未卜的道路上，一路上，抛下因生病或者饥寒交迫而倒下者的尸体。

不管过程怎么样，结果是中国的人口布局大手笔地改变了，大大改变了分布不均的现象。许多无地少地的民众得到了属于自己的三亩地一头牛，可以在此基础上，建设孩子老婆热炕头的幸福小农生活。因此，按照历史学家们的标准，朱元璋的大移民功垂千古。

当然，也有几处地方的移民后来证明是败笔。比如，开朝后不久，朱元璋即又从江南富裕之地迁了二十万人到凤阳。本来，朱元璋是想把凤阳建成中都，与应天并为天下首都，所以才移了那么多的人。可是这个建都计划几年之后因为“厌胜事件”取消了，移民却不许再回家乡。这些来自江南富庶之乡的移民只分到了为数不多的贫瘠土地，加以凤阳“十年九荒”，非旱则雨，这些移民很快吃光了家底，成了贫民。由于皇帝不许他们搬回江南，他们只好利用冬天农闲季节，开了路条，扶老携幼，成群结队，一路要着饭，回到江南老家，投亲靠友吃几顿饱饭，上上坟，扫扫墓，第二年春天二三月间再回到凤阳。这些一路要饭的人，随身携带些乐器，沿途唱着花鼓戏，把他们的悲惨遭遇传播到了四方："说凤阳，道凤阳，凤阳本是个好地方，自从出了个朱皇帝，十年倒有九年荒。"

二、构建乌托邦

（一）

经过剥夺地主和移民，明初社会终于趋向了朱元璋心目中的理想状态。洪武三十年（1397年）户部统计：帝国土地占有数超过七顷的大户，仅有一万四千两百四十一户，而当时帝国户数为九百四十九万又七百一十三户，较大的地主仅占全体户数的千分之十五。帝国百分之九十以上，都是小农。

学者黄仁宇说："很显然的，朱元璋的明朝带有不少乌托邦的色彩。它看来好像一座大村庄，而不像一个国家。中央集权能够到达如此程度乃因全部组织与结构都已经简化，一个地跨数百万英亩土地的国家已被整肃成为一个严密而又均匀的体制。"

朱元璋成功打造了乌托邦的基础。在这个基础上，朱元璋开始努力构建他的理想社会。

人人有饭吃，人人有衣穿，这是一个理想社会的起码标志。朱元璋投入了极大精力来解决百姓的吃饭穿衣问题。

为了解决百姓的穿衣问题，朱元璋在洪武元年发布硬性命令，要求帝国统一执行："凡农民家有田五亩至十亩者，栽桑、麻、木棉各半亩。如果有田十亩以上，则种植面积加倍。各级官员要亲自督察，如果不种桑树，就罚他交绢一匹，不种麻和木棉的，罚他麻布、棉布各一匹。"

朱元璋的经济措施的一大特点就是高度的计划性。因为这种方式符合朱元璋凡事要求皆在自己控制之下的个性，最方便于专制统治者的操作。根据天下形势，他在深宫天心默运，拟定措施，发布命令于天下。由于生性苛细，朱元璋的经济指令往往详细刻板到令人无法忍受的程度。比如洪武二十七年（1394年）三月，他命工部行文，令天下百姓，按帝国计划种植桑、枣。他规定，每一百户农民要共同种二亩秧，并且详细给出了种植方式：每一百户共出人力，挑运柴草烧地，耕过再烧，耕烧三遍下种。待秧苗长到二尺高，然后分栽，每五尺宽为一垅。每一百户第一年种二百株，第二年四百株，第三年六百株。

这样刻板详细的命令要在全国统一执行，谈何容易。不过，朱元璋并不担心，因为就像他的强制移民一样，朱元璋的经济政策也是以帝国暴力作为执行力的后盾。敢不执行者，往往遭受破家灭门的惩罚："栽种过数目，造册回报，违者全家发边充军。"

开国初期，朱元璋用这种高度计划和强迫命令的手段，取得了经济建设的巨大成就。不几年时间，帝国的桑、麻、木棉产量就翻了几番，有效地解决了人民的穿衣问题。他规定了很低的农业税率，切实减轻百姓负担。不几年间，粮食生产也恢复起来，大面积消灭了赤贫人口，基本解决了人们的吃饭问题。

然而，这种粗糙的计划经济方式集中过多，统得过死，也带来了一定的负面作用。以中国地方之大，许多地方不适合种桑、麻、木棉，但是皇帝命令一下，种也得种，不种也得种，如果不种，惩罚性的课税必不可少。极南诸省如福建，气候、土地条件不适宜植棉栽桑，可是仍然得上交绢布、棉布。再如中部河南，地罕种桑，"太祖皇帝时要求老百姓种桑，是为了劝百姓勤劳过日子，但却演变成了一种税收……这个地方不种桑，不织布，每年却还得交绢布税。"（《古今图书集成·食货典·赋役部》）《永春县志》亦载："国初最重农桑之政，令天下府州县提调官用心劝谕农民，趁时种植，计地栽桑，计桑科绢，府州县俱有定额。然地各有宜，两浙宜桑，山东、河南等处宜木棉，如永春则宜麻苎，当随地而取之。今有地不种桑，递年输绢，取办于通县丁粮。"

理想社会的另一个标志是对弱势群体的关注。早年的卑微出身，使朱元璋深深体会到流离失所者的艰辛和痛苦。即位之后，他多次对臣下说："朕为天下主，凡吾民有不得其所者，皆朕之责。"

一有灾荒，朱元璋就心神不安，灾荒的记忆牢牢地刻在他的脑海里。他说："朕经常想起寒微之时，不断遭遇兵荒饥馑，经常靠野菜度日。今贵为天子，富有天下，未尝一日忘于怀。"他开仓济民，毫不吝啬。他规定："凡地方发生水旱灾害，地方官不报告的，不许老百姓来申诉，我将对官员处以极刑。"因为瞒报灾情及赈灾不力，他杀了不少官员。他平时对下属极不放心，要求事事向他请示而后行，唯规定救济灾民可以先行动后汇报。洪武二十六年（1393年）四月，他命户部通令举国郡县："自今凡遇岁饥，则先发仓廪以贷民，然后奏闻，著为令。"各地发生水旱灾害，查勘属实，全部蠲免税粮。没有灾情的年头，也会挑一些贫穷地区，减免农业税。整个洪武年间，赈灾所赐布、钞数百万，米百余万，所蠲租税无数。

除了这些应急措施，他还建立制度化的福利救济设施。回想起父亲生病无钱救治的惨景，他发布命令，令各地设立"惠民药局"，凡军民有病而无钱医治者，给医药治疗。因为自己做过流浪者，他对无家可归者的疾苦深有体会，他命各地设"养济院"，贫民不能生活的入院赡养。月给米三斗，薪三十斤，冬夏布一匹，小孩子给以上数量的三分之二。这些福利设施帮助人民解决了在旧朝代靠个人力量无法解决的生老病死等困难，使社会上最脆弱群体的生存有了一定保障，显示了朱元璋不忘本的农民帝王本色。这些靠行政命令建立起来的社会保障机构，可惜在朱去世后立刻有名无实，失去作用。

（二）

每个民族都有自己的乌托邦之梦，而中国人追求"天下一家"的历史尤其源远流长。从《礼记·礼运篇》到《大同书》，中国人乌托邦之梦的集体主义、平均主义思想之强烈与连贯为世界历史所仅见。

在中国的政治传统里，规划设计帝国人民的生活是专制君主应有的权利，《周礼》反复说：“唯王建国，辨方正位，体国经野，设官分职，以为民极。”每一代伟大的政治家，面对刀剑征服来的天下，都有一种要在上面画最新最美的图画的冲动。他们把自己当成天才的艺术家，殚精竭虑在这片被他删成白纸的土地上进行美轮美奂的艺术创作。然而由于这种创作以理想主义为指导，这种冲动造成的结果往往是“先造成理想上的数学公式，以自然法规的至善至美，向犬牙交错的疆域及熙熙攘攘的百万千万的众生头上笼罩着下去。……行不通的地方，只好打折扣，上面冠冕堂皇，下面有名无实”。

朱元璋自然也不能免俗。底层社会的生活背景使得他的乌托邦情结较之其他开国帝王更为强烈。朱元璋深知，自然经济下农民们男耕女织自给自足的生活状态看上去平静安详，却异常脆弱。一有天灾人祸，一家一户的小生产往往破产，朱元璋一家的经历就是最好的注解。既然中国的政治规律是“有了权力可以造一切”，现在，朱元璋希望能把自己手中巨大的权力和农民的淳朴、善良和互助意识结合起来，使农民们组成一个温暖的大家庭，“过失相规，出入相友，守望相助，疾病相扶持”，人人过上勤奋耕织，生活有余的日子。“如此，贫富何患其不均，词讼何患其不息，天下何患其不治？太平万世，理必有然也。”

明初才子解缙曾经给他提供了一份乡村乌托邦的完美图画。在《献太平十策》中，解缙根据《周礼》的记载提出，以每两百家编为一“里”，住在一起。每“里”在村子当中建一个乡村会所，推选年高有德的老人坐在会所里，管理大家庭的事务。会所两边设立学校，八岁以上的儿童都在这里学习洒扫应对、日常劳作，及礼、乐、射、御、书、数，十五岁以上学习《诗》《书》等儒家经典。成年男子早晨都出工耕作私田或公田，晚间饭后都去学校学习道德和礼仪。学校后面设妇女活动室，妇女们相聚在这里从事纺织、缝纫等女工。

这幅蓝图过于完美，几乎与《太阳城》一样浪漫动人。朱元璋当然不会这么书生气，他的乌托邦蓝图远比解缙现实。

在朱元璋的理想社会里，帝国人民的社会生活应该在皇帝的指挥下整齐划一。朱元璋登基以后，建立了宣谕制度，皇帝每个月都要亲自写作宣谕一道，提醒百姓在每个月应做的事，由应天府发出，以达于天下每县每乡。比如六月份老百姓应缴夏税了，宣谕即提醒，众人须“各守本分，纳粮当差”。这一制度成为大明祖制，被后代皇帝继承了下去。

人民公社时期，社员们上工都是听队长的统一号令。每天清晨，当村头大树上吊着的那半截铁轨被敲响时，全村的劳动力从各家各户里走出来，在队长的带领下，下地劳动。很少有人知道，这并不是人民公社的发明。六百年前，为了督促人民生产，朱元璋就已经想出了这个非同凡响的主意。“今出号令，止是各里老人劝督，每村置鼓一面，凡遇农种时月，五更擂鼓，众人闻鼓下田。老人点闸不下田者责决，务要严督，见丁著业，毋容惰夫游食。若老人不肯督劝，农人穷窘为非，各治其罪。”（《教民榜文》）即命令所有的村庄皆置大鼓一面。到耕种时节，清晨鼓声一响，全村人丁都要会集田野，及时耕作。如有怠惰者，由里老督责。里老放纵不管、未加劝督的，则严加惩罚。

理想社会里，每个集体都应该充满互助精神。朱元璋命令乡里之间，互助互济。他说：“乡里人民，贫富不等。婚姻死丧吉凶等事，谁家无之？今后本里人户，凡遇此等，互相周给。且如某家子弟婚姻，某家贫窘，一时难办，一里人户，每户或出钞一贯，每里百户，便是百贯，每户五贯，便是五百贯。如此资助，岂不成就？日后某家婚姻亦依此法，轮流周给。又如某家或父母死丧在地，各家或出钞若干，或出米若干资助，本家或棺椁，或僧道修设善缘等事，皆可了济。日后某家倘有此事，亦如前法互相周给。虽是贫家，些小钱米亦可措办。如此则众擎易举，行之日久，乡里自然亲爱。”

我一直怀疑，今天让人头痛不已的“随礼风”起源于朱元璋。

基于对淳朴的乡村生活的记忆，朱元璋还吸取传统文化中的有益营养，建立了“乡饮酒礼”制度。这可以说是朱元璋对《周礼》有关记载的一项创造性运用。每年春天，各地乡村要以每一百户人家为单位，聚在一起，大会饮酒，由乡里德高望重的老人率众乡民宣读誓词：“凡我同里之人，各遵守礼法，毋得恃力凌弱，违者，先共治之，然后经官。或贫无所赡，周给其家，三年不立，不使与会。其婚姻丧葬有乏，随力相助。如不从众，及犯奸盗诈伪一切非为之人，不许入会。”通过这样的集会宣誓，培养民众的集体意识和互助精神。

朱元璋思想中的乌托邦因素还不止于此，他甚至进行了互助社的探索。洪武二十八年（1395）他采纳应天府上元县典史的建议，命令乡里小民，或二十家，或四五十家，组成一社，遇到农忙季节，谁家有病，则全社通力合作，协助其耕耘。至于此制度执行到什么程度，这一超前探索的结果如何，史书没有下文。

（三）

“不患寡而患不均”这句名言，使得儒家被认定为中国平均主义思想的代表。其实不仅仅是儒家，中国的诸子百家思想中都有强烈的平均主义意识。老子主张“小国寡民”，“损有余而补不足”，墨子呼吁“兼相爱，交相利”，“赖其力者生，不赖其力者不生”，崇尚节俭，以粮为纲。直到后来，太平天国《天朝田亩制度》、康有为《大同书》、孙中山“平均地权”，都明显地继承了中国传统文化中的均平内质。

强调政令统一，强调意识形态的纯洁和一元化的偏好，同样是中国诸派思想家所共有的。

法家提倡“一教”，即统一教育、统一思想、统一价值标准。李斯说：“古者，天下散乱，不能整齐划一，所以诸侯并立，厚古薄今，崇尚虚言，人人都以为自己所学的是正确的，随便批评领袖们的政策。今皇帝统一天下，宜替天下人分辨黑白，定于一尊。”

黄老学派的《十大经・成法》则说：“黄帝问大臣，说：‘我一人拥有天下，狡猾的百姓层出不穷，他们善辩多智，不守我的法令，我恐怕天下因此而乱。请问怎么才能使百姓都老老实实遵守我的法令？’大臣回答：‘天下成法，要令在于“不多”，一言而止。使天下人都遵守这个“一”，民无乱纪。’”

那个提倡兼爱的墨子，比任何人都崇尚思想一致。他的政治原则是“尚同”。墨子及其门徒结成了一个组织严密、能够进行政治军事行动的武士团体，该团体的首领叫“钜子”，墨子为第一任钜子，他对所有成员具有决定生死的绝对权威。该团体的组织原则是统一意志、统一行动和绝对服从，主张“上之所是，必皆是之；所非，必皆非之”（《墨子・尚同・上》）。

中国人对大同理想并没有停留在幻想阶段，不止一个封建帝王试图利用手中的权力在这片土地上进行大同实践。在朱元璋之前，王莽的实践最为先锋，失败得也最为彻底。王莽推行的王田令，实行土地帝国公有，一夫一妻授田百亩。同时，他尝试由政府垄断经营盐、酒、冶铁和铸钱，防止富商操纵市场，勒索百姓。下令建立帝国银行，贫苦百姓可以申请帝国贷款，年息为所得的十分之一，以杜绝高利贷对百姓的盘剥。王莽推行固定物价政策，市场上的货物由政府规定价格，以维护市场秩序。可惜由于这些措施大大超过了社会的承受力，王莽政权很快被不满的国人颠覆。

甚至在朱元璋之后，雍正皇帝也曾试图恢复井田。雍正二年（1724年），他拨出官地二百四十顷，挑选无业人员一百户，每个男子分配土地一百亩，作为私田，每八人共管一百亩公田。公田收成归政府，作为农业税。政府给每个男子五十两银子，用来购买种子农具和口粮。公田、私田外多余的土地，用来建设村庄。然而，这个浪漫的复古幻想没能实现。实行不久，耕种者就相继逃亡。

虽然历史上的乌托邦实验都不幸失败了，然而大同理想一直活在中国人的精神深处。所以，当20世纪之初，当西方思潮纷纷涌入中国之时，强调个人自由、个人权利及个人的独立性的西方个人主义精神，终于因“不合于中国人民心理”而被拒绝。

三、结网的蜘蛛

（一）

古人对“治天下”有过多种比喻，如“治国如治病”，“治大国若烹小鲜”，如“君，舟也，人，水也。水能载舟，亦能覆舟”。在这些比喻里，“天下”是一个动态的东西，需要治政者因时而异，因势而动。

朱元璋对治政的理解却与古人不同。他偏爱用“建房子”“盖大厦”来比喻治理帝国：“为天下者，譬如作大厦。”又说，“我以为建基立业，犹之盖大房子，剪伐斫削要用武臣，藻绘粉饰就非文臣不可”。

朱元璋希望能够像盖房子一样，构建起一个千秋万世、永不毁灭的固态帝国。这个帝国能抵御时光的摧毁，永远庇佑他的子孙后代和天下万民。

（二）

虽然同为农民天子，朱元璋的个性却和刘邦完全不同。刘邦骨子里有股无法无天的放荡豁达，他见到秦始皇车驾，居然大言不惭地说：“大丈夫当如是也！”攻下咸阳之后，他沉湎于秦朝故宫的金帛子女，一门心思住下来想快活一番。还是在身边大臣苦口婆心地劝谏之下，才恋恋不舍地离开，可见其享乐的性格。而在朱元璋的字典中，从来没有“休息”二字。穿上皇袍后，他没有把一丁点的时间浪费于享受胜利，而是匆匆奔向下一个目标：巩固帝业。在农村，家中有了几块银子，还要深埋进坑洞或灶间，何况这么大的家业，怎能不妥加打点？

遍数古今中外，找不到比朱元璋更热爱“安定”的统治者，在某种程度上，这种热爱甚至变成了一种偏执，成了“予一人”。端居九重之上，向下看去，中国社会还在沿着元朝末年的惯性继续动荡着，到处充满混乱、矛盾和冲突，如同混沌、巨大、无序旋转着的星河。这让他感觉眩晕和害怕。在他看来，混乱意味着藏污纳垢，意味着重重危机，意味着形势不在他的掌握之中。混乱就如同混浊的湖水一样，生存着无数不安定的基因。一旦温度适合，这些基因就会迅速长成动乱。

即位的第二天，洪武元年（1368年）正月初五，朱元璋就对身边的大臣说：“创业难，守成更难。”甚至因为忧惧而失眠，“我回顾创业之艰难，现在日不暇食，夜不安枕”。即位第三天，他又谆谆告诫大臣们，要高度注意一切危险的苗头：“忧患之来，常始于细枝末节。明智者能从无踪无形中嗅出危险的味道，而愚昧的人在事情已出现萌芽时还毫不在意。”

刚刚登上皇位不久，他就下令设专人，每天五更之时在城门的谯楼上吹起画角，高声唱道：“为君难，为臣又难，难也难；创业难，守成更难，难也难；保家难，保身又难，难也难！”

之所以要竭尽全力“保家”，不仅仅是因为来之不易，也是因为以血得来的家业一旦失去，必然也要以血来偿。

朱元璋习惯事必躬亲。他喜欢把事情处理得清清爽爽，一目了然。有一点不妥，他也会心神不定，寝食难安。这种素质其实最适合当一个村长，给他一个百十户人的村子，他能治理得井井有条。他会深入每家每户，掌握每只家畜的膘情。我们可以想象朱村长背着手，威严地行走在乡间的道路上，仔细观察每一株庄稼的长势。村民们见了他，远远地就向他行礼，打招呼。他微微点点头，走到他们身边，长篇大论地教导他们如何生产，如何生活，告诉他们尊老爱幼，热爱朝廷。

不幸的是，命运慷慨地把整个天下交给了他。对于朱元璋来说，中国社会过于庞大，过于复杂了。对于骑惯了驴马的朱元璋来说，巨大的中国如同没有见过的一头恐龙，他骑在上面，虽然紧紧地握住了缰绳，但还是感觉有点力不从心。

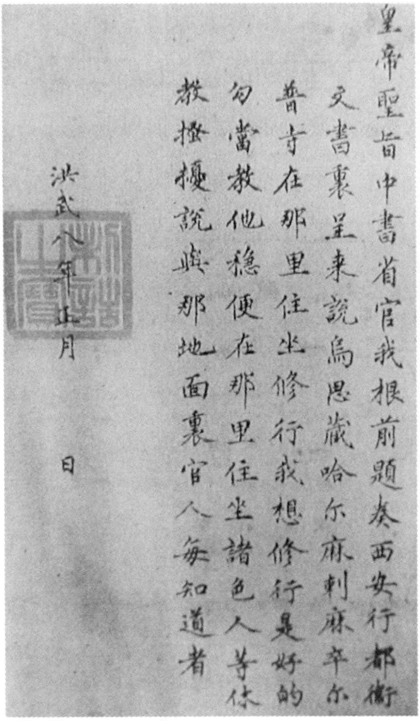
皇帝聖旨中書省官我根前題奏西安行都衛
文書裏呈來說烏思藏哈尔麻剌麻卒尔
普寺在那里住坐修行我想修行是好的
勾當教他穩便在那里住坐諸色人等休
教搔擾說與那地面裏官人每知道者
洪武八年正月 日

朱元璋颁发的圣旨

他怕乱，怕社会的自由演进，怕任何一颗社会原子逃离他的控制。不过，村长自有村长的办法。在朱元璋看来，要保证天下千秋万代永远姓朱，最彻底、最稳妥的办法是把帝国删繁就简，由动态变为静态，把帝国的每一个成员都牢牢地、永远地控制起来，让每个人都没有可能乱说乱动。于是，就像传说中的毒蜘蛛，朱元璋盘踞在帝国的中心，放射出无数条又黏又长的蛛丝，把整个帝国缠裹得结结实实。他希望他的蛛丝能缚住帝国时间之钟，让帝国千秋万代，永远处于停滞状态。然后，他又要在民众的脑髓里注射从历朝思想库中精炼出来的毒汁，使整个中国的神经被麻痹成植物状态，换句话说，就是从根本上扼杀每个人的个性、主动性、创造性，把他们驯化成专门提供粮食的顺民。这样，他及他的子子孙孙，就可以安安心心地享用人民的膏血，即使是最无能的后代，也不至于被推翻。

（三）

把社会改造成原子状态并不是朱元璋的最终目的。散沙在风吹日晒之下，也会自由流动，形成沙丘，构成新的不均匀不稳定状态。朱元璋采用“草格子固沙法”，用一道道诏令来固化社会。

大明王朝继承发展了元朝的职业世袭制，把帝国人口分为农民、军人、工匠三大类，在三大类中再分若干小类，比如工匠之中，还分为厨子、裁缝、船夫等。职业先天决定，代代世袭，任何人没有选择的自由。如果你是军人，则子孙世世为军，除非做官做到兵部尚书一职，没有可能脱离军籍。同理，如果你爸爸是裁缝，那么你必须以缝纫为生，不管你是否六指或者残疾。

为了摸清中华大村的家底，朱元璋建立了中国古代史上同时也是世界古代史上最周密的户口制度。帝国山陬海隅每村每乡每个人的个人信息，都被执政机器所清楚掌握。在大明王朝，每个人一生下来，就会被政府登记在户口本上。长成之后，子承父业，一辈子不许随便迁移，不许随便改变职业。朱元璋下诏说：“如今士、农、工、商都要各守本业，医生和算卦的只能在本乡活动，不得远游。”如果因为天灾人祸在出生地生活不下去逃往他乡了，那么“地方有关部门必然穷究你逃到何处，行文到那里，令当地官府捉拿你回原籍，依《大明律》问你的罪，命令你依然老老实实在原地居住，从事原来的职业”。

人口统计登记到现在也仍然是一个庞大的系统工程，需要精密、科学的组织，动员庞大的人力物力。可以想见，在当时的通信、交通、统计技术条件下，进行精确的人口登记多么艰难。不过，朱元璋的严刑峻法威力无穷。他在洪武初年发布的命令说：“如今天下太平了也，只是户口还不明白了哩……我这里大军如今不出征了，都教这些军人去各州县里，下到地里去一本本地核查，看老百姓们写得真不真。经核查属实的便是好百姓，不属实的便拿来做军。如果有官吏敢隐藏户口的，将那官吏处斩。百姓们有躲避了的，依律要定了罪，通拿来做军。钦此。”这道杀气腾腾的命令宣布了中国户籍制进入了一个新阶段。帝国的军队组成一支支工作队，手持武器，深入各地的乡村田野，挨家挨户进行人口登记造册。所有户口本都必须由家长本人亲自填写或者口报，绝不许别人代为包办，如果有包办作弊，经手人员“一体处死，隐瞒人户，家长处死，人口迁发化外”。

这样规模浩大的人口登记，每十年重新进行一次。朱元璋规定，户口本上要详细写明家庭人口的姓名、职业、年龄以及田产等基本信息。每家每户微小的变化，都细致地表现在户口本上。

下面就是明朝一份户口本上的内容：

林荣一，嘉兴府嘉兴县零宿乡二十三都宿字圩民户。计家五口。

男丁二口：成丁一口，林荣一，年三十九岁。不成丁一口，男阿寿，年五岁。

妇女三口：妻章一娘，年四十岁；女阿换，年十二岁；次女阿周，年八岁。

产业：屋一间一披，田自己民田，地六亩三分五毫。

洪武四年×月×日

配合人口制度，朱元璋又建立起鱼鳞册制度，即帝国土地登记制度。每家每户的土地有几亩几块，每一块的位置、大小、四至，都写得清清楚楚，举国一家不漏。下面是一块地的土地产权证登记内容：

土名：李树园，地一分四厘。

地属二十都四图三甲，程九龙。

东至方良珊田，西至张丹民田，南至方良珊田联，北至方良珊田。

（附土地图）

朱元璋在应天玄武湖的湖心岛上专门建造了两个大库，把帝国各地的户口证、土地证副本都送交到这里，他亲自查看。作为大家长，他对自己的家底，一眼看到了底，才放了心。

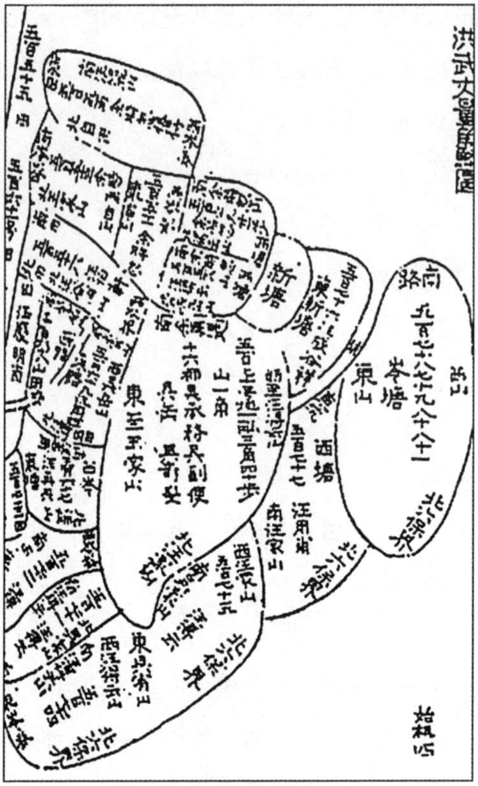

鱼鳞图册

（四）

帝国人民都植物化，这毕竟只是朱元璋一个人的狂想。人毕竟是拥有双腿的动物，走亲访友、外出经商的权利实在无法剥夺。

如果大明王朝的百姓迫不得已，想到外地办事怎么办？朱元璋想出了一个好办法：开“介绍信”。如果需要出门，请你到官府登记，经过严格的审批手续后给你开“介绍信”，或者叫“通行证”，用当时的话来讲，叫作“路引”。上面写明你的姓名、籍贯、职业、出发地及目的地。朱元璋规定，帝国人民，凡出门百里之外，就必须持有此证。朱元璋教导人民：“各地百姓，遇到生人，要仔细检查他的通行证，看看他的穿着打扮、行动、做派是不是和通行证上写的职业相同。”如果不带通行证出门，要受到严惩：“凡没有通行证私自出门者，打八十棍。经过关口不走正门，过河不由法定渡口而过的，打九十棍。偷越国境的，处绞刑。”

（五）

正经过日子的农民最瞧不起的是“二流子”。作为一个家教严格的标准农民，朱元璋虽然曾混迹江湖，对游手好闲之徒却一直缺乏好感。

对于那些纵情玩乐的“败家子”，他掩饰不住骨子里的厌恶。

翻阅史料，偶然见到了朱元璋接见功臣子弟时的一篇讲话。录其片段，从中可以看到朱元璋的人生态度：

> 男子汉家，学便学似父亲样做一个人，休要歪歪搭搭的过了一世。你每（们）趁我在这里，年年来叩头。你每还是挨年这歇来（即“每年到这来”之意）。你每小舍人，年纪少……莫要学那等泼皮的顽……你每这几个也年纪小哩，读书学好勾当。你每学尔的老子行。

有一次，听说京卫将士闲暇饮酒，朱元璋就将他们召来训斥一通：“近闻尔等耽嗜于酒，一醉之费，不知其几。以有限之资供无餍之费，岁月滋久，岂得不乏？”对青年人下棋、玩球、吹箫、唱曲更是异常痛恨，曾颁旨大加惩罚：“在京但有军官军人学唱的，割了舌头；下棋、打双陆的，断手；蹴圆的，卸脚；做买卖的，充军。”“府军卫千户虞让子故违，吹箫唱曲，将上唇连鼻尖割了。”又龙江卫指挥伏颙与本卫小旗姚晏保蹴圆，“卸了右脚”，全家发赴云南。

除了对“歪歪搭搭”的二流子的厌恶外，朱元璋更从政治高度清晰地看到游民们的危害性。历朝农民起义，都是由游民首倡，这些游手好闲的人都是些不安分之徒，是一群流动的火种，是社会上最大的不稳定因素。控制游民，实是社会长治久安的关键。

朱元璋颁布重重法令，要求每个社会成员都要从事固定的职业。

他在《大诰续编·再明游食第六》说：“再次申明不许不务正业，大家要互相知道彼此的职业。我这个命令一下，各地政府、邻人、里甲，对这些不务正业者，要告诫训诲，让他们立刻找活干……一月之间，仍然不务正业的，四邻和里甲要把他拿赴官府。官府如果不管，你们送赴京来，为民除患。如果不拿，这样的人，非在官府帮闲做坏事，就在乡里当盗贼……是诰一出，四邻里甲不能拘拿赴官赴京，使此人在地方做了坏事，案发之日，四邻里甲同坐其罪！的不虚示！”

朱元璋在几百年前，即已把传统的里甲制度强化成了镶嵌式的社会控制体系，用里甲这张大网对人民进行了网格化固定。他规定，对人民，每十户编为一甲，每一百一十户编为一里（一里包括十甲，另十户轮流为里长）。普天下人民，都有了自己归属的“单位”。

朱元璋里甲制的严密程度大大超越历朝。大明王朝一里之内的居民，都有互相监督的义务。每家每户都要互相作保，实行连坐，一家犯罪，全体倒霉。他发布《大诰》说，一里之内的每一家都要了解其他家的情况：“要知道这家几口人，是从事什么职业的。比如，读书的，要知道他的教师和同学分别是谁，是上县学还是州学，要一清二楚。当教师的，邻里一定要掌握他的学生们的情况，看看每天出入他家的是不是这些人。”“务农的，每天从炕头到地头，天天出来进去，邻里都看得见，这个情况就好掌握了。”“做工匠的，邻里们一定要看看他的通行证，掌握他到哪儿去做工了，一般到远处做大活儿，在外待的时间可以长些，在附近做小活，应该不久就会回家，邻里要密切掌握这些情况。”“经商的，有做大买卖的，有做小买卖的，有走得远的，有走得近的，到哪儿去都有通行证可以检验，回来的期限就不必严格限定了。不过邻里也要勤打听点，如果一年到头也没有个信，两年还没回来，邻里就要到这个人家里去问问缘故。”（《大诰续编·互知丁业第三》）

之所以要如此严密地掌握邻里情况，是为了一发现不安定因素，就可以立刻汇报给官府。“一里之中，如果发现了强盗小偷，逃出军队的人，逃归的犯人以及其他不守规矩胡乱生事的人，里长和德高望重的老人，就要召集同里的人抓来送到官府里去。如果不这样办，严惩不贷。”

严密的里甲制度如同一个个牢笼，使天下人约束，“如鸟之在笼，兽之在柙，虽欲放逸，有不可得”。大明王朝颠倒了人和土地的关系，人成了土地的附属物。流浪儿出身的朱元璋坐了天下，当然要防止第二个朱元璋出现。

（六）

社会底层已经被均匀而严密的大网牢牢罩住了，朱元璋的目光又对准了里甲之网控制范围之外的阶层：官员。

中国古代的官僚阶层有着矛盾的个性。一方面，他们惰性强烈，缺乏责任心、事业心，上面推一推，下面动一动，敷衍塞责，形式主义、文牍主义盛行。另一方面，他们又极富进取心和创造力，为了升官发财，削尖脑袋，绞尽脑汁，无所不用其极。一旦皇帝的监视稍有放松，他们就会创造出无数贪污枉法的新招来。

而大明王朝官员的这种二重性最为突出。盖有明一代，官员的地位与前代相比大大降低。唐宋以前，官员一直享有很大的权力以及种种优待，譬如一家公司，皇帝是董事长，官员则是股东和高级雇员，公司的前途和发展关乎大家的利益，所以官员们的责任心比较高。而朱元璋把主要权力全部收归己有，官员只剩下执行命令和跑腿一种功用，成了皇族的高级奴隶。这些高级奴隶没有自主思维和创造的权力，也缺乏创造热情，对公司的前途和命运更是漠不关心。与此同时，他们的多余精力势必要灌注到另一方面，在以权谋私的活动中迸发出更大的活力和创造力。

为了管好这些高级奴仆，朱元璋费尽了苦心。他用规章制度捆住官员们的手脚，令他们只能在他严格规定的范围内活动。他生怕地方官们办事不细心或者不尽心，亲自撰写了《授职到任须知》，对每一级地方官吏的职责都做出详细的规定。他把地方公务分为“发布公告”“征收田粮”“管理仓库”“会计核算”“受理诉讼”“管理囚犯”“管理官署房产”“管理辖内读书人”“管理地方渔业”“管理地方窑冶”等三十一项，并且逐项开列地方官中应当注意的事项，对这些注意事项往往还列出许多具体的要求。比如“管理囚犯”一项，不但要了解已经了结的案件有多少，在押犯人有多少，还要“知入禁年月久近，事体轻重，何者事证明白，何者取法涉疑。明白者，即须归结；涉疑者，更宜详审。期在事理狱平，不致冤抑”。谆谆嘱咐，像个碎嘴婆婆，只恨不得一个个手把手教他们干，一身化为千万，在旁边严密监视。对于京官，他则制定了“六部职掌”，把每个部每个司每个科所有大小官员的岗位职责定得明明白白，连每个月用多少墨水钱都算得清清楚楚，让他们像牵线木偶一样，精确地按着他预先设定的轨道运行。

针对官员们强烈的贪腐热情，朱元璋制定了历史上最为严厉的反贪污法令。他严禁官员们公余出去潇洒，规定“官吏宿娼，罪亚杀人一等，虽遇赦，终身不得再当官”。对官员们限制性规定的琐碎苛刻，几乎让人无法忍受。比如他规定，官员出差时，不能用公车运送私人财物：“凡因公出差，按级别可以坐官马公车、用官驼等者，除了随身的衣物外，携带的私人物品不得超过十斤。违者，超过五斤的笞十下，以上每增加十斤加罪一等，到打六十下为止。坐船的可以多带些，但也不得超过三十斤。违者，十斤笞十下，每二十斤加一等，打到七十下为止。家人随从者，都不许坐公车。如果谁贪小便宜，求官员帮他带私物的，这个人与官员同罪，所寄之物没收。”

与现在鼓励官员深入基层体察民情相反，朱元璋做了一个今天人看起来非常奇怪的规定：不许官员们下乡。农民的经历，使朱元璋产生了一个牢不可破的印象：那些下乡来的官员，都是来大吃大喝、搜刮扰民的。当上皇帝后他说："我在民间时，亲身体验到州县官吏多不恤民，往往贪财好色，饮酒废事，凡民疾苦，视之漠然，心实怒之。"所以他规定，官员只能老老实实待在官衙里，不许去体察什么民情。如果官员胆敢坐轿下乡，百姓见了，就可以一拥而上，捉了送到京师，由皇帝亲自处死。

这条规定把官员捆在了官府里，与把百姓捆在土地上有异曲同工之妙。大明王朝的官员们发现他们被置身于千万条高压线之间，一不小心，就可能陷入法网。在朱元璋的精细化管理之下，官员们的行为主动性、施政自由度被压缩到了历史的最低点。

（七）

朱元璋精细编织蛛网，当然是为了网住所有臣民，以供皇族享用。然而，他织网织得太顺手，一不小心，他不仅把平民、官员网了进去，甚至把子孙皇族也网住了。

黑格尔认为，朱元璋式专制的缺点在于，只有皇帝一个人对整个帝国的前途命运负责，其他人都缺乏责任心。皇帝必须担任这个庞大帝国的那个不断行动、永远警醒和自然活泼的"灵魂"。"假如皇帝的个性竟不是上述的那一流——就是，彻底地、道德的、辛勤的、既不失掉他的威仪而又充满了精力的——那么，一切都将废弛，政府全部解体，变成麻木不仁的状态，因为除了天子的监督、审查以外，就没有其他合法权力或者机关的存在。政府官吏的尽职，并非出于他们自己的良知或者他们自己的荣誉心，而是一种外界的命令和严厉的制裁，政府就靠这个来维持它自己。"

这就是专制政体的弱点，所谓"人存政举，人亡政息"。

朱元璋当然意识到了他创造的这一体制的弱点。他时时刻刻担心他的后代们胡作非为，导致他设计的帝国机器的运转陷入混乱。如果那样，后果将是不堪设想的。

因此，朱元璋不仅仅要决定他生时的帝国面貌，他还要预先设定好他死后每个接班人的行动轨迹。

他花了整整六年时间，七次删改，用曹雪芹多写半部《红楼梦》的心血，写了一部叫作《皇明祖训》的书，专门献给他的子孙们。

在序中，他这样告诫他的后代们："你们生长在深宫之中，不知世故。而我幼而孤贫，长大了又值兵乱，二十四岁就当兵，头三年是小兵，后来一步步上升，这个过程中我劳心焦思，虑患防微，近二十年，终于一统天下。所以，人情世故，人之情伪，我深有研究。""群雄都是天下最强悍诡诈的人物，最难制御，我已经都制服了。老百姓在兵荒马乱中变得越来越奸猾，最难统治，我也已经治得服服帖帖了。未开朝前，我就开始制定统御天下的法律规章，十多年间，不断修改，务期详尽，现在已经都出台了。颁布之后，效果不错。现在，我又写作这《皇明祖训》，作为我们家的家法。我把草稿贴在西厢房里，每天早上晚上阅读、修改，以求万无一失，首尾六年时间，大改了七回，这才定下，真不容易啊！不过有了这个东西，你们做皇帝就好做啦！凡我子孙，都要严格服从我的这个详细规定，不许自作聪明，违反我这个成法。一个字也不许改！如果你们果然听话，那么咱们老朱家的天下一定会千秋万代！"

让我们来看看这"一个字也不许改"的东西都有些什么内容。

在这本书里，朱元璋详细规定了从皇帝到亲王的行为准则。从"如何行政""如何执法"的大章大法到"如何安排日常起居""如何管理后宫""皇族间如何行礼"等生活细节。规定之详尽烦琐，让人难以想象。

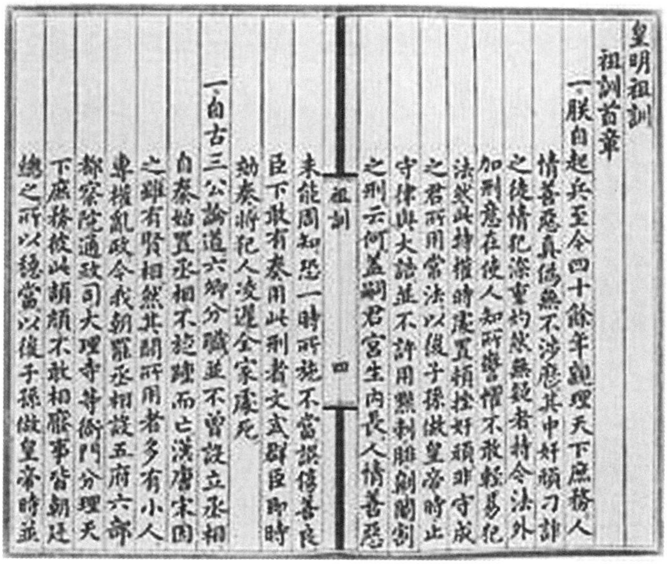
皇明祖訓
祖訓首章
一朕自起兵至今四十餘年親理天下庶務人
情善惡真偽無不涉歷其中奸頑刁詐
之徒情犯深重灼然無疑者特令法外
加刑意在使人知所警懼不敢輕易犯
法然此特權時處置頓挫奸頑非守成
之君所用常法以後子孫做皇帝時止
守律與大誥並不許用黥刺腓劓閹割
之刑云何蓋嗣君宮生內長人情善惡
祖訓 四
未能周知恐一時所施不當誤傷善良
臣下敢有奏用此刑者文武群臣即時
劾奏將犯人凌遲全家處死
一自古三公論道六卿分職並不曾設立丞相
自秦始置丞相不旋踵而亡漢唐宋因
之雖有賢相然其間所用者多有小人
專權亂政今我朝罷丞相設五府六部
都察院通政司大理寺等衙門分理天
下庶務彼此頡頏不敢相壓事皆朝廷
總之所以穩當以後子孫做皇帝時並

《皇明祖训》

治国行政的大原则就不详细介绍了，仅仅引用几个小细节，来看看朱元璋为后代考虑得周密到了什么程度：

开宗名义第一章是安全第一：“为了安全起见，你们和亲信大臣们商量机密时，带刀护卫只许离你们十丈远。”“每天晚上，都要警醒。没事常听听城中动静，也可以到院子里，看看天气星象，有没有什么灾难的征兆。如不出，则听听市声是不是有什么异常。”

作为仁慈的父祖，连子孙后代如何吃饭，哪顿饭多吃哪顿饭少吃，他都计划得周周详详：“当了皇帝住在宫里，每天要早起晚睡，酒要少饮，饭要按时吃！午后，不许吃得太饱！如果是外出在路上，可以不受此条限制。”

其他各章也有诸多注意事项。比如，如果宫内女子生病，只能在白天找大夫，夜晚不管多急的病，只能挺着。请大夫时，须要监官、门官、局官各一人，太监三人，老妇二人，陪医生一起进宫。如果这些人不陪，只叫老妇陪着进宫，则很容易发生危险之事。一旦出现这种情况，官员都要斩首，太监、大夫、老妇都要凌迟处死。

甚至，他亲自规定亲王出行时，都要带些什么东西：交椅一把，脚踏一个，水罐一个，水盆一个，香炉一个，香盒一个，拂子二把……

看了这些规定，你会明白为什么朱元璋想了六年，改了七次了吧。看看，做朱元璋的子孙多么享福，出生时几乎不用携带大脑。三百多年里，大明王朝基本上是按照太祖朱元璋制定的政治模式来运转，每一件事都有成例，每一件事都有定制，几乎没给后任皇帝留下任何权力运用上的自由。没有紧急的事情，皇帝不得出紫禁城一步。一年到头，一天到晚，所有的活动几乎都有固定的日程。

对于亲王们来说，这种幸福更是难以忍受。因为不断有亲王作乱，后代皇帝继承太祖精神，不断强化对亲王的规定，使明朝中后期的亲王，几乎变成了囚犯。这些原本被认为帝国内最幸福的人，在生活自由方面连普通百姓也不如。亲王只许安坐享福，不许从事任何事业。亲王终生只能生活在王府里，想出城遛遛弯，得专门派人千里迢迢向皇帝本人递出申请。如果没有皇帝的亲自许可，他们连出城扫墓都不行。为了防止亲王们有串通的机会，皇帝又规定，亲王们终生不得见面。《明史·诸王传》赞语：

> （有明诸藩）然徒拥虚名，坐縻厚禄，贤才不克自见，知勇无所设施。防闲过峻，法制日增。出城省墓，请而后许，二王不得相见。藩禁严密，一至于此。

（八）

在世界各大文明中，其他古老文明都被历史的云谲波诡一遍遍涂改得面目全非，只有中国文明历经数千年风雨冲刷，而基本格局丝毫不改。

这一事实，在中国人看来，是中国文明生命力强大，继继绳绳，与天咸休。在西方人看来，却是极其悲惨和可怕的。他们认为这是一种僵化状态。用英国历史学家汤因比的话来说，这是“一种毫无意义的存在”，“它之所以能活着只是因为它已经僵化了”。（汤因比《历史研究》）

像朱元璋这样牢笼天下，无疑不符合这个帝国绝大多数人的利益。然而，它却符合皇帝一个人的利益。孟德斯鸠说，专制制度是大一统的中国不得不做出的选择，“因为如果奴役的统治不是极端严酷的话，便要迅速形成一种割据的局面，这和地理的性质是不相容的”。

“产权”决定治理方式。对于天下人民、土地和财富都属于皇帝一个人所有的帝国来说，选择哪种治理方式只取决于皇帝一个人的感觉。如果一种治理方式只方便皇帝一个人，对其他社会成员都造成了严重的损害，从皇帝的角度看，这也是合算的。相反，如果多给人民一些个性发展的空间，增进了亿万人民的幸福，却可能造成皇帝统治的一点点不方便，那么对皇帝来说，也是不合算的。

所以，历朝皇帝都乐于剥夺其他社会成员的自由，来成就自己一个人的绝对自由，损害其他人的方便，成就自己一个人的方便。由此，造成了中国社会与西方社会发展的不同轨迹。英人穆勒认为，个性自由和专制统治的斗争，决定着一个民族的盛衰和浮沉。伴随着个性的舒展，人类生活也就变得丰富、多样、生气勃勃。这一过程还加强着那条把每个人和本民族联结在一起的纽带，因为这个过程将一个民族也变得大大地更加值得个人来做其成员。相应于每人个性的发展，每人也变得对于自己更有价值，因而对于他人也能够更有价值。他在自己的存在上有了更大程度的生命的充实，而当单位中有了更多的生命时，由单位组成的群体中自然也有了更多的生命。反之，压抑人的个性，使个人消失在人群之中，这种社会埋下了专制的因子。在那里，人类生活必会变成一池死水，首创性极度缺乏。人心的这种低下状态又导致平凡的统治，平庸、落后的民族便将出现。

德国哲学家赫尔德把中国比喻成一具僵尸："这个帝国是一具木乃伊，它周身涂有防腐香料，描画有象形文字，并且以丝绸包裹起来；它体内血液循环已经停止，犹如冬眠的动物一般。"

英人比万说："为了避免中国的命运，欧洲付出了一千年野蛮生活的代价。"这个代价在他们看来是值得的："我认为我们的危险并不是无政府状态，而是独裁。"（引自《历史研究》）

（九）

当然，天国的朱元璋绝对不同意这些西方人的看法。他绝不认为自己的形象是这样的恐怖、丑恶。相反，在他手中那面东方式的铜镜里，他看到自己既威严又仁慈，像一个充满智慧和爱心的老爷爷。

用现代人的眼光看，朱元璋如此强横地剥夺社会其他成员的自由，无疑野蛮、荒谬、不可理喻。

朱元璋却认为自己这样做是天经地义的。天下百姓享有的一切，包括阳光雨露，都是他赐予的。他是老百姓的所有者，因而有权对他们进行任何处置。

洪武初年，因为缺乏干部，朱元璋四处征召读书人出来做官。贵溪县读书人夏伯启叔侄二人也在征召之列。这两个人怀念故国，不愿在新朝为官，遂斩去左手大指。朱元璋闻听，勃然大怒，立命把二人捆赴京师，在皇宫里亲自对他们二人讲了一通道理，说明不为他服务是极端错误的。

朱元璋的这篇讲话，详细地记载在《大诰三编·秀才剁指第十》中。奇文共赏，可看出朱元璋的逻辑。

朱元璋问夏伯启：什么叫再生父母？没等夏伯启回答，他就用通俗的语言，深入浅出地解释起来："且人之生，父母但能生其身体而已，其保全性命，全在于人君。何谓再生父母？人遇大难将死之时，被人救下，救他的人，不管男女老少，都是他的再生父母。”

用三段论的逻辑推理方式，他告诉夏伯启，自己就是夏伯启的再生父母，因为是他把夏伯启从元末的战乱中拯救出来，过上了安定的生活：“天更历代，列圣相传，此岂人力而可为乎？如今你们叔侄二人安然生活，不忧凌暴，家里财产不怕被人抢走，你靠的是什么？” 夏伯启俯首默然。“尔所以不忧凌暴，家财不患人抢，靠的是君主啊！是君主给你提供了社会治安！君主就是你的再生父母！今去指不为朕用，是异其教而非朕所化之民。”

朱元璋自己说，一席话讲得夏伯启心悦诚服，以至于他被判处死刑时也毫无怨言，反而感到“朝闻道，夕死可矣”的幸福。“尔宜枭令，籍没其家，以绝狂夫愚夫仿效之风！”听了这些话，夏伯启无以言对，默默受死。

在朱元璋看来，因为自己掌握的暴力震慑了其他的暴力，使天下获得了安宁，所以他就是天下人的救世主，他有权对天下人生杀予夺。为了让天下人都明白这个道理，他从正反两个方面，反复宣讲，在《大诰》的另一章里，他反驳那些不同意他观点的人说：“有人说：‘皇上吃的穿的，都是老百姓供总养的，怎么能说皇上养活老百姓呢，应该说是老百姓养活皇上。’愚民们，你们不知道，说皇上养活你们，是因为他教育你们，给你们制定纪律，要不然你们小的不听老的，富的欺负穷的，谁都不得安生。”

所以，他对百姓们不感激自己颇为不满。在《大诰·民知福不报》中愤愤地说：“你们吃我的，喝我的，有的百姓却对我不知报答，恬然享福，绝无感激之心。”

所以，他对天下人行凶作恶时那么理直气壮。有一次，朱元璋微服私访，在街道上听到一老年妇女和人说话，提到他时，不称“皇上”而称“老头”。朱元璋认为这是不满自己统治的表现，回宫后，令五城兵马司把老妇居住的街区都杀光了，并且说：“张士诚占据东南，当地人如今还叫他‘张王’。我做了皇帝，百姓居然叫我‘老头’，真叫人活活气杀。”

甚至对于大臣，对于自己册封的公侯贵族，他也缺乏最起码的尊重。这些人也不过是他手里的工具，一不高兴，他就可以喝令身边的武士，把任何一个大臣按在宫殿地上，拉下裤子，在大庭广众之下打他的屁股。这就是明朝有名的廷杖制度。在他的一怒之下，诸如勋臣永嘉侯朱亮祖父子和工部尚书薛祥等，许多高级官僚都在皇宫的地板上被活活打死。

（十）

和如今的看法相反，朱元璋并不认为他牢笼人民是侵犯了人民的权利，妨碍了人民的幸福。他认为这样做，促进了百姓们的幸福。

朱元璋的结论与今天如此截然相反，是因为朱元璋从自己的幸福观出发来理解帝国人民的幸福观。他是怎样用自己的语言来表述其幸福观的呢?

朱元璋亲自写作的《大诰武臣·储钦等擅收军役第七》载：淮安卫指挥储钦受贿被朱元璋严惩。朱说：“看来今日他们这样遭贬呵，何不当初依本分，守着本等职事、好房子下坐着，关着俸米吃着，却不快活么道！他却务要这般撒泼做呵，不知他们心里果然是如何？”

同书《监工卖囚第二十六》载：千户郭成贪财，放了罪犯，“却将一个千户的名分忒坏了，有这等薄福的小人”。

在《皇明祖训》中，他这样教导后代们：“凡自古亲王居国，其乐甚于天子。何以见之？冠服、宫室、车马、仪仗亚于天子，而自奉丰厚，政务亦简……乐莫大焉。”

朱元璋从来不认为“自由”是一个人生活中所必需的。从一个贫农的视角出发，他认为“幸福”就是吃饱穿暖，再进一步，就是在好房子下坐着，吃国库粮（“关着俸米吃着”），不用干活，这就是天下最大的幸福。他想象不到，人还有别的需求。至于被管理得严一点，他认为这不但不妨碍幸福，反而增加了人们的安全感。

所以，朱元璋从来没有想过，自己过度干涉帝国其他成员的生活是妨碍了他们的幸福，他绝不会认同“每个人的自由发展是全社会自由发展的前提”。相反，他认为“每个人的不自由是全社会安定团结的前提”。至于什么个性、思想、自由的价值，他连想都没有想过。在朱元璋眼里，其实他已是一个十分仁慈的君主。历史上，有几个皇帝像他这样，关心治下人民的穿衣吃饭问题？有几个皇帝像他这样，为了抓社会治安殚精竭虑？

所在，在过去的中国人看来，朱元璋制造出来的不但不是什么“木乃伊”，甚至是一件精美绝伦的艺术品。明朝及清初的史学家则这样颂之：“祸本乱阶，防维略尽。至于著律令，定典礼，置百官，立宗庙，设军卫，建学校，无不损益质文，斟酌美备。”“观其官制、典礼、律令、宝训、女诫、卧碑、木铎、祖训，大言炎炎，至文郁郁，义监二代，法备三千，共贯同条，金声玉振”。（清人谷应泰《明史纪事本末·开国规模》）

明朝之后，清朝统治者更是对朱元璋的政治制度赞赏不已。

顺治帝亲政后，时往内院与大学士等议论文史。一次，他问范文程等：“自汉高以下，明代以前，何帝为优？”范文程等回答说：“汉高、文帝、光武、唐太宗、宋太祖、明洪武，俱属贤君。”顺治帝说：“朕以为历代贤君莫如洪武。何也？数君德政有善者，有未尽善者，至洪武所定条例章程，规划周详。朕所以谓历代之君不及洪武也。”（《清世祖实录》卷七十一）

明孝陵今存一碑，为康熙手书“治隆唐宋”四个大字，意思是夸明太祖治国好过了唐宋。

正因为此，清朝基本上把朱元璋的政治制度原封不动地继承下来，并通过设军机处等小调整，使这个制度更加完备。从这个角度说，朱元璋不只开创了三百年大明基业，连大清王朝基本上也是其政治思维的产物。

治隆唐宋碑

四、思维格式化

甲、禁止奇装异服

（一）

朱元璋小时候最爱玩的游戏是做皇帝。就像吴晗那部文笔生动的《朱元璋传》所写的那样："虽然光着脚，一身蓝布短衣裤全是窟窿补丁，他却会把棕树叶子撕成丝丝，扎在嘴上做胡须，找一块车辐板顶在头上当平天冠，弄一条黄布包袱披在身上，土堆上一坐，自己做起皇帝来了。拣一些破木板，让孩子们毕恭毕敬地双手拿着，当作朝笏，一行行，一排排，整整齐齐地三跪九叩头，同声喊万岁。"

这种游戏是朱元璋儿童时代最大的快乐。在游戏中，他至高无上，一切都在他的绝对主宰之下。那时朱元璋绝不会想到有一天这一切会梦想成真，不过，下层文化中对于“皇帝”的种种幻想潜移默化中被他吸纳进意识深处。在幻想中，自身权利极度贫乏的底层民众把皇帝的权威夸大到无限的程度，就像以为皇帝成天在深宫里吃猪肉炖粉条一样，他们也同样认为皇帝不受任何拘束，没有任何限制，高高在上，随心所欲。在民间传说中，总有类似的故事：某个卑贱的下人，因为皇帝酒后一句口误，封他为某某王或者某某侯，就真的成了王侯，因为天子口中无戏言。

当真的做了皇帝时，朱元璋强横泼辣的举措证明，他确实是按照一个放牛娃对“皇帝”一职的理解去履行职责的。在此前的中国历史上，皇权从来不是无限的，而是受到官僚体制、政治传统等诸多因素的制约。在许多朝代，皇帝只管重大国策，日常政务由丞相等高级官员代理。有些朝代，皇帝还受到明确的制度上的制约。唐朝的门下省可以驳回皇帝明显不合理的诏令。宋朝的参知政事扣留皇帝手诏三日不传达，皇帝也无可奈何。唯有在朱元璋时代，皇权实现了有史以来最大的扩张。在朱元璋手里，皇权突破了层层限制，变得无所不能，无所不管。皇权的触角如同传说中巨章那恐怖的腕足一样，伸入到民间社会的每一个偏僻角落，甚至每一个百姓的大脑内部。

（二）

基于皇权无限的逻辑，洪武政府是典型的“全智全能政府”（Omnipotent government）。朱元璋和他的臣下不仅仅要实现“镇压之权”，还认为自己是正义与公理的代表，有权为老百姓规定正确的生活方式和思维方式，乃至审美情趣。

刚刚登上皇位不久，他就从帝国各地调集专家学者到应天，在他的亲自指导下开始了一项庞大的系统工程：为天下每一阶层的人制定生活准则。朱元璋带领群臣发愤工作，用了数年时间，制定出了包括《大明集礼》《洪武礼制》《礼仪定式》《大明礼制》在内的一系列规章制度，这些制度在以后他漫长的统治时期内，又进行了无数次的修订。

朱元璋的工作成果包括以下这些内容：

一是规定了帝国百姓如何穿衣戴帽。

朱元璋对上自天子、亲王，下至普通百姓的衣服样式，都做了明确而严格的规定。这些规定从颜色、花纹、料子，到衣袖的长度、开衩的高度，几乎无所不包。一一罗列几乎不可能，只能简单举几个例子：

他规定除皇族外，官员百姓的衣服上不能绣飞鱼、大鹏、狮子等图案，不许用四宝相花、大西番莲、大云花样，不许使用黑、紫、绿、柳黄、姜黄、明黄等色。

洪武三年（1370年），他规定老百姓不许戴“四带巾”，代之“四方平定巾”。到了洪武十四年（1381年）又规定，农民只能使用绸、纱、绢、布四种衣料。而商贾则只能穿绢、布两种料子的衣服。农民家里有一人做生意的，则全家不许穿绸穿纱。洪武二十二年（1389年）进一步规定农民可以戴斗笠、蒲笠出入市井，非农民则绝对不可。洪武二十五年（1392年），因民间有人违禁，做靴子时绣上了花纹，皇帝专门下令，严禁普通老百姓穿靴子。唯北地苦寒，许用牛皮直缝靴。

洪武末年，为了体现皇帝对读书人的特别关照，朱元璋特别开恩，允许读书人在天热时戴遮阳帽。然而洪武之后，读书人倚恃皇恩，得寸进尺，冬天居然戴起了暖耳，终于引起了朱元璋后代们的勃然大怒。万历皇帝专门下诏，禁读书人戴暖耳，违者五城御史送问。

二是规定了帝国各级人士的居住面积。

皇帝规定，公侯级别的人，可以住七间、九架的房子。一品、二品，即部长级，可以五间、九架。司长级，五间、七架。六品至九品，即处长和科长级，三间、七架。普通百姓的房子，不过三间、五架，不许用斗栱或饰彩色。

三是规定了一些生活细节。

比如洪武二十六年（1393年）规定，公侯级、一品、二品级的官员，喝酒时可以用金子做的酒壶。三品至五品，只能用银子做的。没有级别的普通百姓，只能用锡酒壶。

其中最有意思的规定，是对妇女们发型的严格要求。洪武五年（1372年），皇帝下令，民间没出嫁的姑娘“作三小髻，金钗”，而丫鬟们“高顶髻，绢布狭领长袄，长裙”，小丫鬟“双髻，长袖短衣，长裙”。

（三）

阅读朱元璋的这些规定，今天的读者不能不感到可笑。然而，那时在朱元璋看来，这却是非常严肃的事，甚至可以说，这是关乎帝国兴亡的重大问题。

朱元璋从蒙古人手里接过的是一个广大而残破的帝国。战争初息，满目疮痍，“十室九虚”，“民困食尽”。然而，这些尚不足以让朱元璋心忧。所谓“有人斯有土，有土斯有财”，只要政治安定，不愁经济不迅速恢复。最令他忧心的，是天下百姓的思想混乱，这是他从蒙古人手中继承的最大一笔不良资产。

从草原上征杀过来的蒙古人，没能精确掌握汉人那一套经千年积淀而成的精致深刻的治心术。朱元璋认为，这是元朝倾覆的重要原因：“元氏昏乱，纪纲不立……由是法度不行，人心涣散，遂至天下骚乱”。他说，“胡元……九十三年之治，华风沦没，彝道倾颓。”

在朱元璋看来，明初社会，纪纲不立、思想混乱突出地表现在奇装异服上面，即“先王衣冠礼义之教混为夷狄，上下之间波颓风靡”。他总结历史说：“过去，伟大的帝王治理天下，必然首先定下礼仪制度，用来辨贵贱、明国威，让人们知道大小上下。元末以来，风俗相承，流于奢侈，富有的老百姓的衣食住行居然与公卿无异，这还了得！贵贱没有区别，此元之所以失败也！”

裤脚做得小一点，皮靴上绣上花样，初看起来，不过是个人审美问题，但仔细一想，却大谬不然。因为通过衣服、皮靴等，也可以看到“乱民”与“顺民”两种思想倾向的激烈斗争。所以，朱元璋把让人们明白自己的身份当成关系帝国存亡的大事来抓。朱元璋说：“礼仪明确了，上下之分才定。这样天下才能安定。”管你的发型怎样，管你的袖子多长，管你冷天能不能戴暖耳，是为了让你从小事做起，习惯于屈从不合理的现实。所以，他才会像一个中学校长一样，对此事投入了极大的精力，每个细节都反复推敲、详加考究。

《左传》云：“天有十日，人有十等，下所以事上，上所以共神也。故王臣公，公臣大夫，大夫臣士，士臣皂，皂臣舆，舆臣隶，隶臣僚，僚臣仆，仆臣台。”作为专制统治的重要手段，等级制的作用是把帝国人民都纳入一种从属关系，使每个社会成员都归属于一个阶梯结构，凸显人的不平等，强化每个人的身份意识，使屈服、顺从、奴性成为被统治者的基本性格。只有这样，专制秩序才可以得到充分保障。

等级制度特别提醒人民，任何事物也不能超越于政治权力之上。尤其是经济权力必须绝对屈从于政治权力之下。即使你富可敌国，如果没有政治地位，也只能住三间小房子，不许穿绸穿纱。如果商人阶层想要获得人们的尊敬，必须花钱买官，起码也要买一个闲职，比如什么“登仕郎”，才有可能按级别享受一定的特权。如此，才能“富者富安，中者中安，下者下安”，实现大明王朝的“礼法之所治也”。

乙、化民成俗

（一）

除了奇装异服问题，大明王朝建立初期，还有太多的社会现象令朱元璋忧心忡忡。

十多年的乱世对人的道德操守的摧破作用，朱元璋深有感受。他说："民经世乱，欲度兵荒，务习奸猾，至难齐也。"天下大乱之际，暴力成了生存的理由，自私、狡猾、残忍，这是经过一次次生死劫难而幸存下来的人的必备品质，朱元璋自己就是最好的例子。"天下风移俗变"，汉人身上沦丧已久的野性初步觉醒，民风渐趋强悍。这是最令朱元璋担心的事。

朱元璋知道，驯化人的精神远比控制人的身体重要。开国之前，朱元璋就曾经对臣下阐述过"正人心"的重要性："天下大乱之后，法度纵弛，当然要重新修订，使纪纲正而条目举。然而比这更重要的是明礼义，正人心，厚风俗，这才是治天下的根本。"他用精妙的比喻，满怀信心地说明改造百姓性格的可行性："剽悍骄暴，不守王法，并非天下人的本性，而是在乱世中养成的不良习气。如果有效地化民成俗，统一民众的思想，则剽悍者可以变得善柔，骄暴者可以变得循帖。这就好比那狂暴的劣马，如果调御有道，久则自然驯熟。"

因此，在百端待举百废待兴的开国之初，朱元璋就把"化民成俗"放到一个关乎政权存亡的重要位置。为此，调动大量行政资源，花费了巨大的心血。

（二）

洪武五年（1372年），朱元璋命帝国各乡各里都在村头街尾建造两个亭子，一个叫作"申明亭"，一个叫作"旌善亭"。前者是召集全村百姓来深入学习皇帝谕旨的地方，后者则类似今天的光荣榜，用于表扬各村各乡涌现出的好人好事。"凡民间有孝子、顺孙、义夫、节妇，皆书其实行，揭于其中。"目的是宣传高尚行为，批评错误观念，提高人们辨别是非的能力。

为了发挥两亭的作用，朱元璋规定，每里要推选出一位年高有德之人来管理其事，曰"耆民"。老人在每个月的初一、十五，都要把全村百姓召集到申明亭来参加学习，主要是宣读并讲解《大诰》《大明律令》《教民榜文》，把皇帝的圣旨和身边发生的事例结合起来，深入宣传，使全里人户感戴皇恩，不敢犯法。

教化活动的另一个重要内容是讲说宣谕。

早在数百年前，朱元璋就已发明了类似今天流动宣传车的教化手段。洪武三十年（1397年），朱元璋要求每村每里应该选派一名声音洪亮的老人，手里摇动一个装有木舌的铜铃，清晨时分行走在乡村的街道上，大声朗诵“六谕”，即朱元璋苦心想出来的六句话：“孝顺父母，尊敬长上，和睦乡里，教训子孙，各安生理，毋作非为。”这个流动宣传员的作用是让百姓们在潜移默化中接受启发和教育，以提高人民道德水平。正如一部方志中所说：“洪武初年，皇上亲制谕俗‘六谕’，令老人执木铎，于每月朔望及每日五更天将明之时，朗诵于通衢，使老百姓在夜气清明之际，忽闻此语，冷然省惕，湔洗前非，坚其善行，圣王爱人之心至无已也。”意思是说，每天五更天天还没亮时，恰是天气清明人心清醒的时候，老百姓在梦醒之际忽然听到这些教诲，自然会如当头一棒，猛然醒悟，良心发现，洗去非心，坚决向善。

“六谕”的内容与今天以标语牌形式树立于每个小区的家庭美德规范（“尊老爱幼，男女平等，夫妻和睦，勤俭持家，邻里团结”）十分相似。在流动宣传的同时，“六谕”被制作成卧碑，立于每个村口和居民区里。

朱元璋主导下的化民成俗工作，在今天看来，相当富于前瞻性和现代性。和以前历朝皇帝们软弱无力的教化方式比起来，他的化民成俗举措更加突出了经常化、制度化。“申明亭教化”在城乡各地开展得广泛、深入、扎实，无论在规模、影响和实效上都开创了人类史的先例。

据教育活动开展后各地官员们的汇报，这一活动卓有成效。往年村民酗酒、吵架、偷窃等不文明现象时有发生，而经过教育后，大大减少了。相反，讨论如何发展农业生产，如何修路修桥做善事的，在各村蔚然成风。各地城乡环境面貌和人们的精神面貌都发生了深刻而显著的变化，大明王朝的精神文明建设取得了辉煌的成果。

这些汇报的真实性如何，无法考证。

（三）

用今天的眼光看，朱元璋“化民成俗”“以德化民”的合理性十分可疑。针对这些说法，一个现代社会的公民可以发出许多置疑，比如：什么是道德？谁的道德？谁有资格制定道德的标准？谁有权力强迫别人实行他规定的道德规范？

而朱元璋“教育人民”的资格则更为可疑。开朝前，朱元璋曾经忘恩负义掩杀小明王；开朝后，又大肆屠戮功臣，他用铁的事实一再证明自己的道德品质存在着十分严重的问题。而在当日，由朱元璋来教育人民，却是天经地义的事情。

在中国传统社会，每个老百姓在一定程度上来说都是“国有”的，也就是被战争的胜利者所有。被谁“化”，朝什么方向“化”，“化”成什么样，老百姓没有权利过问，就像牲畜没有权利选择它的饲料一样。任何一个人，不管他出身流氓还是强盗，一旦取得天下，成为天下人民之主，就证明他得到了“上天眷顾”，有驭天下之“德”，他不仅掌握了世俗权力，而且还掌握了主宰天下人思想的权力。

在中国传统社会，不论什么岁数，只要做了领导，辈分和学问马上见长，立刻变得比百姓成熟、正确和耐腐蚀。而老百姓不论多大岁数，在心智上都是长不大的儿童。中国的经典里说，官员对百姓，负有三种责任：“作之君，作之亲，作之师。”“作之君”，即人群中的头羊；“作之亲”，则是百姓的父母；“作之师”，则说明领导人还要负责做民众的老师，引导人民向善。

（四）

为了更好地“化民成俗”，朱元璋还大力兴办教育。历朝帝王中，他是对义务教育投资最慷慨的一个。

洪武二年（1369年），朱元璋下令在帝国广泛兴建学校：“令郡县皆立学校，延师儒授生徒，讲论圣道，使人日渐月化，以复先王之旧。”

开朝之初，朱元璋政权的行政效率十分突出。一声令下，帝国各府、州、县纷纷行动起来。政策当然是一刀切，府级学校，学生定额为四十人，州级三十人，县级二十人。洪武八年（1375年），他又令天下建立社学，即乡村小学和社区小学。

在前现代化帝国，从京师一级，国立学校历府、州、县一直延伸到乡村一级，覆盖面如此广，数量如此众多，全世界罕见其匹。帝王的精神教育由皇宫发出，即可直达乡野田间每家每户。正如《明史》所说，由此，“无地而不设之学，无人而不纳之教。庠声序音，重规叠矩，无间于下邑荒徼、山陬海涯。此明代学校之盛，唐宋以来所不及也”。

虽然秉性吝啬，在教育上，朱元璋从来不惮花钱。建校舍，请老师，已经投入了巨额财政资金，而学生的待遇，又创历朝之冠。府、州、县各级学生，都可以享受帝国补贴，每人给米六斗，额外还有鱼肉供应。京师的监生待遇更好，一旦考上太学，帝国包发校服，包供食宿。结了婚的，还可以带家眷入学。家眷们的生活供应，由马皇后亲自负责。皇帝对学生们的关怀体贴，可以说无微不至。学生们离家日久，朱元璋发给他们新衣服一套，路费钞五锭，让他们回家看望父母。过春节、元宵，朱元璋还专门给学生们发过节补助金。

至于每乡每里的社学，虽然无法提供如此丰厚的食宿，但也不收学杂费。朱元璋规定，由基层干部根据老百姓家的自然状况，尽可能地动员适龄学童上学。

（五）

虽然待遇如此之好，不过，如果有机会坐时空穿梭机回到洪武时代，我还是劝你不要去享受皇帝的义务教育。因为你进了国立学校，也许不能活着出来。这并不是耸人听闻，天下没有免费的午餐，洪武皇帝亲自制定的学规不是一般人所能忍受的。

首先，看看在学校里学的是什么。各级学校的功课，都是由皇帝直接指定的，内容是《御制大诰》（即皇帝语录）、《大明律令》（即刑法），此外还有四书五经和《说苑》。皇帝规定：监生每日写字一幅，每三天背下《大诰》一百字，《本经》一百字，四书一百字。每个月作文六篇。

功课似乎不重，可校规倒是有点怕人。校规一共五十六款。有一些规定和今天差不多，比如必须穿校服，不许迟到早退，不许夜里饮酒之类。然而，也有些规定有点奇怪：

一、不许结社，什么文学社、诗会之类一律严格取缔。

二、不许议论学校食堂的饭菜好不好吃。

三、绝对禁止对人对事的批评。

这些规定，一旦违反，轻则杖责，重则充军。

最奇怪的一条是这个规定：

“一切军民利病，农工商贾皆可言之，唯生员不许建言。”就是说，天下百姓，别人谁都可以对帝国大政方针发表意见，只有学生不许！目的当然是杜绝学生参与政治的可能。

看来，朱元璋虽然身处中世纪，却能以其超人的政治敏感，预见到学生与激进政治心态的天然联系。

然而，只要有学生的地方，不同意见似乎就不可避免。由于校规过严，在第一任国监祭酒宋讷任内，有的学生被活活饿死，还有多名学生自杀身亡。学生赵麟对校长的残忍非常不满，出了一张匿名墙报（没头帖子），表达对校长的意见。这件事被当成严重的政治事件报告给皇帝，朱元璋龙颜大怒，立命把查出来的犯罪人赵麟杀了，并在国子监立一长竿，把他的脑袋挂在上面示众。隔了十年，朱元璋有一次到国子监视察，想起这件事，还余怒未消，召集全体教职员和学生训话：

“恁学生每听着：先前那宋讷做祭酒呵，学规好生严肃，秀才每循规蹈矩，都肯向学，所以教出来的个个中用，朝廷好生得人。后来他善终了，以礼送他回乡安葬，沿路上着有司官祭他。

如今着那年纪小的秀才官人每来署学事，他定的学规，恁每当依着行。敢有抗拒不服，撒泼皮，违犯学规的，若祭酒来奏着恁呵，都不饶！全家发向烟瘴地面去，或充军，或充吏，或做首领官。今后学规严谨，若有无籍之徒，敢有似前贴没头帖子，诽谤师长的，许诸人出首，或绑缚将来，赏大银两个。若先前贴了帖子，有知道的，或出首，或绑缚将来呵，也一般赏他大银两个。将那犯人凌迟了，枭令在监前，全家抄没，人口发往烟瘴地面。钦此！”

悬赵麟头颅的这竿子一直竖了一百六十余年，才被撤去。

在抓学校教育的同时，朱元璋对科举制度也进行了改革。他定下的科举制度更加重视形式，规条亦更烦琐，“专取四子书及《易》《书》《诗》《礼》《春秋》《礼记》五经命题……其为文略仿宋经义，然代古人语气为之。体用排偶，谓之八股……”相对真知灼见，他更重视的是统一的规格、统一的口气、统一的思想，以此来造出格式化的知识分子。

在朱的严厉政策下，学生们按他的标准，顺利成长。他们只能“以摘经拟题为志，其所最切者，唯四子一经之笺，是钻是窥，余皆漫不加省”，“自四书一经外，咸束高阁，虽图史满前，皆不暇目”。这种成批量生产出来的格式化人才，看上去大抵是呆头呆脑，神情木然，“与之交谈，两目瞪然视，舌木强不能对”。因此，在洪武年间，经常出现“进人不择贤否，授职不量重轻”的现象，以至朱元璋自己也不时哀叹：“朕自即位以来，虽求贤之诏屡下，而得贤之效未臻。”此实自食其果也！

（六）

在传统中国，数学是一门不发达的科学。函数、变量之类的概念，对于传统中国人来说，是太复杂了点。人们习惯用加减法来思考问题，也就是说，用类推的方式把局部真理扩大到无限。因此，中国的思想家们提出了著名的治国理念：一个人只要能修身、齐家，就有能力治国平天下，因为国不过是家的累加。

其中的荒谬，一眼就可以看出。当数量积累到一定程度时，事物运动的规律就会发生质的变化。因此这个治国理念就如同天天向远处望，最终就可以练成千里眼的传说一样，是一个永不可及的神话。

问题是，几千年来，中国人一直是这样思想的。因此，许多复杂的社会问题在中国人这里根本不是问题，用“只要……就”的公式，就可以“小葱拌豆腐”似的轻松解决。比如我们曾经设想，只要每个人一年植几棵树，那么，我国的森林覆盖率问题将不再成为问题；比如只要每个人每天节约一滴水，那么，一年下来将会解决多少人的饮水问题；再比如只要人人都献出一点爱，世界就会变成美好的人间。

同理，历来的伟大圣贤们提出，如果老百姓都得到了很好的教化，把思想统一到孔孟之道上来，做大臣的都坚决服从君主，做儿子的都坚决服从父亲，做妻子的都坚决服从丈夫，那么，天下就会熙然而治，所有问题都迎刃而解，从而达到理想的尧舜世界。

“人心齐，泰山移。”从这个公式出发，“统一思想”就是治理帝国的最关键所在。

被这个简单直接的定理所鼓舞，历朝雄才大略的统治者都为“统一思想”而奋斗不已。可是很不幸，虽然圣人们几千年以前就指出了正确方向，可是尧舜世界却从来没有出现。这都是因为每个朝代都有那么些人，不注意改造自我，顽固不化，阳关有路他不走，地狱无门偏自寻，不能和朝廷保持高度一致，结果破坏了天下大治的大好局面。

朱元璋思想教育万能的美好梦想，也不可避免地被现实所打破。“一刀切”的结局必然是“一风吹”。这是历朝行政制度的弱点造成的。虽然以严刑峻法为后盾，朱元璋的“化民成俗”所取得的成果却十分有限。朱元璋办学过多过滥，且完全是在政治权力的强制之下办成，所以，这种学校教育的繁荣是一种典型的虚假繁荣，完全是朱元璋一个人意志支撑的结果。当他的注意力有所转移之时，学校即徒具形式。以社学来说，在许多地方，建立之初就是流于形式，只选了校址，花了钱，收了回扣，最后有没有人来学，却成了最不重要的事。地方官吏甚至还借办社学，来敲诈百姓。朱元璋自己即说：“有愿意读书而没有钱的人，地方官不许入学。有三丁四丁而不愿读书的人，则受财卖放，纵其愚顽，不令读书。有父子二人，或农或商，无暇读书却逼令入学。”而府州县各级学校，也因为官督力度减弱，往往有名无实。到后来，许多学校“生徒无复在学肄业，入其庭，不见其人，如废寺然”。朱皇帝大力兴办学校的一时之盛，在他生时即是无根之木，在他死后，当然很快烟消云散。

“申明亭教育制度”也很快沦为形式。就像任何用行政力量推行的社会运动一样，申明亭之制制定不久，就出现种种弊端。其表现是地方官玩忽职守，亭宇不修，善恶不书，剥克老人如贱役；后来虽有忠于职守的知县，如嘉靖年间淳安县知县海瑞、隆庆万历之际惠安县知县叶春及等曾晓谕老人，复建申明、旌善二亭，但也不过如昙花一现，过后便人亡政息，终无补救。

丙、学《大诰》运动

（一）

所谓“学《大诰》运动”，即朱元璋晚年为了整顿官僚队伍清除腐败现象，而在全国范围内兴起的一场官民大学习和群众大造反运动。

和我们的想象不同，贪污腐化并不是王朝中后期才有的现象。由于强大的贪渎文化的影响，历代王朝官僚制度建立起来的那一刻，腐败现象即如影随形。

虽然朱元璋投入巨大的行政资源来扭转社会风气，大明天下却没有出现河清海晏的尧舜之治，相反，随着国家政权的稳定和官僚体系的完善，腐败很快就滋生起来。

在专制制度下，腐败不是一种病态，而是常态。它的威力是如此惊人，登上大宝的朱元璋龙椅还没有坐热，四顾一看，腐败已经像瘟疫一样在他眼皮底下迅速蔓延开来：刑部尚书（部长）收受罪犯贿赂，指示属下把罪犯放走，用死囚来代替罪犯坐牢；宝钞提举司（印钞厂负责人）和户部官员勾结，印了七百万锭纸币，自己私藏了一百四十三万锭；兵部侍郎（副部长）借抓捕逃亡军人的机会，收受军人家属贿赂二十二万锭……那些远离他的视线的地方官员，胡作非为，程度更加惊人：苏州知府陈宁为了完成征收农业税任务，把那些抗税户抓起来，用烙铁烙，得了个外号叫“陈烙铁”。浙江省的农民，交纳的农业税比国家规定的数额多出百分之四十五，全部落入地方官的腰包，农民交不起税，他们就上房揭瓦、赶牲口……

贪污腐败最终损害的是皇帝和社会最底层人民的利益。因此，虽然刚刚立国不久，就有不少地方的百姓发动起义。从洪武元年到十八年，各地上报的农民起义居然达一百多次，平均每年六次。这在历代王朝中都是不多见的。

在历代帝王中，朱元璋是对贪污腐败最深恶痛绝的一个。这种痛恨，既源于血液，又源于理智。作为一个前贫民，疾恶如仇是因为自己底层生活的痛苦经历；作为一个帝王，他的痛恨则来自对自己家业的爱惜，他生怕这些硕鼠咬坏自己辛辛苦苦建立起来的统治之网。

朱元璋采取了中国历史上最严厉的措施来惩贪。在生活中，我们经常听大妈们愤怒地说，如果贪污一块钱也抓起来枪毙，贪官就不敢再贪了。谁都知道这是激愤之语，连街道大妈们当政，也不会这样做。然而，朱元璋却这样做了。他生性苛细，连多用一张信纸在他眼里都算贪污。翻开《大诰三编》，你会看见皇帝亲自惩办的贪污案里，有这样一些赃物："收受衣服一件、靴二双""圆领衣服一件""书四本，纲巾一个，袜一双"。官员犯了别的错误尚可饶恕，唯有贪污，绝不放过。在反贪运动的开始，他规定凡贪污六十两的，就剥皮实草，摆在衙门前示众。按说这一规定已经残酷至极，不想他后来公布的政策更为极端："今后犯赃的，不分轻重都杀！"

朱元璋对贪污之官，宁肯错杀一千，不愿放过一个。他规定，凡有贪污案件，都要层层追查，顺藤摸瓜，直到全部弄清案情，将贪污分子一网打尽为止："比如六部之中有人贪污受贿，则必深究赃款自何而来。如果是布政司行贿于六部，则拘布政司来，审问这些赃款从何得来，如果他说是从知府那里得来，则拘知府至，问赃何来，必指于州。州亦拘至，必指于县。县亦拘至，必指于民。至此之际，害民之奸，岂可隐乎？"这样做固可使贪吏无所遁形，但在法制不健全的情况下，却也易生流弊，审理者务为严酷以当上指，株连蔓引，往往累及无辜。从洪武四年到洪武十八年，朱元璋在全国范围内掀起了数次轰轰烈烈的反腐败运动。如洪武四年（1371年）甄别天下官吏，十五年（1382年）的空印案，十八年（1385年）的郭桓案，声势都极浩大。其中，尤以空印案与郭桓案的规模最大，两案连坐被冤杀的达七八万人。郭桓案，"自六部左右侍郎下皆死，赃七百万，词连直省诸官吏，系死者数万人。核赃所寄借遍天下，民中人之家大抵皆破"。

由于诛戮过甚，两浙、江西、两广和福建的行政官吏，从洪武元年（1368年）到十九年（1386年）竟没有一个做到任期满的，往往未及终考便遭到贬黜或杀头。用朱元璋自己的话说："自开国以来，两浙、江西、两广和福建设所有司官，未尝任满一人。"

（二）

虽然惩贪措施如此严厉，腐败却从来没有绝迹。大的腐败案消失了，小的腐败却仍然层出不穷。监察官员和锦衣卫报上来的贪污案件，每天都堆了满满一桌子。

朱元璋没有想到或者不愿想到的是，造成腐败的根本原因不是他的惩贪措施不严厉，而是中国的贪渎文化过于根深蒂固。在传统中国社会，因为政治权力笼罩了社会生活的方方面面，而对权力的制约乏力，腐败机会遍地皆是。想让官员不贪，几乎如"渴马守水""饿犬护肉"一样不现实。事实上，几千年来，贪污及灰色收入一直是官员们的主要收入来源。

而朱元璋的低薪制又加剧了腐败的蔓延。史称明代"官俸最薄"。正一品官月俸米八十七石，正四品二十四石，正七品七石五斗。合成银两，一个县令月收入不过五两，折换成现在币值，一千元左右。我们要知道，这五两银子不光要负担县令个人的生活，还要供养家庭，支付师爷们的工资。因此，如果不贪污，大明王朝的官员们根本活不下去。

朱元璋却从来没有想到应该提高官员的待遇。他从道德高度出发，理直气壮地认为官员们都是用孔孟思想武装起来的人，理所当然地应该不计报酬，敬业奉献。长期的军人生涯使他相信暴力恫吓可以取代一切其他努力，相信刀剑可以造成一个绝无贪污的纯而又纯的世界。因此，面对如此强大的腐败传统，朱元璋还是坚持着对惩贪工作的不切实际的高要求。然而，皇命也不能剥夺官员们糊口的权利，况且朱元璋一个人毕竟监督不过来普天下所有官员。随着朱元璋惩贪力度的不断加强，用“书四本，纲巾一个，袜一双”之类标准衡量出的贪污“案件”暴露得越来越多，在朱元璋眼里，腐败已经发展到了“无人不贪”的程度。

朱元璋越来越对整个官僚队伍感到失望。从洪武十八年开始，在他的诏书里，他指控的对象从个别贪污官员变成了官员全体：“朕自开国以来，凡官多用老成。既用之后，不期皆系老奸巨猾，造罪无厌。”他的秘书代他做的《大诰后序》中说：“日者中外臣庶，罔体圣心，大肆贪墨……”洪武十九年，他又说：（《大诰三编·民拿害民该吏第三十四》中）“我设各级官员，本来为治理人民。然而，过去所任命的官员，都是不才无籍之徒，一到任后，就和当地吏员、衙役、地方上的黑恶势力相勾结，害我良民多矣。”

对于官员如此闵不畏死，甘蹈法网，朱元璋在震惊之余，也曾苦苦思索原因。他把原因归结于旧朝代不良思想的污染。他说，经过一百年的元朝统治，“天下风移俗变”，人心不古，导致“天下臣民不从教者多”。其中官员们尤其如此。“过去元朝统治华夏，九十三年之治，使华风沦没，彝道倾颓。读书人只知道背书，对于思想净化，毫不用力。所以做事之时，私心战胜公心，以致往往犯下大罪。”这些人受“前代”恶劣风气的“污染”，“贪心勃然而起，迷失真性”，所以“明知故犯”，大面积地贪污腐化，“终化不省（怎么也教育不过来）”。

（三）

既然腐败的原因是因为前代的“精神污染”，朱元璋认为归根结底的办法还是进行思想教育。他相信，“自古及今，无有不可变之俗，无有不可化之民。”虽然“难化”，他终还是不能眼睁睁看着这些人被错误的思想所吞噬。既然和风细雨式的“化民成俗”不起作用，他决定在全国范围内兴起一次强制性的深入的全民思想教育活动，用大量的血淋淋的案例来警示官员和百姓。之所以要把活动覆盖到全民，一是因为老百姓中的违法犯罪活动也层出不穷，与他理想中的太平盛世相距太远；二是因为百姓素质提高，自然可以带动官员素质的提升。他下定决心，这次活动一定要搞深搞透，触及官民灵魂深处，使他们“鉴此非为，格心从化”，以此来消灭腐败和犯罪的土壤。

为此，他亲自作了《大诰》这一千古奇文，作为这次运动的学习材料。

所谓《大诰》，简短捷说，就是一本血淋淋的案例汇编，类似现在的廉政案例汇编。朱元璋把他惩办的大案要案，编成一册，夹杂以大量的啰里啰唆老生常谈的说教。由于是朱亲笔所作，所以这本书文辞鄙俗，体例杂乱，多语句不通之处。因为以威胁恐吓官员百姓为目的，所以他选取的案例都是血腥残忍令人发指者。让我们来看看其中的两篇：

在《大诰武臣》中，他讲了自己如何以奇特的方式处置一名违法的武官：

有一个受了冤屈的人，进京控告指挥李源。平阳的梅镇抚，受李源的委托，在半路上拦住这个人，不让他去告。事发，我判把这个梅镇抚阉割了，发与李源家为奴。

他在《大诰三编· 递送潘富第十八》里得意扬扬地讲了他如何因一个逃囚杀了一百七十户人家，以此警戒天下百姓安分守法，不得违抗他的圣旨：

皂隶潘富犯法外逃，沿途有二百余家知情，有的人家并曾提供食宿。追者回奏，将豪民赵真、胜奴并二百余家尽行抄没，持杖者尽皆诛戮。沿途节次递送者一百七户尽行枭令，抄没其家。呜呼：见恶不拿，意在同恶相济，以致事发，身亡家破，又何恨欤？所在良民，推此以戒狂心，听朕言以擒奸恶，不但去除民害，身家无患矣。

他在另一章里绘声绘色地描绘贪官们临死的惨境，以此警戒官员们抽身退步，令其不敢再胡作非为：

临刑赴法，才方神魂仓皇，仰天俯地，张目四视，甚矣哉，悔之晚矣。

同时，《大诰》里面还夹杂着大量陈腐的教条。比如《大诰续编·申明五常第一》里说：

今再《诰》一出，臣民之家，务要父子有亲；率土之民，要知君臣之义，务要夫妇有别；邻里亲戚，必然长幼有序，朋友有信……倘有不如朕言者，父子不亲，罔知君臣之义，夫妇无别，卑凌尊，朋友失信，乡里高年并年壮豪杰者，会议而戒训之。凡此三而至五，加至七次，不循教者，高年英豪壮者拿赴有司，如律治之。有司不受状者，具在律条。慎之哉，而民从之。

朱元璋从来也没有能够把道德和法律分清楚，因此，他的圣命往往让人摸不着头脑。请问，这《申明五常》如何操作？如何界定？如何量化？如何不会导致大量深文周纳出来的冤假错案？

就是这样一套混乱杂芜的文件汇编，成了全国人民必须学习的精神财富。

朱元璋称这本书是臣民之“至宝”。洪武十八年（1385年），朱元璋下令说：这本大诰，“一切官民诸色人等，户户有此一本。”十九年，又重申：“朕出斯令，一曰《大诰》，一曰《续编》。斯上下之本，臣民之至宝，颁行天下，务必户户有之，敢有不敬而不收者，非吾治化之民，迁居化外，永不令归，的不虚示。” 终洪武年间，《大浩》三编共印行数千万本，成为“文革”前全球发行量最大的出版物。从城市到乡村，每家每户的正堂上，都供着一套《大诰》。

朱元璋命令全国人民利用一切业余时间学习《大诰》：“令民间子弟于农隙之时讲读之。”（《明太祖实录》）大明王朝初年，曾经一度出现过亿万人民学《大诰》的壮观景象，从朝廷高官到偏僻的乡野，人手一册《大诰》，一有时间就拿出来念念有词。

朱元璋亦规定，“令天下府州县民每里置塾，塾置师，聚生徒，教诵《御制大诰》”。洪武二十四年，朱元璋下令表彰了民间学《大诰》先进分子，“命赏民间子弟能诵《大诰》者”，并举行盛况空前的“讲用大会”，“天下有讲读《大诰》师生来朝者十九万余人，并赐钞遣还。”

朱元璋声明，他的臣民不会《大诰》则罪加一等。颁行《大诰武臣》时，他严令：“各官家都与一本”，并要求“大的小的都要知道，贤的愚的都要省得。”并称：“不听不信呵，家里有小孩儿每不记呵，犯法到官，从头儿计较将来。将家下儿男都问过，你记得这文书里几件？若还说不省得，那其间长幼都治以罪。”

（四）

为了彻底消灭腐败现象，建设一支纯而又纯的官员队伍，朱元璋想到了求助于广大人民群众。洪武中叶，大明帝国里发生了一件中国史上前所未有的事情：皇帝号召底层民众起来，造官僚阶级的反。

朱元璋在《大诰三编·民拿害民该吏第三十四》中发出了这样的号召：我设各级官员的本意，是为了治理人民。然而，过去我所任命的所有官员，几乎都是不才无籍之徒。一到任后，他们就和当地吏员、衙役、地方上的黑恶势力相勾结，千方百计，害我良民……现在，我要靠你们这些高年有德的地方上的老人以及乡村里见义勇为的豪杰们，来帮助我治理地方。如果要靠当官的来给百姓做主，自我登基至今十九年，我还没见到一个人！

在《大诰》另一章里他表达了同样的意思：因为我高居九重之上，难以清晰地观察帝国政治的每一个细节，“如果民众们不亲自动员起来揭露奸顽之人，明彰有德之官，朕一时难知。所以嘱民助我为此也。”

一开始，皇帝赋予百姓的是监督权。

朱元璋告诉百姓，他们可以直接向他举报官员们的违法行为，并且许诺，皇帝会根据普通民众的意见来奖励和惩罚官员。

洪武十八年，他在《大诰初编》中这样号召百姓们：从省级官员到府州县级官员，如果在国家规定之外，巧立名目，搜括百姓财钱的，准许境内德高望重的老人，串联附近的乡亲，联名到京城来上告，有凭有据，惩办罪犯，更换好官，抚育人民。同时，从省级到县级的官员，如果清廉能干，政绩卓著者，准许境内百姓来京汇报，我给他们奖励。

因为对监察官员们的不信任，在另一章中，他说，如果好官被诬陷，百姓们有权直接向皇帝申辩。《大诰初编·耆民奏有司善恶第四十五》中写道：今后各级政府，若有廉能官吏，切切为民造福者，所在人民必深知其详。如果这些廉能官吏被坏人捏词排陷，一时不能明其公心，远在数千里，情不能上达，我允许本处城市乡村有德老人们赴京面奏，以凭保全。

十九年，他的政策又大幅度地前进了一步，他令人吃惊地宣称，在他的帝国之内，任何一个人都可以冲进官府，捉拿他所不满意的吏员：如果以后有吏员们打官司时枉断曲直，被冤枉的人可以纠集四邻，直接到刑房里，把这个吏员拿住，送到京城来！如果有强买百姓东西不给钱的，收税有的家多收有的家少收不公平的，捉拿逃军时受贿放纵犯罪却捉拿了同名百姓的，等等犯罪情况出现，都许百姓们直接把这些吏员们拿获！

又规定：“如果害民官吏逃回老家，邻居和亲戚们知道了，立刻就要把他拿获。”（《大诰初编·积年民害逃回第五十五》）

从“把民众捆绑在土地上”这一极端轻易地跳到了“放手让民众造反”的另一个极端后，朱元璋想起了他的“通行证”制度。他知道这一制度一定会被官员们用作阻拦百姓上访的借口。于是他又宣布：凡是进京反映问题的人，不论有没有通行证，一律放行。如果有人敢阻挡，治以死罪。

另一章中又规定：百姓们捉拿吏员，当官的如果敢阻挡，那么“全家族诛”。

赋予卑贱的农民以不经任何法律程序，直接纠拿官吏的权力，这在中国政治史上是从来没有过的事情。这一号召再一次证明这个通过农民起义登上皇位的皇帝对农民理想的某种忠诚。

（五）

朱元璋身上一直有着某种“民粹主义”味道，在对官僚阶级表现出极度痛恨的同时，他却一直对自己从中生长出来的社会底层人民充满亲近感。他在面对他们时，面孔总是温和的、亲切的。乡村生活中人与人之间那种淳朴、真诚的关系一直记忆在他的心中，他相信，乡村生活中人的良心还没有被贪婪和物欲所污染。

因为对官僚体系的不信任，皇帝想起了他的乡村生活经验。他不但置官员于百姓的监督之下，还收回了官员们的部分权力，把这个权力下放给了乡村百姓，希望一定程度的村民自治能有利于治理吏治的败坏。

在《教民榜文》中他规定，一些次要的司法事务，例如家务、骂架和斗殴等纠纷都可由老人和里甲来审断。官员们不许干预诉讼过程，也不许接管判决事宜。如果地方当局干预了关于老人的案件，其他老人可以直接奏报给皇帝，那么，官员们可能自动地被牵连进这名受审的老人的罪行中去。当然，人命大案等还应报告政府来审理。

（六）

对于这场全帝国范围内疾风骤雨式的群众运动，朱元璋抱以极大的希望。

在一则命令中，朱元璋谈到他的设想：“如果天下百姓都听我的，认认真真照这个命令办，那么，不出一年，天下的贪官污吏都变成好官了。为什么？因为良民时刻监督，坏人不敢胡作非为，所以各级官员都不得不做好官，做好人。”

在另一个地方，他这样说：“呜呼！所在城市乡村耆民智人等，肯依朕言，必举此行，即岁天下太平矣。”

这当然是典型的“如果……就”的逻辑。依靠社会底层来监督官员，这样的思路无疑是正确的，问题是，朱元璋没有认真考虑把这种监督机制化、常态化，而希望仅仅用一次群众运动来解决所有问题。

“激进主义”在中国这个“中庸”大国里有着十分深厚的土壤。“激进主义”是一种“幼稚病”。就像热恋中的青年男女相信只要有爱情，两个人身上其他的一切不谐调都会不成问题一样，政治上的“激进主义”者也相信，道德激情可以击败一切不义，只要在政治操作中倾力贯注和绝对恪守道德原则，实际政治中的任何困难都不难克服。看事过易，意气用事，态度偏激、思想狂热、喜爱暴力是它的特点。它拖累着中国传统政治一直不能脱离中古式“伦理政治”范畴而进化成“世俗理性政治”。

“理性”并不是朱元璋先天素质中的缺项，他在战争中头脑之清醒，次序之清楚，充分证明了他理智的强大。然而，越到晚年，他的政治思维中“激进主义”的狂想就越成了主旋律。

毕竟，朱元璋是人而不是神。在群雄并起的强大的压力之下，他能强迫自己每分每秒都恪守理性的指挥，在重重困难中苦心孤诣寻找那条唯一的生路。登上帝位后，虽然他一再提醒自己要“小心”“谨慎”，然而由于外在的压力和约束都已消失，天性中那长期压抑着的“急躁”“峻切”还是不可避免地浮出水面。而屠戮功臣、牢狱百姓之顺利之容易之几乎没有遇到反抗，又大大强化了他的自信心和浮躁感。坐踞极尊、四周毫无约束，这种地位对人性的腐蚀他也不可能避免。于是，一方面，他仍然能兢兢业业、宵衣旰食，强迫自己忘我工作；另一方面，他却没有能力再把那个强大而盲目的“本我”压制回“理性”的控制之下，反而越来越为“本我”所控制。性格中天生的“狂暴”与乡村视野中天然形成的“泛道德主义”倾向与“权力万能”幻象合流，造成了中国历史上首次出现的现象：皇帝坐在九重之上，伸出手来在最底的草根阶层里放了一把火，异想天开地希望用局部的“无政府主义”这把烈火来彻底烧毁官僚主义的土壤。在高处不胜寒的权力之巅，曾经最精明的智者变成了最缺乏现实感的狂人。

（七）

诏书发布下去了，天下却没有出现朱元璋想象中的“群起响应”的局面。

毕竟，自有国家以来，中国老百姓就一直匍匐在官员脚下。面对皇帝的“造反”号召，他们一时不知所措。虽然皇帝一再发布“呜呼！君子目朕之言，勿坐视纵容奸恶患民”的殷切呼唤，他们还是将信将疑，愣在当地不敢动。

朱元璋火了。他自然有他的办法。洪武十九年，他严厉惩罚了镇江市的一些市民，原因是他们没有按他的要求，积极捉拿贪官韦栋，而听任他在镇江胡作非为，直到这个贪官被皇帝亲自发现。皇帝发布诏书说，因为这些市民不听他的话，所以“将坊甲邻里尽行责罚搬石砌城”。皇帝得意扬扬地说：“有罚款把家罚得精光的，有的家破人亡，有的不及去搬石就被我处死！”

这就是朱元璋的动员方式。

他知道，这种方式在这片土地上当然最有效。同时，对那些乍着胆子，捉拿官员的“吃螃蟹者”，他立刻大加奖励。常熟县百姓陈寿六串通自己的弟弟和外甥，把县里的恶劣吏员顾英捉住，送到北京，朱元璋大为高兴：

在《大诰续编·如诰擒恶受赏第十》中他说：

> 前者《大诰》一出，民有从吾命者。常熟县陈寿六为县吏顾英所害，非止害己，害民甚众。其陈寿六率弟与甥三人擒其吏，执《大

诰》赴京面奏。朕嘉其能，赏钞二十锭，三人衣各二件。更敕都察院榜谕市村，其陈寿六与免杂泛差役三年，敢有罗织生事扰害者，族诛。若陈寿六因而倚恃，凌辱乡里者，罪亦不赦。设有捏词诬陷陈寿六者，亦族诛。陈寿六倘有过失，不许擅勾，以状来闻，然后京师差人宣至，朕亲问其由。其陈寿六其不伟欤？！

在这动员加恐吓之下，朱元璋兴起的捉贪运动终于在各地兴起。懦弱的老百姓居然敢捆绑捉拿官员，这有中国以来人民所不敢想象的翻天覆地的现象终于出现了。在通往南京的路上，经常出现一群衣衫褴褛的百姓押解着贪官污吏行走的情景。也有贪官逃回家里，被亲戚捉住，送到京师，朱元璋得意地说："为大诰一出，邻里亲戚有所畏惧。其苏、松、嘉、湖、浙东、江东、江西，有父母亲送子至官者，有妻舅、母舅、伯、叔、兄、弟送至京者多矣。"于是，大明天下出现了这样的情景：一直骑在人民头上作威作福的官员们要对百姓下跪求饶了：

北平布政司永平府滦州乐亭县主簿汪铎等设计害民，妄起夫丁，民有避难者，受财出脱之，每一丁要绢五匹，被高年有德耆民赵罕辰等三十四名帮缚赴京。行间，有的当人、说事人、管事人何波等十名，翻然改图，格前非心，一同辅助耆老赵罕辰等四十四名，将害民工房吏张进等八名帮缚起行。去县四十里，其县官主簿汪铎等追赶求免，谓耆老言："我十四岁读书，灯窗之劳至此，你可免我此番，休坏我前程。"呜呼愚哉！孰父母生此无藉不才之徒，官于是县，是县民瞻，今既不才，为民所觉，乞怜哀免于耆民，纵然得免，何面目以居是任？呜呼！兴言至此，虽非本人，凡听读者亦皆赧焉。贤人君子，可不为之戒乎？（《大诰三编·县官求免于民第十七》）

县里的主簿，相当于今天的县委办公室主任，科级实权干部，平日在地方上怎么耀武扬威就可想而知了。而今被群众揪出来打翻在地，再踏上一只脚，立刻露出了一副可怜样：这个科级干部，是我从十四岁读书考学辛苦换来的，乡亲父老可怜可怜我吧，不要让我断送了大好前程！

真是平日只见民求官，怎想还有官求民？在朱皇帝轰轰烈烈的群众运动中，被颠倒过去的世界终于又颠倒回来了！

（八）

从洪武十八年到洪武二十八年，皇帝与百姓密切配合，严厉打击贪污腐化。那个时候，几乎无日不杀人。有些衙门，因为官吏被杀太多，没有人办公，朱元璋不得不实行“戴死罪、徒流办事”“戴斩、绞、徒、流刑在职”的办法，叫判刑后的犯罪官吏，戴着镣铐回到公堂办公。

他不仅动用刑狱，严加惩处，而且还法外加刑。罪行严重的，处以墨面文身、挑筋、挑膝盖、剁指、断手、刖足、刷洗、称竿、抽肠、阉割为奴、斩趾枷令、常枷号令、枭首、凌迟、全家抄没发配远方为奴、族诛等各种非刑。

不幸在洪武时代做官，真的是一件极为危险的事。据说，皇帝每天上朝，如果把玉带高高地贴在胸前，这一天杀的人就少一些；如果把玉带低低地按在肚皮下面，这一天准得大杀一批，官员就吓得面如土色。在这种恐怖气氛中，不论大官小官，个个胆战心惊，不知什么时候就大祸临头。传说当时的京官，每天清早入朝，必与妻子诀别，到晚上平安回家便举家庆贺，庆幸又活过了一天。

原来天底下最热爱做官的读书人此时也视仕途为畏途。他们“以溷迹无闻为福，以受玷不录为幸”，“多不乐仕进”。有的家里有好学之子，怕被郡县所知，弄去当官，反而叫他们休学种地。有的为了避免被强征出仕，甚至自残肢体。

不少人在时过境迁之后，回想起洪武朝的情景，还心有余悸。如当时监察部副部长左佥都御史严德珉，在洪武朝因病要求辞职，朱元璋怀疑他是装病，将他黥面发配到广西南丹。后来遇赦放还，活到宣德朝，回忆起当年的经历，说先时国法甚严，做官的常保不住脑袋，这顶破帽不好戴啊！说完还北面拱手，连称："圣恩！圣恩！"

能得到"圣恩"的人太少了。连不少受过朱元璋多次表彰的清官，也因为牵连到空印案之类毫无必要制造的大冤案中而送了命。济宁知府方克勤是有名的清官，一件布袍穿了十年也没有换新的。因为牵连到了空印案里，被朱毫不留情地杀死。户部尚书滕德懋被人举报为贪污，朱元璋迅即把他处死，之后剖开滕的肚子，想看看这个贪官肚子里都有些什么。孰料剖开之后，发现里面全都是粗粮草菜，只好悻悻地长叹一声："原来是个大清官啊！"朱元璋清楚地知道自己杀的人里有许多无辜之人，然而他的原则是宁可错杀一千，不可放过一个。他要的是一个纯而又纯的与贪污绝缘的官僚队伍，要的是不惜任何代价实现这样一个在别的皇朝没能实现的人间奇迹，而不是什么公平正义。如果能达到这个目标，多少人冤死，朱元璋都是无所顾惜的。

（九）

英国自由主义思想家洛克曾针对君主专制制度与腐败的关系说："谁认为绝对权力能纯洁人们的气质和纠正人性的劣根性，只要读一下当代或其他任何时代的历史，就会相信适得其反。"虽然惩贪力度如此之大，然而朱元璋期望的纯而又纯的状况最终也没有出现。

在朱元璋的时代，想在官场全身而退几乎就不可能，有些人认为反正动辄得咎，不如趁早捞一把算了。他们"一入于官，则以禁网严密，朝不谋夕，遂弃廉耻，或事掊克，以修屯田工役之资”，享受一天是一天，弄得朱元璋连声哀叹：“似这等愚下之徒，我这般年纪大了，说得口干了，气不相接，也说他不醒。”

连朱元璋寄以最大希望的村民自治也很快破产了。因为有了权力，可以处理一般的案件，老人也很快腐败起来。他们毫不自重，以权谋私，甚至贪图酒食贿赂，“公道不昭，贞邪莫辨，妄张威福，颠倒是非”。

至于擒拿犯法吏员一举，负面作用也很快反映出来。群众运动的火候是最难掌握的。不久，就有许多地方的地方官为了政治利益，威胁利诱百姓们保举自己，打击他人，更有许多地方群众为了抗税不交而把正常工作的税收官员捉拿到京。这类事情远比真正捉到的贪官要多，弄得朱元璋一个劲地发火。

朱元璋自己多次承认他的思想教育工作收效甚微。他在谈及《大诰》前两编施行情况时说道：“迩来凶顽之人，不善之心犹未向化”“奸顽之徒难治，扶此彼坏，扶彼此坏。观此奸顽，虽神明亦将何如！”朱元璋感叹奸顽之人之难于教化：“于戏！世有奸顽，终化不省，有若是！且如朕臣民有等奸顽者，朕日思月虑，筹计万千，务要全其身命，使扬祖宗，显父母，荣妻子，贵本身，共安天下之民。朕所设一应事务，未尝不稳，一一尽皆的当。其不才臣民百般毁坏，不行依正所行，故意乱政坏法，自取灭亡，往往如此，数百数千矣！”那意思就是说：“哎呀！这些奸顽之人，怎么也教育不好，真想不到！我绞尽脑汁，要这些官员能顺顺当当地当官，给他们创造条件，让他们光宗耀祖，荫及子孙。我所制定的法规政策，没有不稳当的，一一都十分得当。可恨这些不才臣民百姓，百般破坏！不走正道，偏做坏事，自取灭亡，难以计数。”

观察洪武二十一年至三十一年所颁布的榜文，我们可以清晰地看到朱元璋的目标没有实现，让他不满的现象依然比比皆是：“县州府行省官吏在职役者，往往倒持仁义，增词陷良”，“凌虐良善，贪图贿赂”；“奸顽小人，恃其富豪，欺压良善，强捉平民为奴仆，虽尝累加惩戒，奸顽终化不省”；“无藉之徒，不务本等生理，往往犯奸做贼。若不律外处治，难以禁止。”朱元璋一再悲叹：“朝治而暮犯，暮治而晨亦如之，尸未移而人为继踵，治愈重而犯众多！”

皇帝晚年，对自己的暴力惩贪曾经有过困惑和动摇。洪武二十三年，他对刑部官员说：“愚民犯法，如啖饮食，嗜之不知止。设法防之，犯者益众，惟推恕行仁，或能感化？”在一定程度上朱元璋曾承认了自己通过恐怖和教化方式净化臣民思想的失败。然而，他始终认为自己亲手写订的《大诰》是一部“宝书”，不忍舍弃。在临死前一年，朱元璋再次在《御制大明律序》中说：“作《大诰》以昭示民间，使知所趋避又有年矣。然而法在有司，民不周知。如今我特命有司，将《大诰》内的条目，拣其精要者，附在《大明律》内。”从而使《大诰》部分条目和《大明律》一样，成为永久性的法律。他希望子孙后代世世代代“依《律》与《大诰》拟罪”。

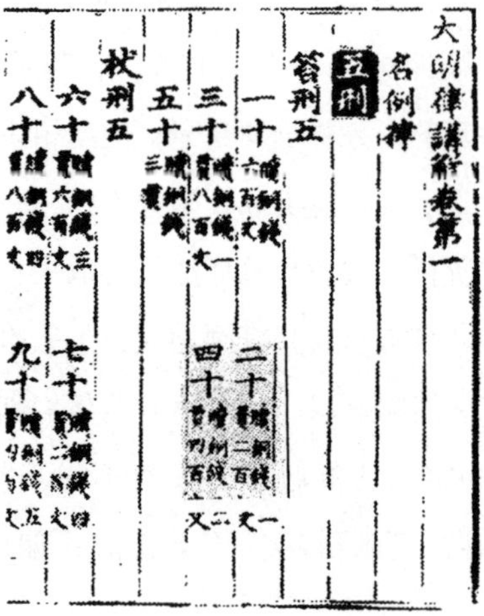

《大明律》

虽然朱元璋屡次重申：“已成之法，一字不可改易”，“后世敢有言改更祖法者，即以奸臣论无赦”。还是改变不了他曾经希望世世代代指导人民的

《大诰》很快被弃如敝屣的现实。在朱元璋去世的第二个月，建文帝就在《即位诏》中宣布："今后官民有犯法者，执法机关一律只按《大明律》断，不许深文周纳。"这个"深文"显然就是指《大诰》。虽然没有哪个后世皇帝敢明确宣布废除《大诰》，但在朱元璋死后直到明亡，《大诰》再也没有发挥过实际作用。虽然朱元璋自己很欣赏，他的子孙们却羞于提到太祖皇帝这本文字粗鄙内容血腥的著作。到明代中叶，《大诰》已经鲜为人知。弘治朝的大臣陆容在一篇文章中写道："法律条文说执《大诰》者减罪一等，可是现在百姓连见都没见过《大诰》，何谈讲读！"曾经发行数千万册的这本宝书，到明末在民间几乎一本也没有了。这也许是朱元璋从来没有想到的。

更让朱元璋没有想到的是，虽然他在世时，通过他堂吉诃德式的努力，贪污腐化现象得到了一时的抑制，然而却积蓄了巨大的反弹能量。在他死后，腐败又迅速发展起来，并且愈演愈烈。明代中后期，腐败现象在各级官吏争先恐后的疯狂和无耻状态中，向政治肌体的一切环节蔓延扩散并最终积聚成为汹涌的恶涛，吞没了整个王朝。大明最终以中国历史上最腐败的王朝之一被载入史册。

大明王朝的七張面孔

权力的奥秘：

朱棣

DAMING WANGCHAO DE QIZHANG MIANKONG

一

遗传的力量真是不可思议，老四朱棣走路时左脚微微内倾，步子一大一小，和自己如出一辙；而一脸忠厚之相底下游动着的缕缕狡黠与豪霸，则完全是得了自己的神韵。“形神毕肖”，望着老四的背影，朱元璋的脑子里跳出了这四个字。皇帝这个职业一直使朱元璋感觉有点别扭：譬如穿了别人的衣服，有的地方长，有的地方短。如果按自己的直觉，他会毫不犹豫地立老四为太子。但是，皇帝职业守则说，必须传位于嫡长子。据说，天理注定如此，又说，这是无数代总结出来的宝贵经验。这些说法的来头之大让他不得不否定自己的想法，可现实却一再让他犹豫。本来，有许多事是只能做不能说的，一说就留了形迹。朱元璋自成年后，几乎从未和人说过心里话。可惜太子朱标悟性太差。就在他一次次下手屠戮功臣时，太子却傻乎乎地一再要求他慈悲为怀，逼得他只好破戒。他屏退众人，拿了一根棘条扔在地上，叫太子去捡。太子面有难色，然而仍然不明白他的意思。他只好挑明道：“你怕有刺不敢拿，我把刺摘了给你，岂不是好？我杀的都是奸恶之人，杀了他们，你才能当这个家！”没想到太子直通通地回答：“上有尧舜之君，下有尧舜之民。”意思是因他残暴，才把大家都想象坏了。气得朱元璋当时就抄了把椅子，向太子头上砸去。算太子命大，没有砸中，抱头逃走。朱元璋却气得犯了失眠之症，一连半个月没睡好觉。辗转难眠时，他越来越觉得，在二十六个儿子当中，老四最像自己。他相信不用废话半句，老四就会全明白他的意思。只有老四有做大事业的悟性、能力和欲望，老大和他一比，简直就是木头一块。可是圣人规定，皇位只能传给老大。

明成祖朱棣

二

做大事业者的禀赋之一是敢于说谎，并且敢于一千遍地重复下去，以使之成为真理。从少年时代起，朱棣就不断对外宣称，自己是马皇后的嫡子。宫闱禁事，外人知道的很少。其实马皇后终生不育，从来就没有过所谓嫡子。只不过马皇后特别喜欢小孩子，视朱棣兄弟如己出却是真的。这个谎言意味深长，因为在他所处的时代，血缘是最有力的理由，直接决定一个人的命运。在几十年之后，他起兵篡位时，这个谎言使他理直气壮。在起兵宣言中，他自称：

太祖高皇帝、孝慈高皇后嫡子，国家至亲……

在攻入应天之后，他在发布的诏书中甚至把朱元璋都省略了：

朕为高皇后嫡子。

这种强调生母的做法实在少见。当然，在说谎的同时并不妨碍他把实惠送给自己真正的生母。在登基之后，朱棣为了证明自己的嫡子地位，报答高皇后的生养之恩，耗巨资修建了大报恩寺，但是，寺内正殿中供奉的却是他的生母贡妃。只是此殿经常封闭，外人难得一见。这种撒起谎来毫无挂碍两不耽误的风度，正是豪杰的特征。从这一点看，朱棣就不愧是朱元璋的儿子。

虽然出生在帝王之家，朱棣却没有丝毫纨绔气。出生之时，朱元璋正忙着和陈友谅打仗，战争是他的胎教。从出生到九岁，他是在遍地烽烟中，随着父亲的军队东西奔波，从小就嗅着战火、鲜血、背叛和阴谋的味道长大。朱元璋称帝之后，不愿儿子们居深宫之中，成为不明世事之人。他打发几个儿子回到老家凤阳，住了三年。这三年正是一个人思想形成的关键时期，民间生活给了朱棣极大的教益，“民间细事，无不究知”。经历可以相似，悟性却难相同。在诸兄弟中，只有他最后脱颖而出，原因不能不归结为天分。农田里浑身泥巴的水牛和农民、身边官员们脸上的谄笑和背后的阴谋、兄弟间的争斗和拉拢、从应天传来的政治新闻……这一切，让他参悟了中国社会的许多真实。多年苦读的经典和这些真实，这样近，又这样远。忠诚和背叛、真实与谎言、欲望和禁忌、道德和利益，这一切是那样纠结不清千头万绪，然而细心领悟，又分明可以理得一目了然。从很小时候起，朱棣就明白了一条颠扑不破的真理：一定要用最美的品德来装饰自己，用最坏的打算来揣测别人。只有这样，才能保证永远立于不败之地。父皇因为一个并不完整的借口开始制造胡惟庸案，株连三万余人，诸多功臣被杀。消息传来，兄弟们大多不明所以，私下里偷偷议论父皇是不是糊涂了。朱棣在心中暗笑：真是余子皆碌碌，天下英雄，唯父皇与我也！历史上哪个雄才大略的君主不是斩草除根，仁柔只能导致失败。你看，南唐后主李煜投降大宋之后，已经完全成了一条死狗，处处小心谨慎，宋太宗也甘冒留下千秋骂名的危险，毅然毒杀了他。而古来第一明君唐太宗做得更加彻底，这个无时不以仁义自命的皇帝在玄武门之变后，毫不手软地杀掉了李建成和李元吉的十个儿子。千古以来，谁又敢多加指责！历史一再证明，只有不对别人寄予希望的人最终才能成功。只不过，父皇做得形迹太露了。如果是他，相信能处理得更巧妙一些。

三

洪武十三年（1380年）三月，朱棣率着护卫五千七百七十人浩浩荡荡离开京师，前往北平（今北京）就藩。这一年，他二十一岁。江南三月，正是一年中最水气最柔媚的季节。而越过淮河，越往北走，大地越荒凉。寒风如刀，让骑兵们一再苦起脸。然而，朱棣却越走越心潮澎湃。他喜欢这苍凉的北地，喜欢北地的坦荡大器。这片土地的气质恰如他的气质。更何况，燕山背后，就是强大的蒙古骑兵狼一样的眼睛，一想到这里，他就禁不住一阵阵兴奋。从父亲那里继承而来的尚武的血液，燃烧得他心脏不得安宁。

知子莫如父。还是孩童之时，朱元璋就已经开始注意这个老四。在分封之时，他把老四分到分量最重的燕地；在娶亲之时，他赐命老四娶了开国第一功臣徐达的长女。朱元璋从来没有在语言上表示过对老四的器重，然而，朱棣却时时感觉到了父亲对自己特殊的欣赏。然而正是这份欣赏，让朱棣更加谨慎。做伟人的儿子，并不是件容易的事。太懦弱了不被器重，太强悍了则遭疑忌。特殊的关注也就意味着格外的风险。一事不谨，就有可能失去父亲的信任，而失去父亲的信任，则意味着灾难的降临。事实证明，朱元璋的器重是有理由的。朱元璋儿子虽然众多，争气的寥寥无几。也许是遗传的原因吧，他们大多流氓气重，举止荒唐，在封国之内沉溺酒色，残害百姓，羞辱官员，破坏法度，不一而足，而“燕王在国，抚众安静不扰，得军民心。众咸谓其有君人之度”。他严格遵守父皇的规定，权力范围之外的事绝不插手，而分内的事做得井井有条。

数年之间，有几件事让朱元璋印象非常深刻。朱元璋六十八岁生日那年，诸王为庆贺万寿，绞尽脑汁，搜罗天下宝物孝敬皇帝。独朱棣的寿礼非同寻常，送来几株嘉禾。所谓嘉禾，乃庄稼结穗之异常大者，古来以为祥瑞。以此为礼，既符合朱元璋讨厌奢华的个性，又迎合他重农悯民的一贯主张。果然进上之后，“太祖大喜，为诗一章赐之”。朱棣准确地搔到了皇帝的痒处。洪武二十年（1387年），名将蓝玉征蒙古纳哈出回师，为了巴结燕王，将俘获的一匹名马送进了王府。万没想到，燕王不但没有收下这匹马，反而将他训斥了一顿：“将军俘得名马，理当先送朝廷。送到我这里，非尊重君父之礼。”弄得蓝玉当时一个大红脸，几乎下不来台。蓝玉那时权势显赫，位列武臣之首，诸王都畏他三分，而燕王却独敢当面训斥，不能不说朱棣胆识过人。别看这些功臣现在风光无限，其实父皇对他们是时刻提防，与他们结交只会使父皇产生疑忌。他知道这件事传到应天，一定会在父亲那里为自己加分。果然，六年之后，蓝玉因“谋反”被杀，列侯以下被株连消灭者一万余人。洪武二十三年（1390年），朱棣年及而立。朱元璋觉得可以让他独当一面了，遂下令命他和晋王朱棡联手出师，征讨蒙古丞相咬住和平章乃儿不花。朱棣飞速行军，冒大雪，深入不毛，以迅雷不及掩耳之势围住了蒙军，然后恩威并施，派人劝降已插翅难逃的乃儿不花，兵不血刃，俘获“乃儿不花及其名王酋长男女数万口，羊马无算，橐驼数千”。而此时，晋王却还没有找到敌人的踪影。消息传来，朱元璋喜出望外，老四的军事才能让他也深为震惊。他不能不再一次考虑自己的江山将来要传给谁。

四

中国人是最有命运感的民族。他们万事听从权威，而权威的产生，则采取听天由命的方式。在家里呢，做父亲的就是天然的权威。“天无二日，家无二主。”父是一家之尊，尊中至极。一个帝国呢，则皇帝是天然的权威，皇帝死了，是他的嫡长子，不管这个嫡长子是否缺心眼儿或者缺德。把天下人的幸与不幸寄托于概率，这种听天由命撞大运的方法无疑非常弱智。然而，这种弱智的方法其源有自。盖因专制社会之中，保持社会稳定的关键在于抑制人民的主动性和活力。嫡长子继承制即为抑制皇族内部的活力而设。所以，许多人的命运在出生的那一刻就已经被确定。

比如朱棣，虽然他的智商、素质和能力远超过其他兄弟，然而，由于出生顺序的决定，他的雄心注定今生只能被囚禁在北平一府方圆数百里的范围之内。一旦老皇帝去世，新皇帝肯定会对诸王严加限制，到那时，他恐怕只能在数万平方米的燕王府中发号施令，管理管理几百名仆人，打理打理王府的花园了。命运曾经向他露出过笑脸。那是洪武二十五年（1392年）四月，太子朱标未及接班就撒手人寰，此时朱棣三十三岁。朱元璋曾经提出过立燕王，然而，立刻被那些熟读经史的儒臣一口否决。在他们的极力建议下，朱元璋最终选择了太子的次子，十六岁的朱允炆。朱元璋犹豫不决的这几十天，也是朱棣有生以来最难熬的几十天，就是在这段日子里，朱棣发现了自己对皇位其实是那样的渴望。醇酒、妇人根本牢笼不住他的精力，世界万物中，只有权力才让他心醉神迷。让他安安静静做一个藩王，真如同把一匹千里马一辈子囚禁在马厩里。可是，机会却终于与他擦肩而过。做出了这个艰难的决定后，老皇帝就开始了雷厉风行的行动。他举起屠刀，寻找借口，加快屠杀功臣的步伐，把有能力的“元功宿将”基本上都清扫一空。然而，智者千虑，必有一失。老皇帝机关算尽，还是忽略了自己的儿子们。他对诸王没有丝毫防范，反而希望他们成为巩固皇孙权力的屏障。老皇帝最终还是失败在违背了自己的信条，对他人寄予了希望，虽然这“他人”是他的亲骨肉。既然有了空子，朱棣就要利用。从这时起，他加紧步伐，招揽人才，同时对自己的部下迭加厚恩，以备关键的时候能为其所用。

五

洪武三十一年（1398年）闰五月十日凌晨三时，帝国人民多年等待着的那个时刻终于到来了：朱元璋崩殂。朱允炆登基。

无论从哪个方面看，朱允炆都是帝国最理想的接班人：从外表看，风度翩翩，一表人才；从天赋看，聪明伶俐，智力过人；从学识看，勤奋好学，熟读经典；再论最重要的品质——品德，朱允炆更是出类拔萃。朱元璋在遗诏中称朱允炆"仁明孝友"，殆非虚夸。洪武二十三年（1390年），太子身上长了个疖子，痛得睡不着觉。太孙侍候在旁，含泪抚摩，昼夜不离。朱元璋看到这些，感动地说："有子孙如此，朕复何忧？"太子去世后，太孙悲痛至极，居丧期间，事事遵古礼，形销骨立。朱元璋非常心疼，劝他道："尔诚纯孝，独不念朕乎？"太孙这才吃了一点粥。而在此前，他已经五天没吃没喝了。朱元璋临终前，太孙日夜侍候在侧，衣不解带，唾壶、溺器都亲手提献。这些事传出去，满朝大臣无不太息感叹。至于说到能力，也没有可挑剔之处。立为皇太孙后，朱元璋就命令太孙跟在身边，练习政务，日常奏章由他处理，太孙少年老成，处理结果一般都比较周到。特别是朱元璋处事苛刻，而太孙常济以宽大，群臣无不暗暗高兴，期盼太孙早点接班。现在，这一天终于到来了。虽然是大丧，表面上一片悲痛，实际上满朝文武内心都松了一口气。老皇帝的残暴终于成为历史，新皇帝圣明仁孝，真是天下之幸。

然而，并不是所有的人都这样乐观。有那么几个人，在满朝太平气象中嗅到了危机的味道。在专制体制中，新帝登基，头等大事是巩固自己的权威，消灭一切现实和潜在的挑战。现在，开国武臣已经被皇祖杀光，能够对帝位构成威胁的就是那些手握重兵的诸叔父亲王。中国政治史的背景颜色是相互猜忌。诸王和皇帝之间彼此心怀疑虑，只能用最大的恶意去估量对方。这是由中国式的政治规律所决定的必然。皇帝怀疑诸王垂涎帝位，而诸王则担心皇帝消灭自己。麻秆打狼，两头害怕。本来都是出于自我保护的意图，然而，却形成持刀相向的形势。新君是一个书生，可是二十一史熟读之后，对历史上的权谋智略多有领会。登基之后，整个心思都集中在如何消除诸王的威胁上。不约而同，新君的心腹谋臣也都想到了这一点。建文帝即位伊始，两位文臣齐泰和黄子澄就秘密上书，建议皇帝削藩。而诸藩之中，最为危险的，显然就是燕王朱棣。

六

六百年后回顾历史，我们可以清楚地看到，建文帝毕竟是一个书生，虽然他自己并不这样认为。他自以为懂厚黑之学，通王霸之道，一上台就开始雷厉风行地削藩，其实正说明他没有读懂历史。他即位时，政局稳定，天下太平，没有哪个亲王有能力和理由主动向他发起挑战。因此，他完全有时间和空间，用更隐蔽更高明的手段，把他和诸王之间的紧张状态化解于无形之中。比如，他可以借鉴汉武帝的推恩令，让诸王的权力越分越小。他也可以不动声色地找借口逐步收回诸王的军事指挥权，只给他们一个空头帽子。现在，他迫不及待地主动下手，既迅速激化了矛盾，又明显违背了朱元璋的遗嘱，在道义上处于被动。

而更致命的错误尚不在此。即使主动削藩不够高明，如果他厚黑到底，也有能力以迅雷不及掩耳之势，打诸王一个措手不及，从而一举消灭潜在的危险。而他却又爱惜面子，拖泥带水，举动错乱，从而铸下不可挽回的大错。因为他想做一个符合儒家教条的完美君主，一举一动要讲究名分，要削藩，就要找到冠冕堂皇的借口。在诸王中，最大的威胁是燕王。然而燕王平时举动谨慎，没有道德上可指责的地方，拿他开刀名不正言不顺。其他诸王，则平时作恶多端，名声很坏。建文君臣商议多次，决定先拿其他诸王开刀，并且把这个策略命名为“先除枝叶，再除根本”。因此，从即位后第三个月起到第二年六月，建文帝利用诸王平日里的诸多劣迹，先后削了周、湘、齐、代、岷五王，废去爵位，贬为庶人。并且每削一人，就公布他们的罪状，以安天下。一年之内，就连废了五个亲王，建文帝看上去还真有些魄力。小皇帝又以边防紧张为名，把燕王护卫中的精锐调到塞外驻守。又派了两名亲信，管理北平地方的行政事务。看起来小皇帝的考虑不可谓不周到，布置不可谓不严密。然而，张牙舞爪，气势汹汹了半天，却没有触动燕王的根本，反而就把自己的意图完全暴露在燕王的面前。

朱棣静观小皇帝的种种表演。百般举动，虽然眼花缭乱，却越发显示出优柔寡断和底气不足。小皇帝越是搞小动作，朱棣就越老老实实，规规矩矩，以静制动，让小皇帝越来越尴尬。建文帝的两大谋臣齐泰和黄子澄都是儒生出身，齐泰是洪武十八年（1385年）的进士，应天府乡试第一，黄子澄则是洪武十九年（1386年）的探花。君臣三人经纶满腹，遂自认为通阴阳之道，怀管葛之术，有定国安邦之才略。然而，事实上他们毕竟是一群书生。其实，真正的英雄人物，做大事并不需要认真的借口，有借口要做，没有借口制造借口也要做。做成之后，自有人来擦屁股。“一位机敏的君主从来不乏正当理由使他的背信弃义显得冠冕堂皇。”（［意］马基雅维里语）像他们这样面不够厚心不够黑，绝不是成大器的气象。

七

这一年，朱棣四十岁，正是一个男人生命中的巅峰时段。脑力和经验结合得恰到好处，时刻等待着什么大事去宣泄蓄满身躯的力量。燕王和小皇帝在气质上截然相反。朱棣身材高大，体格魁梧，说话高腔大嗓，快人快语，雷厉风行。说上三句话，就打一个哈哈，经常说个粗口，讲个笑话，更让人感觉毫无架子。他十分注意维护部下或者朋友的利益。燕兵的军饷水平在帝国最高。部下有事求到他，不管事情大小，只要不太违反原则，他都会痛痛快快地给办了。想要升官的，他积极帮着找路子；没法用官位报答的，他赏赐起财物来手笔很大。体恤小民更是有口皆碑。

燕王喜欢微服私访。有一次，一个小税务衙门的衙役在市场上强行要“借”小贩的羊肉，小贩不肯，衙役把小贩打得满头是血。恰好燕王微服路过，见此情形，一时火起，一剑把衙役劈了。平时在路上遇到乞丐，燕王一定要停下脚来，让身边人扔下几个钱。还有一次，燕王遇到一对从山东逃难来的父女，老父病倒在路边，没钱看病，女儿在一边哀哭。燕王当时眼圈就红了，当即叫人把父女俩送进王府，命王府太医亲自调治，后来又发给盘缠送父女俩回了山东。

在北平府，关于燕王疾恶如仇、为民除害、惜老怜贫的逸事不一而足，流传很广。燕王在自己的统辖地面，深得人心。凡是在北平待过的地方官和军将，大部分都被燕王收入羽翼之下。

所以，建文元年（1399年）七月初五凌晨，当朱棣率领他的八百名亲兵起来对抗建文帝的时候，他底气十足。从表面上看，那一刻的形势确实千钧一发，惊险万状。双方实力相差悬殊。北平四周的要塞都已经由朝廷委任的亲信重兵把守，军队加起来达十余万之多。而朱棣所能支配的，只有府内八百名亲兵。然而，朱棣却不这样看。十多万人之中，他真正的敌人不过建文帝派来的那么几个人而已。只要把建文帝那几个亲信除掉，他相信他的老部下们还会云集到他的麾下。人情大于法，这是万古不易的真理。他多年豢养建立起来的人脉关系，要比朝廷的一纸诏书有力得多。果然，在他用计除掉建文帝派来的几位大臣之后，他的旧部很快就纷纷倒戈，北平城内的朝廷命官纷纷投降，建文帝费尽心机的调遣布置成了一场空。

八

一旦跨上马背，朱棣立刻感觉到一股莫名的战栗从身体最深处升起。他是一个天生的军人，一踏上战场，就好像优秀的演员走上舞台，马上会进入一种忘我的状态，万虑皆消，满脑子只剩下了对于种种军事信息的分析、判断、计算、运筹。这是一种令人感到极大愉快的智力活动。只有在战争中，在巨大的危险笼罩下，在瞬息万变的形势的刺激中，他的智力、判断力、勇气才能得到淋漓尽致的发挥。战争是他最大的享受。

八月十二，满朝唯一一个逃过朱元璋大屠杀的老将耿炳文，率领三十万大军北上平叛。作为硕果仅存的百战元勋，耿炳文已经六十五岁，经验丰富，老谋深算。而燕王所部不过十万人，胜负之势似乎不难判明。然而，朱棣却底气十足，率兵南下迎敌，并且趁南军立足未稳，打了一场闪电战，消灭了南军先头部队一万人。紧接着，燕军以少击多，在河北真定城外与南军展开大战，一举斩首三万余级，吓得耿炳文把剩下的部队撤回真定城内，坚守不敢出。虽然身经百战，耿炳文还没有见过战斗力这样强的军队。

燕军的战斗力来源于三个方面：一个是燕军都是北人，且与蒙古铁骑周旋多年，习于战争。而南军多年没有经过战争，初上战场，自然心虚气弱。二是燕王对思想政治工作非常重视，多次发布公告，反复阐述自己起兵的正义性。这一点是他和一般武人最大的不同之处。朱棣绝对不承认自己的目的是篡逆。在中国，做事一定要在真实的意图外包上一层光明正大的道德外衣。所以，朱棣把自己的行为定义为“奉天靖难”，即帮着皇帝讨伐奸臣。其实这已经是汉朝人玩过的老把戏了，所谓“清君侧”是也。然而，朱棣拿过来用时脸不红心不跳。占领舆论高地，这道手续是绝对不可以省略的。这不但是给自己找遮羞布，也是为自己的部下和将来准备投奔自己的人制造理由。起兵之后，他召集将士，举行誓师大会，他激昂慷慨地宣布，其为“太祖高皇帝、孝慈高皇后嫡子，帝国至亲”：

> 受封以来，唯知循分守法。今幼主即位，信任奸宄，横起大祸，屠戮我家。我父皇母后创业艰难，封建诸子，藩屏天下，传续无穷。一旦残灭，皇天后土，实所共鉴。祖训云：“朝无正臣，内有奸恶，必训兵讨之，以清君侧之恶。”今祸迫予躬，实欲求生，不得已也。义与奸恶不共戴天，必奉行天讨，以安社稷。天地神明，昭鉴予心。

紧接着，他又给建文帝上了一道表文，宣布齐泰、黄子澄包藏祸心，离间皇帝和诸王，意在颠覆政府，谋取大明天下，所以他不得已起兵讨之，望皇帝批准。起兵不久，他再一次发布长篇文告，详细列举建文君臣的错误和自己的正当，计有如下种种：一、老皇帝去世时病因不明，入殓仓促，让人生疑。二、新皇帝即位不久就修改皇宫布局，“拆毁宫殿，掘地五尺”，此为“拆毁祖业”，明显有违“三年无改”之义。三、奸臣齐泰等，“不遵祖法，恣行奸宄，操威福予夺之权，天下之人，但知有彼，不复知有朝廷也”，并且此人曾“指斥太祖高皇帝，如此大逆不道，其罪当何如哉！”……在不断发布的文告里，他把自己打扮成坚决维护太祖高皇帝的大忠大义之人，把敌人丑化成罪恶滔天。而正义的事业是一定能成功的，反反复复地灌输，使燕军非但没有叛逆之军的负罪感，反而理直气壮，把自己当成了维护天下道统的正义之师。

第三个重要原因是朱棣平素以“义气王爷”自居，特别重感情，深得部下爱戴。关于燕王关心普通小兵的事不胜枚举，每个士兵都能说上一两件。在这次“靖难”战争中，就有许多让人难忘的事迹。一次，燕王见到一个病卒在路边呻吟，遂把自己的马让给病卒骑。随从们说：殿下是万金之躯，怎么可以让一个小兵随便骑自己的马呢？燕王动情地说道：

人命与马，孰轻重？人病不能行，不载之，是弃之矣。吾岂贵马而贱人哉！且彼从吾，尽力而病，吾乃不恤之，岂为人父母之道！

消息传出，大家无不感动，纷纷表示要为燕王血战到底。还有一次，燕军在野外露营，严寒让人们无法入睡。随从们好不容易找来几个废弃的马鞍子，点起一堆火，让燕王取暖。远处的士兵看到火光，纷纷跑来取暖，及至看到燕王才停下脚步。卫士们上前厉声赶大家走，燕王却大声说：“这些都是壮士，勿止之！我身穿两件皮衣还冷呢，何况他们！我恨不能让所有的士兵都来我身边取暖啊！”士兵们听了，许多人当场流下了激动的泪水。

由于以上诸种因素，燕军每次往往血战到底，战斗力非常强大，少有降者。而对于投降过来的敌军，燕王严令不虐待，更严禁杀俘，往往是进行宣传教育之后，愿意留的留下，愿意走的给路费。燕王仁慈之声，不久就遍闻遐迩。

九

回顾整个“靖难之役”，朱棣成功的迅速让人有些难以理解。毕竟建文帝是名正言顺的天子，而朱棣是叛逆之师，以八百人起兵，以一隅对抗帝国。然而，短短三年时间，天翻地覆，拥有正义、名分、帝国财力和军事资源的建文帝败给了一个不折不扣的乱臣贼子，这真让人大惑不解。其实，这也是理之必然。

确实，从表面上看，朱棣发动叛乱，大逆不道至极，人人得而诛之。然而，天下大义的道义力量是建立在利益的基础上的。如果没有利益做后盾，任何道德戒律都只能是空洞的口号。朱棣和建文帝之间的争夺，既不是民族之间你死我活的斗争，也不是整个社会范围内利益格局的大调整，而只是统治集团顶层的内部争斗。谁胜谁败，并不影响社会绝大多数成员的利益。大臣们都明白得很，反正天下是老朱家的，只要主子姓朱就行。至于普通老百姓，连你姓不姓朱他们都不关心，谁有实力他们就做谁的顺民，只要有碗饭吃就会称呼你万岁。所以，从一开始，没有多少南军将领肯为老朱家的内争拼命。特别是燕王连续打了几个大胜仗之后，更没有多少人认真抵抗，更多的人最注意的是观察风向，随时准备倒向更有力的一方。燕王进攻彰德，守将赵清起初不肯投降，对燕王说，你进入京师后，只要给我个二指长的小字条，我就会乖乖地赶过去，对你唯命是从，只是现在还不敢降。这代表了相当一部分人的立场。

明眼人很快就看出，燕王的胜算更大一些。对比一下燕王和建文帝的谋士集团，这是件很有意思的事。燕王不太喜欢士人，而注意招揽一些奇人异士，所以身边的谋臣多是些和尚术士，看上去不伦不类，实际上这些人集中了来自民间的智慧，比起建文帝那些高居庙堂的书生谋臣来，不知要高明多少倍。小皇帝及其谋臣，虽然都是满腹经纶，其实多端寡要，多谋寡断。建文帝把削燕大事交给齐泰、黄子澄去办，自己全部精力都投入到复古改制中来，成天废寝忘食地与方孝孺商量，如何按《周官》改定官制，减轻刑罚，以仁义治国，还津津有味地讨论如何实行井田。这些书呆子真是愚蠢得可爱。战争之初，朱棣还摆出一副稳扎稳打、步步为营的架势。他的想法是由北到南，一步步地征服天下。然而，在山东他遇到了建文帝手下最有能力的两员大将铁铉和盛庸的顽强抵抗，厮杀数月，损失惨重，不能前进一步。此时，朱棣突然产生出了一个脑筋急转弯式的想法：为什么非要在山东一地和南军周旋？如果绕过山东，直取应天，坐上皇帝的宝座之后，天下不就传檄而定了吗？这个想法一现，朱棣立刻从失败中重新兴奋起来。他重整大军，取道山东与河南的交界处南下，连破东阿、汶上，一路势如破竹。过徐州，经临淮，燕军的策略是绝不打攻坚之战，能攻则攻，攻不下则绕着走。很快，兵临应天城下。

方孝孺

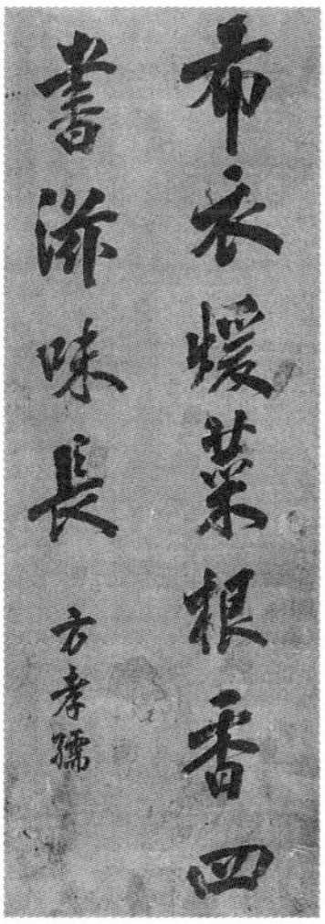

方孝孺书法

十

这一年是建文帝登基的第四年。他原以为自己做了明帝国这艘超级巨舰的船长，可以把这艘船开到他想去的地方。没想到，这广袤的大海竟然与圣人们留下的航海手册上描写的完全不同，云谲波诡，暗流滚滚，不久就把他卷入漩涡中间，天旋地转，手忙脚乱。等回过神来，船已到鬼门关外。他实在不明白自己错在哪里，本来一开始是那样美好。即位四年来，他勤劳不懈，一举一动，都遵循圣人之言，诸项措施，都本着先贤美意。他减轻天下赋税，取消严刑峻法而代之以宽大。他重用儒臣，试行井田制，全面建设儒家的理想社会。没想到四年努力换来的是穷途末路。他弄不懂他的臣民。君臣大义是人伦之首，为什么那么多武将毫不犹豫地背叛他去投靠燕王？为什么他被困在京城，天下郡县竟无一人前来勤王？

就在一片胡思乱想之中，应天城一片混乱，杀声四起，燕兵已经包围了皇宫。燕王入城，立刻派人去保护关在牢中的周、齐二王。周王一见燕王，扑上前，抱头痛哭："奸恶屠戮我兄弟，赖大兄救我，今日相见，真再生也！"燕王的回答，显示了兄弟俩境界上的不同："此非我之力，乃皇父皇母在天之灵保佑的结果！"听了这样高明的回答，谁还能怀疑燕王不是天生的帝王之才？朱棣并没有急着赶到皇宫，而是派人前去围困。他希望在他到来前，皇宫里能发生什么意外。事情的结果，既让人满意又有些遗憾。士兵们在皇宫中没有找到建文帝，只是在灰烬中找到了一具尸体，不过面目全非，看上去更像女尸。不管怎么样，朱棣当机立断，"决定"这具尸体就是建文帝。他长叹一口气，沉痛地说道："小子无知，果然如此糊涂耶？我来此是为了辅佐你向善，你怎么做出这样愚蠢的选择！"

十一

虽然是初登大宝，朱棣却从容不迫。他像一位高明的驭手，坐在高高的驭座上，熟练地操纵着手里的缰绳和鞭子。缰绳是利益，鞭子则是暴力。燕王的有恩必报、有功必赏是闻名已久的。而成了永乐皇帝后，更将这个传统发扬光大。

朱棣赏赐起功臣来，手笔之大，令人瞠目。那些原本是王府中的亲兵首领，地位卑微的小军官，现在都成了帝国的新贵，封公封侯，蹿升到贵族阶层中的顶层。原来的护卫千户朱能封为成国公，小小的指挥佥事张玉被追封为荣国公，两人俱“三世赠王”，这是一个大臣所能得到的最高封赏。封侯封伯者各有十余人。这些人的子孙也享有特权。朝廷原规定，功臣子孙袭职，必须经过考试武艺。皇帝发布了一个饱含感情的告谕说：“朕见到参加考试的功臣子弟，不觉怆然。举义之初，他们的父兄忍饥冒寒，艰苦百战，不幸为国捐躯。今观其子弟皆稚弱，未必熟悉武艺。如果因此而绝其俸禄，何以自存！可令其先袭职，长成后再考试。”这类很有人情味的做法，有力地加深了他与他扶植起来的新贵的感情。朱棣知道，这是他统治的重要基础。

朱棣的有恩必报并不限于那些用得着的人。卑微之辈，他也铭记不忘。他专门下旨，表扬那些在战争中出过力的普通百姓。在北平、保定等地协助燕军守城的妇女，有的运砖运石，有的运水浇城，在守城过程中起了很大作用，朱棣分级给予赏赐。例如，“保定运砖石妇女，每名赏钞一百贯，绢一匹，棉花三斤”。连一个小小的船工，朱棣也念念不忘。渡江之时，为他开船的船工是周小二，仅仅为他服务了不到一个时辰，然而他特命“擢上海县民周小二为巡检，赐彩帛二表里，钞百锭，蠲其徭赋三年”。

朱棣深知，他这些带有戏剧性的做法有宣传效果。它们将借助趣闻逸事的形式，迅速传遍帝国的每一个街巷，树立皇帝“滴水之恩，必将涌泉相报”的义气形象。必须让广大人民知道，效忠于皇帝必然得到好处，这是一条绝不能动摇的原则，它关系到一个君主统治的稳定性。

对于那些投降他的建文遗臣，他也表现出极为宽宏的气度，一律既往不咎。朱棣很清楚“食其禄，任其事”的道理。为了安抚降臣，他命令把建文宫中收藏的千余封奏章一把火烧掉，以表示绝不追究他们反对自己的责任。此举让人大为感动。大部分建文遗臣都很快转变立场，成了永乐帝的鼎力之臣。皇帝利用一切手段，传达“只要站在我这一边，必然前途光明”的重要信息。政治家判断一个人的标准不在于道德素质，而在于立场。对那些坚决站在他这一边的人，他如太阳般温暖；而对那些坚决反对他的人，他则比野兽还要凶残。

十二

当朱棣手持武器走向皇位的时候，整个明帝国的人民都被推入一种相当尴尬的境地。

按照这个社会竭尽全力弘扬的理念，每个人的生活都应该建立在正义的原则之上。据说，人之所以区别于动物，就是因为人能判断正义与邪恶，有羞恶廉耻之心。“无是非之心，非人也。”而现在，一个篡位者上台了，心甘情愿做篡位者的顺民，无疑是一种屈辱，甚至是一种不可饶恕的错误。对于普通老百姓，摆脱这种尴尬很容易，只需要骂一句娘就足够了。说实在的，礼义廉耻更多的是属于大人先生们的奢侈品，平民百姓更需要的只是生存。然而对于士人，这个问题则生死攸关。对于他们来讲，存在的意义，就是贯彻纲常。为一个篡位者服务，无疑是精神生命的自杀。因此，朱棣的上台，当然要引起全帝国读书人“利义交战于心中”。几千年来，中国历史不断地这样野蛮地开着士人的玩笑，他们维护纲常，说到底是为了维护统治者的利益，而统治者们却一次次地无视纲常，制造阴谋、政变、篡位，不断地把士人放置于两难境地。数千年来，大部分士人也百炼钢化为绕指柔，修炼得进退自如。“交战”的结果，是大部分人抛弃了万古长存的道义，选择了瞬息而逝的利益。当然，永远会有那么一部分人，选择了保持价值观的完整。黄子澄是削藩的始作俑者，是朱棣起兵时宣称要消灭的第一个“奸臣”。由于没有任何退路，他走向死亡的姿态相当洒脱。在朝廷之上，他对永乐口称“殿下”而不是“陛下”，嬉笑怒骂，无所不至：

> 臣知殿下以兵力取富贵，不知殿下即此位！……况富贵瞬息，何足重轻！殿下向来悖谬，不可为训，恐子孙有效尤而起无足怪者！

盛怒之下，平素一副笑面的朱棣露出了不为人知的狰狞一面。他命人把黄子澄所有的亲戚一律逮捕，把黄家一姓老小六十五口，妻族外亲三百八十人都押到黄子澄面前，“哀号震天”。维持自己价值观的代价，将是这四百多人的性命。黄子澄望着自己的老父老母，泪眼婆娑，心如刀绞，然而，儒学原则让他不能后退半步。他咬咬牙，仍不改口。朱棣命人砍掉他的双手，黄子澄仍不屈服，遂又命斩去双脚，接着把黄子澄砍成肉泥。黄氏一家六十五人不分老小，一律斩首，三百八十名亲戚全部发配边疆。曾在山东抵抗朱棣使其不能南下一步的铁铉，被送到朱棣面前时，反背坐于廷上，谩骂不止。朱棣命人将铁铉耳朵、鼻子割下来，“碎分其体”。建文的礼部尚书陈迪在朱棣面前与之辩论君臣大义，骂不绝口。朱棣命人把陈迪的几个儿子都抓来，并且割下他儿子的耳朵、鼻子，让他吃，并问味道如何。陈迪答道：“忠臣孝子的肉，香美无比。”父子六人，同被凌迟。……

这就是那个讲义气、重感情、面常带笑的朱棣吗？这就是那个因为乞丐的惨状而流泪，因为弱者受欺而义愤的燕王吗？这就是那个起兵时慷慨陈词，义形于色的正义化身吗？是的，这个正义的代表，仁慈的主人，人情味十足的大人物所作所为还远不止此。他和方孝孺在殿上对骂，恨其嘴硬，命人将方孝孺的嘴割破，直割到两耳。他发明“诛十族”，与方孝孺有关系的八百七十三人被磔杀于市。朱棣发明“瓜蔓抄”，为了泄一时之愤，从一个仇人开始，转相攀染，广加株连，滥杀无辜，动辄让数百人死于非命。很侥幸地，历史留下了朱棣未及销毁的流氓嘴脸的特写：永乐十一年（1413年）正月十一，教坊司的官员在皇宫右顺门口禀奏：齐泰的一个姐姐，两个外甥媳妇，加上黄子澄的妹妹，四个妇人，平均每天被二十条汉子轮奸。“年小的都怀身，节除（夕）夜生了个小龟子，又有个三岁的女儿。”朱棣闻听，依由之，说道：“小的长到大，便是摇钱的树儿。”美丽的面具被揭开，后面露出的是一个彻头彻尾的流氓。这个流氓的卑劣、下流、凶残，比之他的父亲有过之而无不及。他与他父亲的唯一区别，不过在于他是一个精通经典的流氓。这个道貌岸然的人，原来心底对人的生命并没有丝毫尊重，在他那冷酷的心灵中不生长同情、怜悯、爱这些高贵的品质。在他的眼里，世人只分为可利用的和不可利用的两种，事物只分为有利于自己和不利于自己的两类。那些没有利用价值的人，在他心中还不如草芥。从道德水平上讲，他并不比大明帝国范围内任何一个地痞流氓更高一点点。不幸的是，这样的人在中国式残酷竞争中常常是胜者。这些人一面愚弄天下，一面又野蛮践踏诚实的人所珍视的价值。他们标榜的是王道正义，实际上遵循的却是顺我者昌逆我者亡。后世士人谈起成祖时代，最为痛惜的是天下正气又一番被摧挫。明亡之后，许多士人把明朝之亡归于人心，在永乐之时即已倾颓。顾炎武认为“洪武、永乐之间”为“世道升降之会”，是中国人性格发生扭曲的时代，的确是有识之见。明亡之日，殉国者尚不及“靖难”时殉建文者。后人李清《南渡录》说：“靖难以正气渐削，故酿为今日（明亡之日）猃猾之徒屈膝拜伪。”

十三

朱棣制造的骇人听闻的酷刑，并不完全是盛怒之下丧失理智的结果。就像流氓们残害他人并不仅仅是为了取乐，流氓们行凶，往往是炫示自己有加害于人的能力，从而使别人惧怕。在能够利用道德面具的时候，朱棣绝不会露出他的犬齿。然而，在雄辩和谎言遮挡不住的部位，他只剩了暴力这一种选择。极致的残酷能削减抵抗力，美国人对广岛和长崎的核屠杀引起了日本当局迅速投降。一个更为人熟悉的例子，蒙古人的屠城使更多的城市不战而降。不论怎么解释，怎么宣传，他篡位者的面目都无法遮掩，所以与那些认死理的儒臣辩论，他注定是输家。在道义上被剥光了衣服的朱棣，最后的手段只能是屠杀。毫无节制的屠杀，有效地瓦解了反对者的势力，使更多的观望矜持乃至不满者迅速抛弃了犹豫、廉耻和义愤，无条件地站到了他的旗帜之下。事实上，除了被他杀掉的那些人，剩下的建文遗臣们为他卖起命来都是诚惶诚恐，竭尽全力。暴力能有效地巩固君主的统治。

如果朱棣读到马基雅维里的《君主论》，他一定会拊掌大笑，感叹英雄所见略同。马基雅维里一针见血地指出："君主进行斗争必须既像人又像兽"，"如有必要，君主应随时抛弃传统道德"，理由是"令人畏惧要比受人爱戴更安全"。朱棣和建文帝的命运对比有力地证明了马氏结论的正确性，虽然马氏在写这本书时并不了解神秘的东方历史。建文帝确实宽厚仁慈。对大臣们，建文帝从来都是礼貌有加，温文尔雅。对百姓们，他不断减轻赋税，甚至还要实行井田，以平均田地，造福于民。结果在燕王大军节节南下的时候，各省居然没有一个官员率兵勤王！对败军之将李景隆，他不但不杀，反而委以重任，命他守卫金川门，结果李景隆第一个开门迎降。正如马氏所说，人民宁肯辜负一个自己爱戴的人，也不会违背一个自己畏惧的人。这是人的本性。确实，正是恐惧巩固了朱棣的权力，特别是当权力没有足够的道义基础时，当利益这根缰绳不能把人们引上为他所用的方向时，朱棣就会毫不犹豫地举起暴力的鞭子。他发现，鞭子往往比缰绳还管用。翻检明成祖那些血淋淋的记录，我们发现，他在制造这些暴行时肆无忌惮，丝毫不担心因此而激起反抗。他深知，中国百姓几千年来已经习惯了在暴力面前驯服。

十四

青出于蓝而胜于蓝。朱元璋毕竟出身草野，头一次当皇帝，政治手腕有诸多不够老到之处，许多招法用得过辣过猛，杀人过多，成为政治败笔。而作为朱氏家族的第二代皇帝，朱棣继承了老皇帝的政治智慧，文化水平更高，性格更阴鸷，手法更老到更圆熟。比老皇帝更高明的第一点就是适可而止，对残暴用之有度。目的达到了之后，他就适时收手，着手修补自己的形象。而老皇帝的残酷，在很多时候是为了满足心中的变态欲望，已超出了政治需要。

权力的奥秘是放之四海而皆准的。正如马基雅维里所说："为了保住自己的地位，君主必须学会用权而不仁，但要明白何时当仁，何时不仁。""如有必要，君主应随时抛弃传统道德。然而，只要有可能，他还是应当恪守正道。"他已经向天下人展示过自己狮子般的可怖面孔，然而，这种展示应该偶一为之，绝不能让它成为天下人心中恒定的形象。不节制的暴君往往没有好下场。道德这个工具，在君主的工具箱中应该放置在日常应用的位置上。现在，天下人都已规规矩矩，安安分分，正是需要朱棣展示他的仁慈、仁义的时候了。正像马基雅维里所说："要在人们目睹其面、耳闻其言的时候，表现得那么仁慈，那么诚挚，那么正直，那么人道，那么虔诚。"这正是朱棣所擅长的。美国总统尼克松说过："政治就是演戏。"而朱棣就是个天生的演员，喜欢也善于制造一些传奇性的故事，以达到需要的政治效果。

永乐五年（1407年）五月二十，朱棣在南京灵谷寺进香。经过一株槐树下面的时候，一条小虫子落到了皇帝的袖子上。皇帝轻轻把虫子抖落地下，随从们上来就要踩死，皇帝很不高兴地瞪了他们一眼，命他们把这条虫子再放回树上，并且教训道："此虽微物，皆有生理，勿轻伤之！"和尚们忙念起阿弥陀佛，连连称赞皇帝真是菩萨心肠，猜测皇帝可能是哪一位菩萨转世。当然，仅仅是这些小伎俩并不能起太大作用。朱棣还有大手笔。他知道，天下真正对他心怀不满的是那些读书人。虽然在大屠杀之后噤若寒蝉，然而心里对他并没有好感。所以，大屠杀之后，他对依附于自己的文人学士特别宽宏，多方优容。他即位不久，就安排实行科举考试，扩大录取名额，拓宽了读书人晋身的道路。对在朱元璋时受到委屈的一些文人，他积极平反昭雪，挽回了不少人心。从永乐元年（1403年），他就开始以他独有的宏大气魄，组织编修有史以来最大的一部类书《永乐大典》，以此表示自己对文化的重视。此举赢得了士人的极大好感。一打一拉，天真的士人立刻掉入彀中。文人学士们忘掉了朱棣的凶残，开始满腔热情地歌颂永乐皇帝的丰功伟绩，由此形成了中国文学史上一个新流派——台阁派。他们作品的中心内容，就是歌颂朱棣的功德，歌颂国势的强盛太平，平正典雅，词气安闲，雍容晓畅，一时制造出一派歌舞升平的文化繁荣景象。

对比朱元璋、朱棣父子，常常会发现一些有趣的现象。老皇帝起身平民，所以对同样出身流氓的汉高祖感觉十分亲切，每每自比汉高祖，为人行政上自觉不自觉地以刘邦为榜样。而朱棣篡得皇位，所以对同样用血腥手段夺得皇位的唐太宗极有好感。唐太宗不但篡位成功，并且还成了中国历史上最成功的皇帝。每当提到唐太宗，朱棣敬慕之情溢于言表。所以，他为人行政，也处处踪迹唐太宗。平时说话，必以仁政为辞，反复强调儒学教条，把老百姓的饱暖时时刻刻挂在嘴上。经常号召大臣们进谏，而且确实也多次诚恳接受别人的意见，勇于改过。他一改老皇帝的政策，提出“用法当以宽不以猛”的原则。他一再表示反对老皇帝的严刑峻法，修改了许多过于苛刻的法律条款，并且特别规定，凡是判死刑，都要“五复奏”，即要反复审查五遍。一转眼，那个以人命为草芥，无理株连肆意“瓜蔓抄”的暴君面孔慈祥得让人不得不感动。然而，再有自制能力的人也不免有失控的时候。在晚年，一次偶然的失控，使他的野兽本性又一次暴露。在后宫的一次争宠斗争中，一个妃子的侍女被屈打成招，供认曾想谋害皇帝。暴怒之下，他大开杀戒，竟然辗转株连，一举杀掉了二千八百人。只有在这样的时候，人们才吃惊地发现，原来魔鬼并没有变成天使。

十五

形象需要建设，然而威慑的鞭子还得时时高悬，让人民不要得意忘形。有人说过，当领袖的首要条件是做一个好的屠夫。如果自己做不了好的屠夫，身边就需要有成为好屠夫的人。朱棣是个杰出的屠夫，然而却绝不轻易亲自下手。所以，他有意识地任用了一大批生性残酷的酷吏，作为自己的鹰犬，替自己杀人。“君主应该自己施恩，让别人代为受过”，马基雅维里的这句名言被朱棣运用得出神入化。永乐时期是中国历史上有名的酷吏横行的时代，纪纲、陈瑛、郑赐，都成为二十四史中酷吏的典型。朱棣用他们除掉一些潜在的政敌和自己看不惯的大臣，却不落痕迹。每当这些酷吏树敌太多作恶太甚之时，他再毫不犹豫地除之，也算是“为民除害”。上述最为朱棣卖命的酷吏，除郑赐是忧惧而死外，另两人都是被朱棣杀掉的。

梅殷是明太祖的驸马，朱棣的妹夫。朱元璋死时，梅殷是托孤大臣之一。虽然勉强投降了朱棣，然而他内心却并不服气，时时口出怨言。朱棣对此一直嫉恨于心。永乐三年（1405年）冬的一天，梅殷入朝时，居然出了“交通事故”，被人挤下笪桥（桥名，在南京应天府城内三山门今水西门东北）溺死了。妹妹宁国公主抓住朱棣的衣服袖子大哭大闹，朱棣命人严查，遂把故意挤撞驸马的两名锦衣卫军官抓起来要处死。两名军官没想到，为朱棣卖命最后竟然落了这样一个结果，大吵大闹，说：“此上命也，奈何杀臣！”朱棣立命金瓜武士击碎二人牙齿，推出斩了，然后以隆重的礼节厚葬梅殷，亲自致哀。满朝大臣和朱棣默契于心，然而大家均行礼如仪，表情沉痛，共同上演中国政治的又一出经典小品。为了造成人人自危的局面，朱棣发扬朱元璋的余烈，创立东厂，恢复锦衣卫，大搞特务统治。特务遍布京城内外，上至太子亲王、公主驸马，下至普通官吏、平民百姓，都处于特务们的严密监视之下。就连特务们，也都在其他特务的监督之中。朱棣还鼓励人民告密，不少人靠揭发他人得到好处，帝国上下各个阶层，处于恐怖气氛之中，人人相互提防，不敢乱说乱动。

朱棣的天下，由此安如磐石。

十六

篡位者往往是大有作为的君主。他们通常比那些名正言顺的帝王更勤劳、更努力、更自我节制，竭尽全力建功立业，以证明自己配得上这个皇位。唐太宗、明成祖、雍正帝都是如此。“篡位者”的名声像一杆鞭子，鞭策他们成为千古名君。

作为中国历史上最伟大的皇帝之一，朱棣创立引人注目的功业，一半是由于他豪雄阔大的天性，一半是由于显示自己能力的需要。他数兴大工，建造北京城，修建大报恩寺，铸永乐大钟，每一桩都规划宏大，远迈前古。他看不惯父亲的小家子气，即位不久，即打破父亲留下的海禁政策，派郑和船队七下西洋，亲率大军五征漠北。他不断向外扩张，在东面，把边疆延伸到库页岛；在西面，绿洲上的诸穆斯林与他建立朝贡关系；在北面，他使蒙古始终处于被动；在南面，他把南沙群岛划入中国版图。他派八十万大军攻打安南，一度把安南并入。永乐的行动相当一部分仅仅是为了满足他的虚荣心，为了证明自己的伟大。他热衷于制造天朝强盛万国来朝的热闹氛围。耗巨资下西洋，用商业利益招徕七个东南亚国王来中国朝觐。他五次远征蒙古，其中的几次并没有必要。而出兵安南更是得不偿失，在勉强维持二十二年后，明帝国不得不再次恢复了安南的独立。

明代紫禁城

然而，除了对荣誉的渴求，朱棣的种种铺张举动还有另一层动机。马基雅维里又一次与朱棣不谋而合。他在“君主应如何作为以赢得崇敬”一章中开宗明义地说道：“能使君主赢得高度评价的莫过于伟大事业和非凡举动。”正如朱棣派人七下西洋那样前无古人的壮举让人永志不忘，“惊人之举出声望”。马基雅维里说：伟大的君主“总是这样，干完一件大事便又筹划另一件大事，让臣民应接不暇，不知所终，每当看到结果则又目瞪口呆。这些行动一个接着一个，此一行动和下一行动之间不留一点空隙，人民没有任何喘息的机会能被利用来反对他”。事实正是这样，连续不断的行动凸显了朱棣的强者形象。这是巩固他统治的有效手段。父皇数十年的经营为他的一次次大手笔打下了基础，而他的才华又足以使他把一次次表演进行得有声有色。当然，除了制造阴谋和战争，他的智力、精力、毅力使他治理起帝国来也得心应手。他每天四鼓即起，常常工作到深夜，根本没有休息日的概念。除了五次出征蒙古，他还常年巡行在外，以至没有几次能在京城正式庆祝自己的生日。事实证明，帝位正是为朱棣这样的人打造的。他的那些萎靡不振的孙子和他比起来，简直就是一群蛆虫。明朝最耀人眼目的大事几乎都是他做下的，在他的治下，大明国力强盛，人民富庶，政治安定，文化繁荣。永乐时期，成为中国历史上为数不多的充满活力和开拓精神的时代。只有像朱棣这样，把东方社会，把东方人心理，把权力的奥秘琢磨得通透的人，才能在这片土地上取得成功，并且姿态潇洒。

郑和下西洋海船复原图

大明王朝的七張面孔

偏执症患者：

海瑞

DAMING WANGCHAO DE QIZHANG MIANKONG

一

四十五岁上，鬓角发白的县学教谕海瑞晋升为浙江淳安县令。年近半百才熬成七品，对许多官场中人来说，得算仕途困顿，然而对于海瑞来说，却是破格提拔。海瑞出身仅为小小举人，三十五岁中举，四十岁才分配到福建做教谕，相当于县教委主任。能在四年之内就升为县令，已经让许多人羡慕。

破格晋升的原因是“狷介”的名声。和现在一样，另类的举动往往能吸引人们的眼球，而眼球的集中往往能带来意想不到的效益。自从“笔架先生”的名声传开之后，全省官员都知道了这个脾气有点古怪的正八品小官。

海瑞

那是海瑞任教谕的第二年，他的直接领导、延平府视学到南平视察工作，在南平县学官署接见学官。两名副手在海瑞带领下进入大厅，一见到视学，一左一右急趋上前，叩头拜见。海瑞夹在二人中间，站而不跪，只拱了拱手。视学先是惊讶，继而羞怒，冷笑一声，对两旁随从说："哟，你们看这三个人，倒是个山字笔架！"

两跪，夹一站，可不是活脱脱一副山字笔架的模样。视学觉得海瑞是有意轻慢自己，拂袖而去。海瑞认为视学缺乏正气，不严格遵守帝国规定。开国之时，帝国就规定学官在学校见上官，拜而不跪，以体现师道尊严。百年之后，士风日坏，学官们为了讨好上级，无所不为，跪迎上官早已相习成风。所以，海瑞的这一站就站得惊世骇俗。一下子，"海笔架"的名声在官场上传开了。

"笔架先生"的名声越传越大。道员、学宪、按院先后前来视察，海瑞皆揖而不跪，人们想起了帝国规定，倒也无话可说。这些高级官员的涵养当然非视学可比。他们不但不和海瑞怄气，反倒称赞海瑞恪守礼法，堪为士范。如今的社会，有法不依、有章不循成了寻常，一旦遵守帝国规定，倒反了常，这怎么得了！一番叹息过后，不少人倒对海瑞有了好感。"另类"行为为他赢得了通省官员的注意，而他任学官以来，实心任事，把一个最清苦没滋味的教官做得有声有色，种种实绩也就进入了大员们的视野。县学教育在许多地方都成了摆设，学官们大都敷衍了事，学生们冒名顶替、逃学旷课是常事。而海瑞到任之后，天天钉在学校里，订出教约十六条，甄别学生年龄、身份，重视思想政治教育，狠抓学校纪律，提高教学质量。学生们都称海瑞为"海阎王"，纪律确实大有好转。属下出现了这样的"模范官员"，对每个封疆大吏来说都是件脸上有光的事，于是"巡按监司交章荐之"，海瑞获得了这意外的升迁。

事实证明，虽然明朝中叶以后，官僚体系已经整体腐化，但是，官僚集团还是希望并且需要"清官"。虽然大家都在腐化中捞到了好处，然而如果这个社会最终因腐化而崩溃，大家岂不连身家性命都不保，再多好处又有什么用?

而且，刻苦自砺，赢得"直声"，积累一定的声誉资本，也是仕途起步时的一种做法。随着历练增加，人们相信这样的人最终都会融入官场大秩序中去，而且可能比别人混得更“明白”。海瑞的上司无疑也希望海瑞早日历练成熟，在仕途上取得更大成绩，早日回报自己的提拔。

谁也没想到，“海笔架先生”要把这种“另类精神”贯彻到仕途生涯的始终。

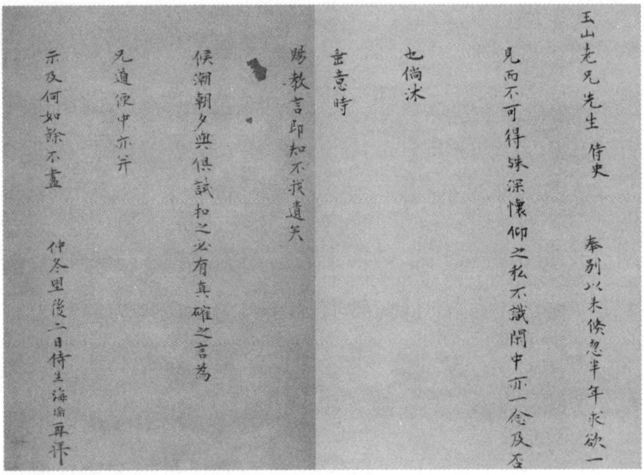

玉山老兄先生 侍史 奉別以来倏忽半年求欲一
見而不可得殊深懷仰之私不識閒中亦一念及否
也倘沐
垂意時
賜教言即知不我遺矣
侯潮朝夕與俱試扣之必有真確之言為
兄道便中示弁
示及何如餘不盡
仲冬望後二日侍生海瑞再拜

海瑞书法

二

琼山海氏是海南望族大户，历来以诗礼传家。史载，海瑞父“警敏不羁，不事家人生业”，应是个性很强的家庭叛逆，不务正业，致使家道中落。海瑞四岁，父亲即去世了，全部家庭重任都落到了海瑞母亲，年仅二十八岁的谢氏头上。

孤儿的性格往往是相似的，特别是那些早年丧父的人，母亲们会把全部希望都寄托在他们身上，对其严加管教。由于母亲的日夜灌输，他们的道德感比常人要强烈，异常孝顺。王莽、王安石、蒋介石、胡适，这样的例子不胜枚举。以胡适为例，他四岁丧父，自述母亲“虽则并不知书识字，却把她的全副希望放在我的教育上”，“每天天还未亮时，我母亲便把我喊醒，叫我在床上坐起。然后把对我父亲所知的一切告诉我。……她对我说我唯有行为好，学业科考成功，才能使他们两老增光；又说她所受的种种苦楚，得以由我勤敏读书来酬偿”。一旦稍稍贪玩，立刻是一顿痛打，打了之后，又是一场痛哭，哭自己命运的悲惨，守寡的艰难，让屁股疼痛的胡适脸上发烧。在母亲的教诲期望下，胡适小小年纪就成了老夫子，终日苦学。长大以后，终生克己，并且极为孝顺，甚至为母爱而牺牲了自己的爱情。

海瑞的经历如出一辙。只是他的性格较之一般孤儿，尤为刚强固执，甚至不无刚愎色彩，这就要进一步从他母亲身上找原因了。浪子的妻子往往是节妇。海太夫人的严守妇道，刻苦度日，是非常有名的。她“先后苦针裁，营衣食，节费资，督瑞学”，直到海瑞入仕多年之后，还是每天从早忙到晚，不稍歇息。她本是个严厉无生趣的人，加以青年守寡，心态难免有些失常，视儿子如生命，海瑞都三四十岁了，还是和母亲同住一个房间。海瑞在《乞终养疏》中说：“母之待臣，虽年当强壮，日夕相依，不殊襁褓。”

可以想见，谢氏对海瑞要求之严厉。海瑞刚刚懂事，粗识文字的母亲就教他读《孝经》《尚书》《中庸》，在母亲的严厉管教下，海瑞的童年被取消了。谢氏不许他和别的小孩子一起玩游戏，“有戏谑，必严词正色诲之”。谢氏把死去的丈夫当成反面教材，反复教育海瑞，长大了不能像他父亲那样叛逆流荡，而务要刻苦勤学，做一个正人君子。

孝经图

海瑞的耿介、顽强乃至偏执，早已深深融入了血液之中。而从小所受的儒学教育，又强化了这些倾向。

在学校里，海瑞是个遵守规矩的模范学生。在《规士文》中，他追忆自己当学生时的情景："我做小秀才时，见年纪比我大的同学十分恭敬，不敢在旁高声言笑，不敢在班乱序先行。路逢长者，让道一旁；同席年高，叨陪末座。从来没有越礼的时候。"

如此谦恭有礼，并不仅仅是因为他家教良好，更主要的，是一种道德自觉。青年海瑞真诚地折服于儒学揭示的煌煌盛美的天理人道，并且在一举一动中尽力遵循。

儒学为那个时代的人们提供了极富诱惑力的远景理想。对社会来说，只要人人都遵守圣人的教化，这个社会就会井井有条，臻于大同。对个人来说，如果你刻苦自砺，就会达到"圣人"的境界。

当然，在自我砥砺的路上，你会遇到许多诱惑和挑战，然而，应对这些，只需要一样品质：毅力。所以，最关键的问题是磨炼自己的毅力。在作文《严师教戒》中，他这样拷问自己：将来入仕之后，自己有信心抵制住金钱的诱惑吗？能坚持住自己的操守吗？会不会出现言行不一？会不会做有愧于心的事？见了高官大人，能保持自尊吗？见了别人鲜衣骏马，能不起羡慕之心吗？"小有得则矜，能在人而忌，前有利达，不能无竞心乎？"生下来时，是清清白白的，死的那一天，能保证自己一尘不染吗？如果不能保持自己的清白，怎么对得起祖宗天地？

他从自己的一举一动一个念头抓起，要求自己时时刻刻不能偏离圣人的教导。他言必信，行必果，在学校里，就得了"圣人"的称号。

他给自己起了个号："刚峰"。他希望自己能像海边的岩石一样，在日夜不息的世俗大潮前坚定不移。

天下士人读的都是圣贤之书，为什么读出了那么多乡愿小人？每位帝王都尊崇圣人之道，为什么政治却很少有清明的时候？海瑞真的很奇怪，全世界的人都不明白一个再简单不过的道理：只要不折不扣地践行圣人之道，世界上的一切问题都会迎刃而解。圣人已经把解决一切问题的钥匙交到了读书人手中，人们却弃如敝屣！满世界都是昏昏终日的不幸的愚人！一想到这一点，海瑞就心绪难平。学生海瑞发下宏誓大愿：以自己的生命来接续圣人的火把，再次照亮这一世界！

这个誓愿其实应该很容易达到，秘诀只在于坚持。然而，这一点为什么只有他海瑞知道呢？

三

嘉靖三十七年（1558年）五月，新任知县海瑞由福建抵达浙江淳安。在奔赴淳安的路上，他又一次背诵了自己做学生时写的《严师教戒》。现在，那篇文章中所说的诱惑分明地摆在了自己面前：

> 入府县而得钱易易焉，宫室妻妾，无宁一动其心于此乎？……财帛世界，无能砼中流之砥柱乎？将言者而不能行，抑行则愧影，寝则愧衾，徒对人口语以自雄乎？

联想到那么多同窗、先生入仕前慷慨激昂，入仕后却无一不变成贪污纳贿的赃官，他不觉悚然而惊。淳安县衙的官椅，将成为拷问他灵魂的刑具。他能不能经受这严峻的考验呢？虽然初次做父母官，但是和大明王朝的每一个普通百姓一样，海瑞知道地方官不是靠帝国俸禄吃饭，他们的主要收入是种种“常例”。所谓常例，就是土政策、乱收费。史称，明朝“官俸最薄”。那时的官员，并不享受帝国提供的福利待遇，不但不享受别墅、小车、年终奖，也没有地方报销吃喝费，用一千余元养活一个大家庭甚至家族，这个县令的生活只能是城市贫民水平。然而，再看看各种陋规，你就知道为什么人们热衷于奔走仕途了。海瑞一上任，就命师爷把淳安县政府成员的常例收入列出来看，其中在县令一项下是这样写的：

> 夏绢银一百六十两……夏样绢八匹（样品绢，收绢时额外收取用来评定品级的样品，评定后就作为福利分掉了）。秋粮长银二十两……农桑样绢四匹。折色粮银四两。军匠每里银一两。农桑绢银十两。审里甲丁田每里银一两。盐粮长银十两……审均徭每里银一两。造黄册每里银二两。经过盐引每一百引收银一钱，共计五十两……催甲每里银一两。柴薪……每一百两收银二两……出外直日里长供应并店钱人情纱缎。起送农民罚纸二刀，纳银五钱。收各项钱粮，每一百两收五两。

不算不知道，一算吓一跳。即使不算最后一项“收各项钱粮，每一百两收五两”，诸项收入加起来，每年也约有一千两银子的收入，折合成人民币现值二十万，是工资收入的近二十倍。而最后一项“收各项钱粮，每一百两收五两”，数目应该更为惊人，最低限也在一千两。这样合计起来，一个知县即使不贪污不受贿，每年的常例收入也有两千两，折合人民币现值四十万元，帝国俸禄真可以“基本不用”了。

当然，这些收入县令不能全装入自己的口袋。准确地说，这些额外收入应该算“小金库”，每年的招待费、公关费、送给上级的“礼金”都要从这里出。这些支出要占全部收入的一半以上。

私设小金库，制定土政策，是开国之初明令禁止的。然而，太祖去世以来近二百年，这些常例陋规已经成了公开的政策，帝国一千多个县，以及建立在县制之上的整个官僚系统都是在这些常例的支持下运转的。没有这些收入，官员们就没法维持日常生活，没法编织自己的社会关系网，没法养活手下的人。可以说，这些常例一日不可无。

大明王朝后期的腐败已经到了触目惊心的地步。腐败侵蚀到社会肌体的每一个细胞。上至皇帝，为了自己的私库加收矿捐；下到小小的衙役，通过把持官府，家资上万。居官如同贸易，读书只为敲门。办一件事需要多少贿赂，有公开的明码标价。

在早年读书的时候，海瑞就多次在文中叹息："纷纷世态，其不当予心有日矣！"这个世界，实在是太不称心了！更让海瑞气愤的是，在沧海横流之时，饱读圣贤之书的士大夫们没有几个人以圣贤自任，挽此颓风，反而和风同尘，竞相逐利。即使那些口碑尚好的公卿大臣，也不过是手伸得不太远，钱捞得有节制而已。在他看来，举国上下，已经没有一个人称得上正人君子。"世俗群然称僻性，称太过者，多是中行之士。而所称贤士大夫善处事者，或不免乡愿之为。乡愿去大奸恶不远。今人不为大恶，必为乡愿。"那些特立独行的孤介之士，在他看来做得远远不够，而贤士大夫则都是些污秽之人。他恨这些模棱两可的乡愿甚于大奸大恶，因为他们盗用了圣人的名义，对圣人之道为害更大。

现代人常说的一句话是，不能要求这个世界适应你，而是你应该去适应这个世界。海瑞恰恰反其道而行之。他要做这滔滔世界的中流砥柱，致君尧舜上，再使风俗淳！即使是与整个世界为敌，他也毫不退缩。

其实，海瑞所向往的世界，也并非遥不可及。明朝开国之时，太祖朱元璋已经为这个世界制定了蓝图，他制定了一系列祖训家规，对帝国生活的方方面面都做了详尽得无以复加的规定，定下了万年之基。其中，就包括这低薪制。在海瑞看来，这些规定尽善尽美。他认为，所有的错误，所有的丑恶，都是因为人们不能严格遵守圣人和祖宗的教训，一任私欲发展造成的。

上任十天后，海瑞公布了一个决定：革除所有常例。

在别人看来，这是不可能的事，在海瑞看来，却是天经地义的。如果全世界都默认常例存在，那只能说明全世界都错了。错了就要改过来，道理就是这么简单！

虽然上任之前，那些消息灵通人士已经把"笔架先生"的名声传播到了全县，大家对这位新县令的怪脾气有了心理准备，可是没有人想到海瑞上任后的第一把火是革除常例。这简直是疯狂，是政治自杀，是天方夜谭！人们估计，不出三天，海瑞就得改口。

然而，海瑞说到做到。他把所有的“不合理收费”一刀切，不光是自己的常例，还包括县丞、主簿、典吏、教谕、师爷、衙役、门子，全县大小官吏的全部额外收入！

这一举动不亚于一场政治地震。不但全县官吏如遭晴天霹雳，通省官员都目瞪口呆！震惊过后，大家都屏息静气，准备看这个初入官场的愣头青的笑话：看他吃什么，穿什么，拿什么养活家口，拿什么招待过往官吏，拿什么孝敬上司？看他能坚持几天，坚持不住了怎么收场？

“海笔架”还真坚持下来了。靠一个月五两银子，他真就养活了一大家子。当然，生活水平和别人无法同日而语，而且还要想一点别的办法来维持生计。海瑞在官署后院的空地上开了一片荒，约有二分大小，种上了黄瓜、豆角，每天下班，就换上粗布衣服，扛上锄头干上一阵。全家人每天都吃粗粮，一年到头吃不上几回肉。入仕之后，海家的生活水平反倒不如以前了。海瑞本人一身官服穿了六年，穿得四处补丁，看不出颜色，用手一扯就是一根线头。每天烧饭用柴，都是老仆到山上打来的。有一天，海瑞发现老仆打来的山柴枝叶枯干，不像是新砍的，遂把老仆叫来讯问。老仆不敢隐瞒，只好交代说是街上有人巴结他，替他打好了背回来的。海瑞立刻叫他把送柴人找来，当场给了他五十个铜钱作柴价，回头关上院门把老仆打了一顿。

淳安的县丞、主簿纷纷要求调离，衙役、门子也都回家不干了。海瑞不为所动。你走你的，你不干自有别人干。县丞主簿走了，他把业务接过来自己做。衙役不干了，他从贫困地区再招。别人做得很清闲的县令，他做得东奔西跑，灰头土脸，一年没有几天休息的时候。

上司生日、红白喜事，正是下级们“表示”的最佳时机，别人都是成百上千银子地送，他只写一封贺信。上级来检查工作或者路过，招待住宿都是国初太祖时定下的标准。渐渐地，淳安成了官员们的畏途，万不得已，谁也不愿出差到那里。

“海笔架”的桩桩件件，逐渐成了浙江官场上日不可少的新闻，成了人们茶余饭后的谈资，连浙江总督胡宗宪都成了热衷的传播者。一天，在全省的高级官员会议开会之前，胡宗宪神神秘秘地告诉大家：“我昨个儿听说‘海笔架’给他母亲做寿，居然上街买了二斤肉！淳安县的肉贩子都说，没想到这辈子还能做上海县令的生意！”全会场哄堂大笑。

海瑞就这样成了全省官场上的“海怪物”。

四

把海瑞变成“海怪物”的不是别人，正是他所崇拜的太祖朱元璋。

明朝初年，弘文馆学士罗复仁居官简朴，为人老实，人称“老实罗”。一天，朱元璋忽然动了念头，要调查“老实罗”是真老实还是假老实，到罗家私访。罗家在城外边一个小胡同里，破破烂烂东倒西歪几间房子，“老实罗”正扒在梯子上粉刷墙壁，一见到皇帝来，着了慌，赶紧叫女人抱一个小杌子请皇帝坐下。朱元璋见他实在穷得可以，老大过意不去，说：“好秀才怎么能住这样的烂房子！”即刻赏给了城里的一所大邸宅。（吴晗《朱元璋传》）

其实，使“好秀才”不得不住这样烂房子的人正是朱元璋自己。开国初年，正是他为官员们定下了历朝以来最低的俸禄。

之所以规定低薪制，一是因为开国之初，财政困难；二是贫民出身的朱元璋心底对官员们总有一种仇恨的潜意识，他不希望这些人被自己养肥；三是读书人都是孔孟之徒，他们入仕，出发点应该是行孔孟之道，并不应为一己私利。所以，薄俸正好有利于他们砥砺节操，保持正气。正所谓“存天理，灭人欲”。低薪制其实是中国基于儒家学说的一种政治传统，只不过其他朝代没有低到这样让人吃不饱饭的地步。

一方面是官俸低得不足以维持正常开支，另一方面是官本位，官万能，各级官员权力不受约束，制定各种土政策，进行各种乱收费几乎没有任何障碍。这种制度的荒悖，正如同“渴马守水，饿犬护肉”，导致官员们的整体腐化成为一种不可避免的趋势。

在这种制度下，只有两种选择。一种是做清官，一丝不取，结果就是甘于正常人无法忍受的贫穷。明朝的著名清官轩輗“寒暑一青布袍，补缀殆遍，居常蔬食，妻子亲操井臼”，秦纮“廉介绝俗，妻孥菜羹麦饭常不饱”。在清官的传上，这种窘状比比皆是。另一种就是遵照官场惯例，通过土政策来维持开支，支撑关系网的建立。而一旦越限，人们的欲望往往一发不可收拾。就像遇到了适合环境的细菌，贪污不可抑止地疯狂生长。

对于制度性腐败，历朝对付的办法只有两个：一个是“杀”，从肉体上消灭贪官；另一个就是“教育”，通过树立典型，大力表彰，提倡正确的导向，来感动人教育人转化人。

这两种办法都如水中捞月，无济于事。历朝以来，以明太祖朱元璋惩贪最为坚定，对官员要求最为严苛，然而，偏偏是他定下一系列惩贪祖制的明王朝，腐败得登峰造极。

在朱元璋看来，别的罪过都可恕，只有贪污，一个也不能饶过。他制定了残酷的惩贪法律，规定凡贪污六十两以上者，均枭首示众，而且还要把人皮剥下来，里面填上干草，摆到官府公堂对面，用来警告继任者。后来，见此举仍不能制止贪污，又规定：“今后犯赃者，不分轻重皆诛之！”只要是贪污，即使只有一两银子，也照杀不误！除了杀头之外，朱元璋还制造出抽肠、刷洗、锡蛇游等骇人听闻的酷刑来惩罚贪污犯。洪武皇帝的治下如同地狱再现，几乎帝国每个县的县衙里都摆着一个皮人，举国杀掉的官员十数百万。上自朱元璋的义子干儿、皇亲国戚，下至无品级的胥吏，只要稍涉贪污，一个也不放过。

在这样的严刑峻法下，明帝国两浙、江西、两广和福建的地方官员，从洪武元年（1368年）到洪武十九年（1386年），十九年里，或者任中被杀，或者任中被罚，竟然没有一个做到任满的！有些衙门，因为官吏被杀太多，居然没有一个人办公。为了政府运转，朱元璋只好开恩，叫那些官员死刑缓期执行，戴着镣铐在公堂办公。

在大屠杀的同时，朱元璋还十分重视树立典型，表彰先进。他先后树立了王升、王兴宗、陶垕仲、隋斌、王平等数十名廉政典型，对他们加官晋爵，大加封赏，并且编了《彰善榜》《圣政记》等宣传材料，广为宣传他们的事迹。严惩和教育，朱元璋的力度都是前无古人，后无来者。效果如何呢？虽然一时之间贪官似乎大为减少，然而，力度稍稍减弱，贪污又如雨后春笋，势不可挡。治理了二十多年，到了晚年，贪污案件仍然层出不穷。朱元璋连声哀叹，前边的死尸还没有收走，后边的继任者又贪污上了。治理越重，贪污的反倒越多。“似这等愚下之徒，我这般年纪大了，说得口干了，气不相接，也说他不醒！”

其实痴迷不醒的，是几千年来的中国政治。几千年来，从来没有人尝试过用其他办法来治理腐败，没有人考虑过制度的合理性。

中国的传统文化就是这样一种缺乏自省精神的文化。在这样一个封闭完足的文化体系包围下，一切都有现成的正统解释，人们已经丧失了建设性解决问题的能力。

五

从某个角度来说，海瑞的心和朱元璋是相通的。海瑞对朱元璋的残酷惩贪措施完全赞成：“我太祖视民如伤，执《周书》‘如保赤子’之义，毫发侵渔者加惨刑。数十年民得安生乐业，千载一时之盛也。”

可以说，上有朱元璋这样愚昧的专制者，下有海瑞这样甘于自虐的“清官”，才造成了中国社会滔滔不止的贪黩文化。吃着粗粮青菜，穿着打了补丁的衣服，过着城市贫民的生活，海瑞从来没有觉得有什么不合理。他甘清贫如饴，清贫有助于他保持气节，而富贵温柔则是道德的陷阱。海瑞从来没有反思过，开国之初的经济萧条与现在的经济繁荣不可同日而语，以那时的标准作为现在的俸禄标准是否现实？要求所有人都像他一样摒绝物欲是否可能？推崇中庸的中国文化其实总是在走极端。儒家把人分为君子和小人两个相互对立的群体，宣称一个人“不为圣贤，即为禽兽”，为中国文化打下了偏激的底色。凡事都被划为两极，中庸无处立足。清官们的一丝不取与贪官们的毫无禁忌，其实也是相同文化基因上生长而成的两极。

“清官”现象，其实是贪黩文化必不可少的一个组成部分。

清官与贪官相辅相成，正如太极之一阴一阳，相互依存。正是清官的“至清”，才造成了贪官们的“至贪”。换句话说，做清官标准太高了，对人的要求太苛刻了，绝大多数人都达不到这个标准。达不到清官标准，那或多或少，就是个贪官，既然贪了，何不贪个痛痛快快？

清官在官场中是官员们的反面教材。做清官不仅物质上吃苦，精神上也要承受巨大的压力。每办一件事，海瑞都要严格遵守帝国规定，因而窒碍重重，举步维艰。同僚的讥笑、排挤、不合作，乡绅们的抵制、咒骂、上访甚至死亡威胁，这些都不算，就是在家里，母亲、妻子、亲戚也整日抱怨不已，虽然不敢明着指责他，但起码不给他好脸色看。因此，做清官，其实是在日日承受一种常人不能忍受的煎熬。

海瑞把这种煎熬当成了一种考验，一种磨炼，“超凡入圣”的必经之途。

嘉靖三十九年（1560年），海瑞任淳安县令之后，都御史鄢懋卿巡行浙江。都御史是御史台长官，相当于中央纪检委书记，所到之处，接待的规格本来就很高。况且鄢氏平时即好排场，因此，各地官员在接待上都下了不少功夫。连吃喝带“土特产”，一个县没有千把银子下不来。鄢氏所到之处，“监司郡邑诸吏膝行蒲服，跪上食。携妾偕行，制五彩舆，令十二女子舁之。仪从煌赫，道路倾骇”。

鄢氏将过境淳安的消息传来，师爷愁眉紧锁。府员、道员到来你公事公办还则罢了，这一次来的可是部级干部，并且是都御史，如果把他得罪了，一个小小县令，官位立刻不保。

海瑞却不信那个邪，面对师爷的劝告，他不耐烦地说："充军死罪，宁甘受，安可为此穿窬举动耶！"即使充军杀头，也不做这样见不得人的事！

他告诉师爷，不必发愁，且看本县如何处置！

他的"处置"就是给鄢部长写了封信。信的大意是：接到您发来的公文，知道您将巡视我县。您在公文里说您"素性简朴，不喜承迎"，要各地接待上要简朴，不可铺张浪费，以节省帝国钱财。可是我听您到过的县报告说您所到之地，"各处皆有酒席，每席费银三四百两。金花金段，一道汤一进"，与您在通知中所说的大相径庭。是不是各县官员误解了您的意思，把您的要求当成虚文了呢？

接到了这封信，鄢氏连淳安所属的严州都没有进，绕道而去。严州知府大发雷霆，把海瑞叫到州上拍案大骂了一顿："你多大一个破官，还反了你了！"知府詈不停口。海瑞唯敛容长跽，无一语辩。

严州知府终于受不了了，浙江官员的忍耐也到了极限，他们联起手来，要把海瑞弄走。然而海瑞居官行政，处处以太祖祖制为依据，不逾规矩一步，挑他毛病还真不容易。

这难不倒官场中人。罢不了你的官，我还升不了你的官吗？府道官员联合建议，像海瑞这样的道德高尚的清官，应该晋升到中央去任职。

海瑞的清廉，北京高层时有耳闻。既然浙江省官员也认为海瑞应该升官，那么就提拔他一下吧，也反映出干部选拔中的公正清廉。然而，到北京任职不大合适，既然地方官做得好，还是留在地方做贡献吧。于是三年知县任满，吏部预备提升海瑞任浙江嘉兴府通判。

这一下，弄巧成拙的浙江省官员紧急动员，找到了受海瑞羞辱的鄢懋卿，买通了御史袁淳，网罗罪名弹劾海瑞。经过一番紧张的官场运作，海瑞还不知道怎么回事，被一纸调令调出了浙江，转任江西兴国知县。

兴国是个“苦”县，土地贫瘠，人口稀少，交通不便，历来是没有人愿意去的地方。然而，海瑞毫无怨言。到了兴国，下车伊始，他就雷厉风行地针对当地大户隐瞒土地严重的状况，开始重新丈量土地，核实帝国赋税。清丈土地是一项极为艰难的工作，豪强大户千方百计阻挠，暗地里又用尽手段，买通工作人员，弄虚作假，致使工作进行得很不顺利。

就在海瑞到兴国一年零八个月，土地清理还没有完成之际，吏部又下来一纸调令，海瑞因“工作出色”，升为户部主事，级别为正六品。很显然，是地方上的乡绅通过地方势力，买通了省里京里，终于把海瑞清除出去了。吏部也认为海瑞这样的人虽然方正，却少变通，看来更适合在条条上工作，而不适于块块。户部主事主要的职掌是各地的财政税收监管工作，实际上不过是签签公文，专业性较强，和其他部门发生关系较少，相对安静。这一回，海瑞应该能够安分工作了吧。

没想到，在这个“相对安静”的岗位上，海瑞却闯了个塌天大祸。

六

嘉靖四十五年（1566年）二月，任户部主事一年后，海瑞上了那道使他留名千载的“骂皇帝疏”，即《直言天下第一事疏》。

嘉靖皇帝可以算是一个典型的“昏君”。他个性很强，行事荒唐且固执己见，从不与大臣妥协。他酷爱方术，为了炼出长生不老药，竟然摧残宫女，以获原料。宫女们走投无路，趁他睡着之时，企图用丝带勒死他，然而慌张中丝带打成死结，嘉靖得以大难不死，此为明史上有名的“宫婢之变”。然而，他并没有从此事中汲取教训，反而变本加厉，干脆搬出皇宫，不再上朝，专心修炼。大臣们起初也曾拼死相争，然而争不过这位“性刚”的皇帝。要知道，这位皇帝即位之初曾一怒之下廷杖一百八十人，其中十七人被活活打死。在多人被罢官免职甚至处以重刑之后，非议皇帝的声音消失了，“无敢言时政者”。

更多的大臣投皇帝所好，向皇帝献祥瑞，写给皇帝作法用的青词，朝廷中弥漫着一股请仙设坛的香烟味道。

明世宗朱厚熜（嘉靖帝）

然而，海瑞进京了，死气沉沉的政治局面注定要被打破。他做地方官时，天高皇帝远，无缘关心朝廷之事。而现在，来到了帝国的政治中心，关于皇帝无道、朝政日非的桩桩件件呈现在他面前。他的道德观、责任感使他无法保持沉默。海瑞只认天理，不认形势。皇帝“性刚”，他的“性”更刚。皇帝无道，臣子直言，这对海瑞来说，就像左右手各有五指那样简单。

当然，海瑞并非不懂世事之人。他完全知道这封奏疏的后果，那可不仅仅是丢官罢职，很有可能是杀身之祸。纵然自己甘于舍生取义，堂上还有八十岁的老母，膝下尚且空虚，作为海家的单传之子，无后之罪尤大。

这应该说是海瑞入京一年后才递上这道奏疏的原因。关于海瑞的这一段彷徨犹豫，从来没有史家提及。然而，可以想见，这定然是海瑞一生中“天理人欲”“交战胸中”最激烈、最残酷、最旷日持久的一次。通观海瑞一生，性格火暴易于冲动的他还没有哪一次抉择进行得这样艰难。

海瑞的京官做得实在是不容易。首先是每天的工作大都是虚应故事，没有什么实质内容。坐在办事堂上，大部分时间白白浪费。回想起来，他还是留恋在县里忙得脚打后脑勺的日子。再一个，他和同僚们也处不来。这些人都是些混日子的高手，一杯清茶泡上，他们就开始扯闲话，东西南北，天上地下。海瑞从来插不上话，总是在一边落落寡合。其实他是打心眼儿里讨厌这些人。办事的时候，他们是油滑惯了，顺水推舟送人情，该办不办吃要拿，而海瑞则坚持必须按规定来。所以，许多环节到海瑞这里就卡住了。渐渐地，海瑞就变得非常孤立。

正是在做京官的日子里，海瑞对帝国的政治状况有了整体性的了解。这个帝国已经整体腐烂掉了。在他看来，问题的根子出在皇帝，解决的办法也自然在皇帝。皇帝为天下之本，是天下之表率。“一人正，天下无不正。”

历来谈到海瑞上书，人们总是津津乐道于海瑞直言皇帝无道一段，“嘉靖者，家家皆净而无财用也”“天下之人不直陛下久矣”屡屡被人引用，而很少有人注意奏折最后一段里面的话：

> 陛下诚知斋醮无益，一旦幡然悔悟，日御正朝，与宰相、侍从、言官讲求天下利害，洗数十年之积误，置身于尧、舜、禹、汤、文、武之间，使诸臣亦得自洗数十年阿君之耻，置其身于皋、夔、伊、傅之列，天下何忧不治，万事何忧不理？此在陛下一振作间而已。

如果不读这一段，就不能读懂海瑞，也不能读懂嘉靖皇帝对海瑞的优柔态度。在这一段里，海瑞向嘉靖帝讲述了一个古老的神话：人的精神决定一切，天下治乱，只在皇帝一念之间。只要皇帝一振作起来，按圣人之言去处理每一件事，那么天下很快就会变成传说中的大同盛世，百姓很快就会安居乐业，皇帝也自然成为尧舜那样的伟大帝王。

这个不可能实现的神话，支撑着海瑞一生，也支撑着中华民族度过了几千年的艰难岁月。海瑞这个天生的理想主义者，天真得烂漫，天真得透明，天真得让人无法不感动。嘉靖皇帝之所以不杀海瑞，就是因为从这些文字中看到了海瑞的真诚，看到了海瑞高举着的一颗拳拳之心。海瑞写此疏，并不是为了泄愤，也不是为了沽名，他是实实在在地为了皇帝为了天下。他骂得激烈，是因为他爱得深沉。海瑞所言，其实在皇帝看来，也是完全符合圣人之道，气势滔滔，不容辩驳。所以，皇帝的反应才这样矛盾：

> 帝得疏，大怒，抵之地，顾左右曰："趣执之，无使得遁。"宦官黄锦在侧曰："此人素有痴名。闻其上疏时，自知触忤当死，市一棺，诀妻子，待罪于朝，童仆亦奔散无留者，是不遁也。"帝默然。少顷复取读之，日再三，为感动太息，留中者数月。尝曰："此人可方比干，第朕非纣耳。"

嘉靖把海瑞关进监狱里，却一直下不了决心杀掉。

七

《明史·海瑞传》中，最富戏剧性的描写无过于下一段了：

海瑞在狱中等死。一日，牢子给他送来了一席丰盛的酒席。他以为明日要行刑了，遂开怀大嚼，神态自若。吃完了，牢子问他："知道为什么送先生酒席吗？"海瑞说："想让我当饱死鬼吧。"牢子说："错了，皇帝今天驾崩了，先生您要出狱了，而且早晚得大用！"海瑞闻听，"即大恸，尽呕出所饮食，陨绝于地，终夜哭不绝声"。

第一次读《海瑞传》至此处，深觉不可理解，以海瑞六品之微，可能连皇帝天颜都没见过，哪里来这样深厚的感情，以至于哭昏在地？当时只觉得海瑞矫情做作。

然而，随着对中国士人心理了解的加深，我“理解”了海瑞。君为政本，从伦理上讲，君臣重于父子。旧时代的士人对皇帝，真有一种如夫如父的感觉。忠君观念的进一步演化，变成了中国士人特有的恋君情结。“孔子三月无君，则皇皇如也”，其心理真像失恋的状态。而孟子则认为恋君是人的一种本能：“人少，则慕父母；知好色，则慕少艾；有妻子，则慕妻子；仕则慕君，不得于君则热中。”人小的时候，爱自己的父母；长大了，则爱女人；而入仕之后，就会爱君主，如果君主没有注意到自己，就会因单相思而受煎熬，是所谓“热中”。海瑞怒皇帝的无道是真实的，哀皇帝的崩逝也是真实的。在海瑞心里，皇帝就是他的“天”，他的主人，他生活的目标，他无条件尽忠的对象，他的希望所在。不管皇帝如何对待臣子，从伦理上讲，都是恩典，臣子唯有欢喜承受，不应有丝毫怨言。忠君观念由于不断内化，在海瑞心里达到了高度情愫化的境界，以至超越了理智的范围，喷涌为感情的激流。皇帝去世，于他，就是儿子失去了父亲，立马失去了主人，怎么能不有恸于心？

八

嘉靖四十五年（1566年）十二月二十六，隆庆皇帝朱载垕登基。每一任新皇帝上台，王朝总会有一段短暂的振作期。皇帝早就听说了海瑞的大名，对这个骨鲠之臣倾慕已久。在即位的当天，就释放了海瑞。不久，在内阁首辅徐阶的推荐下，又一年三迁，升为大理寺左丞。海瑞遇到了政治生涯上最温暖的一个春天。

度过了狱中十月，复出的海瑞已经今非昔比。他在帝国政治生活中的角色发生了根本性的变化。这时的海瑞，已经不复是当年那个让人嘲笑的“海笔架”。他一骂成名，举国皆知，从一个部门里默默无闻的古怪小官僚变成了代表社会正义的楷模。在狱中的时候，就有官员不顾生命危险为他鸣冤，嘉靖皇帝一去世，重用海瑞的呼声日高。人们已经把海瑞当成了这个黑暗乱世中唯一的光亮，不管是拥护还是反对，谁都无法不正视这个政治现实：海瑞已经成了一面旗帜，一种象征，成了帝国政治清流力量的总代表。

隆庆三年（1569年），在徐阶的推荐下，海瑞被任命为位高权重的应天巡抚，登上了他政治生涯最辉煌的顶点。这一年，他已经五十六岁了。

应天是当时中国经济最发达的地区之一，辖地包括苏州、常州、镇江、松江等十余府，“赋甲天下”，“仕宦之渊薮也”，朝廷里的许多高级官员的家乡都是这里，包括首辅徐阶。由于吏治不清，贪污的风气最盛，积累的问题也最多。徐阶希望海瑞能够凭其一身正气，刹刹此地的歪风，收拾一下混乱的局面，为新一任朝廷班子创造出些令人瞩目的实实在在的政绩。

徐阶

虽然须发斑白，虽然受过多次挫折，但“海青天”五十六岁的棱棱风骨没有丝毫改变，“刚峰”一如其刚。听到任命，立刻轻车简从，迅速赴任。

海瑞的行车尚未出北京，应天地区已经人心骚然。官员、乡绅、士子、平民，有兴奋者，有盼望者，有失望者，有恐惧者。无论如何，人们都意识到，这个人的到来，一定会引起应天地区社会生活的巨大变化。那些对海瑞行政作风早有耳闻的人纷纷提前行动，“属吏惮其威，墨者多自免去。有势家朱丹其门，闻瑞至，黝之。中人监织造者，为减舆从”。那些贪名卓著的人干脆辞官而去，免得受到新任巡抚的惩处。豪门大户，把自己的红漆大门刷上了黑漆。

在应天监管皇室织造事务的太监，原来坐八抬大轿，现在也改坐了四人抬的小轿。

贪污者闻风而逃可以理解，不过，海瑞的到来，关大门和轿子什么事呢?

在专制社会，百姓如何穿衣戴帽都必须由专制者来做主。在海瑞眼里，在明朝读书人眼里，大门、轿子，包括衣服、宅第，并非小事，而是关乎“贵贱”的大节。朱元璋说：“礼立而上下之分定，分定而名正，名正而天下治矣。”明朝开国之初，他就用相当大的精力制定了帝国人民的房舍衣冠制度，规定十分详尽。具体到几品官可用红漆大门，几品官可坐八抬大轿，在明太祖的诏令里规定得明明白白，清清楚楚。只是时间过去近二百年，社会富庶，纪纲废弛，人们把这些烦琐的规定几乎忘了。然而，海瑞的到来，却让大家悚然惊醒，自己原来是生活在错误和罪孽之中。坐在南下的小车上，海瑞心潮起伏，思绪万千。没想到在有生之年，他终于遇到了明主，遇到了贤相，终于成了执掌一方的封疆大吏，而且所辖是帝国最重要的一个地区。他在乎的倒不是官位的升迁，而是终于有了全面施展自己政治理想的空间。他平生所学所思，终于可以充分体现在政治当中，他变天下风俗，致黄帝尧舜的梦想真的有可能实现。他怎么能不激动!

海瑞的行政方针非常简单，那就是，按太祖的规矩办。还没有到应天，他就已经宣布了自己的执政方针：

> 除积弊于相安，复祖宗之成法。不循常，不变旧。

就是说，要全面恢复旧法，坚决不向人的惰性妥协。只要严格按祖宗的规定去办，则“天下无不定，万事无不理”。

他决心竭尽全力，排除任何艰难险阻，把应天治理得海晏河清，给全天下官员做个榜样。如果应天治理好了，那么，必然会影响帝国其他地方，各地都会借鉴他的经验，那样，整个天下大治，岂不指日可待了吗？在他看来，做到这些，其实只需要一个字，就是“刚”。虽然还没有踏上应天地面，但凭多年的遭遇和经验，他知道，他遇到的将是一生中最大的挑战。

然而，他对自己的“刚”有充分的信心。

在他看来，现在天下之所以这样千疮百孔，正是少了一个“刚”字。“我朝公卿稍陟高位，便是全然模棱养望，因因循循，度日保官。”“今天下事靡靡不立，病坐当事人因循苟且，日挨一日。”只有守住“刚”字诀，“虽千万人吾往矣”，则一定能挽狂澜于既倒，扶大厦之将倾。毅力能解决一切问题，因为真理已经昭示。

海瑞的政治倾向，应该是极端保守主义，然而从另一个角度看，也可以称为极端激进主义。时间过去近二百年，人口增长了数倍，社会、政治、经济的结构和规模都发生了许多变化，明初的许多规定其实已经无声无息地废止了，代之以在社会运转中自然生长起来的规则。而海瑞的原则就是对新规则一律“更张”，全部扫荡，片瓦不留。在海瑞的身体里，在历代中国知识分子身体里，总是汹涌着激进主义的热血。他们总是认为，有那么一种终极真理，可以解释整个宇宙，可以解决一切问题。如果你找到了这种真理，坚定不移，大刀阔斧，就可以粉碎一个旧世界，换来一个光辉灿烂的新世界。所以，他们做起事来，总是那么唯我正确，总是那么激烈绝对，总是那么一步不退，总是那么缺乏建设性空间。而他们的失败，也总是脆败。王安石如此，海瑞如此，康有为也如此。

隆庆三年（1569年）七月二十二，海瑞单车入巡抚官署。当天颁布了《督抚条约》三十五条，详细规定了应天府政治生活的方方面面，其详细琐碎、严格刻板与朱元璋《皇明祖训》如出一辙。这三十五项的要点为：

巡抚出巡，禁止各地迎送，禁止装修招待房舍。

明确规定各级官员见巡抚应该穿什么样的衣服。

禁止大吃大喝，制定饮食标准。巡抚在各府县逗留，地方官供给的伙食标准为每天银二钱，鸡、鱼、肉均可供应，但不可供应鹅及酒。

禁止百姓穿奇装异服。

禁非礼之费，禁请托，禁给过往官员送礼，禁过往官员扰取更夫，禁苛派银粮包揽侵欺，禁假公济私，禁苛派差役……

林林总总，三十五禁。其他大员上任之后，也会定一些冠冕堂皇的规章制度，但多数是用来做样子的。独海瑞的规定，写到纸上，就等于已经实行了。一纸政令下达，整个应天地区的政治风气为之一变。各级官员的用车、住房都按规定重新安排，接待费用大大降低，大吃大喝风顿时刹住。行政经费大幅压缩，农民负担有所减轻。一时间，百姓称颂“海青天”之声不绝于耳。

海瑞就任后的第二个举动，是兴修水利工程，解决吴淞江、白茆塘多年的水患问题。和现在一样，进行工程建设的最大难题在于资金来源。申请上去了，朝廷迟迟不批复，批复了，拨款又极为有限。这也是这项工程每年都有人倡议，却从来没有开工的原因。海瑞一趟趟跑中央，跑各部，跑邻近地区，要立项，要政策，要支援。东挪西借，终于弥补了资金缺口。海瑞带领下属，整天泡在工地上，有问题，现场解决。

海瑞终不愧是海瑞。一个开始时人人持怀疑态度的大工程在他的钉子精神下竟然迅速成功，效益非常明显，清浚出来的土地安置了十三万灾民。消息上达，朝廷特予以表彰。原来那些准备看海瑞热闹的人，也不得不服气了。

前两把火烧得漂漂亮亮，接下来海瑞就要动手处理第三件，也是最重要的一件事：解决土地兼并问题。

王朝末叶，土地兼并问题必然成为社会的毒瘤，并最终置王朝于死地。可以说，这一问题关系着大明朝的生死存亡。具体到应天地区，由于官员可以免除赋税，一人中举入仕，就会有许多人“投献土地”，加之巧取豪夺，土地兼并现象更为严重。富者田地动辄数万亩，而约有一半的农民没有土地，流徙各地，生活极为困苦。

土地可以说是一切问题的终点，是个死结。然而，任何问题在海瑞那里都是一清二楚，明明白白的。在明朝开国初年，就已经存在土地投献现象。太祖规定："诸人不得于诸王、驸马、功勋大臣及各衙门，妄献田土。""事发到官，全家抄没。"海瑞虽然没有生杀权，但是可以按规定要求富户退田。海瑞发布公告，勒令富户退回贫民投献的田地，以使流民有生息之所。公告说：

> 本院法之所行，不知其为阁老尚书家也。……令民各自实田，凡侵夺及受献者还原主。

公告中涉及"阁老尚书"四字，是海瑞政治生涯的一大关键，不可不解释几句。明朝，由于废除丞相制，人们一般尊称内阁成员及各部尚书为相，又称内阁首辅为"阁老"。海瑞公告中的阁老，指的就是他政治上的恩人徐阶。

原来，就在把海瑞派出任巡抚不久，徐阶就在中央高级政治斗争中失利，被迫退休，回到了江南老家，成为海瑞管辖下的一名乡绅。斗争的胜利者高拱，继任为内阁首辅，掌握了朝廷大权。

仕途中人最重提拔之恩，最重编织关系网。按官场逻辑判断，徐阶对海瑞恩重如山，海瑞对徐阶应该唯命是从。可是海瑞是个从来不按官场规则出牌的另类人物，他从来不承认什么人之常情、理之必然，什么潜规则、不成文法。他只认圣人的教条。他觉得徐阶当初提拔他，是为国选才，并不是对他个人有什么私恩。所以，既然在他的治下，他就必然一视同仁，别人退田，你徐阶也得退，而且要带头退。所以海瑞在公告里特意加了一句"不知其为阁老尚书家也"，就是为了打破那些指望徐阶为他们出头的观望派的希望。

海瑞觉得徐阶应该能理解他的做法。

然而，徐阶不能理解。公告发到之日，徐阶大吃一惊。自认为对海瑞有相当了解的徐阶没想到这个结果。海瑞不但不念旧恩，反而先拿他开刀。虽然性格耿介吧，虽然清廉脱俗吧，但有恩当报这个道理还不懂吗？到现在，徐阶才知道自己看错了人。

生气归生气，然而徐阶是何等人物。他知道海瑞背后有人，这个人就是高拱。勒令富户退田，这样大的举动海瑞是不可能做主的，必须得高拱批准。以高拱的世事洞明，他不可能不知道这个举动必然失败。因为你禁止大吃大喝，禁止楼堂馆所，这些都行得通，有阻力也好排除。但土地是人的命根子，想在这上面动刀，简直是痴人说梦！涉及人们的根本利益，被逼到绝路上的人们迸发出的力量是惊人的，应天府大户在朝中都有根子，举朝反对，这种力量迟早会使退田令失败。既然事实如此清楚，高拱为什么还要批准推行呢？原来应天一地，他徐阶田地最广，这是尽人皆知的事实。高拱此举，就是要借海瑞之手，收拾他徐阶，让他在退休之后也逃不过这个巨大难堪。高拱这个算盘打得实在是太精了。如果海瑞念旧情，放徐阶一马，人们攀附徐阶，退田令必然失败，徐阶必然成为众矢之的，成为众议的目标。如果海瑞对徐阶动了真格的，那么昔日徐阁老现在就得忍受切肤之痛，损失大半田产。而且，退田令最终会在应天激起巨大的反对力量，足以把海瑞掀翻。这样，也就顺带收拾了这个难以对付的政治麻烦海瑞。毕竟海瑞当初是徐阶提拔起来的，不是他高拱的人。

好阴毒的一箭双雕之计！不过他徐阶不会上当。识时务者为俊杰，当今之计，只有咬咬牙割肉，退掉一部分田地，使风头不要集中到自己这里，让别人去出头反对海瑞。

于是，与众豪强大户的期望相反，徐阶并没有抵制海瑞，而是主动退出了全部地产的十分之一，一万两千两百亩。消息一出，全区震动。谁也没想到海瑞有这样大的威力，也没想到徐阁老这样软弱。一万多亩地呀，徐家世代积累，一朝被海瑞砍下。这下，许多原本想指望徐阁老为他们出头的人没了指望，而贫民受此消息鼓舞，纷纷到衙门要求退田。海瑞的巡抚衙门一开，状书动盈千纸，一时之间，整个应天地面天翻地覆。看来，海瑞拿徐阶开刀开对了，第三把火开了个好头。

然而，让所有人没想到的是，启动了退田程序后，海瑞仍然不买徐阁老的账。他公然下文，要徐阁老至少退掉“过半”的地，就是说最少得退掉六万亩土地。

本以为只为了敲山震虎，谁也没想到海瑞会这样较真，包括徐阶。所有人都惊呆了，看事态怎么样发展。

九

清醒了之后，徐阶托人告诉海瑞：让他再退地，没有可能了。他这才知道海瑞的难缠，所有的政治智慧、政治规则到他这儿都不管用了，看来只有一个办法：硬着头皮顶住，看他海瑞还真能拿了他去坐大牢吗？

海瑞也自有海瑞的做法。他给徐阶写了一封信，用他一贯的做法，做徐阶的思想政治工作。他觉得别人觉悟低可以理解，你一个做过高级干部并且位居首辅的人怎么会没有觉悟呢？圣人的书都读到哪儿去了？我就不相信我开导不了你，不能唤醒你的良知：

> 昔人改父之政，七星之金，须臾而散。公以父改子，何所不可。

并且多次去徐阶家，当面做他的工作。按海瑞的逻辑，他觉得这是在救徐阶，从根本上说是为徐阶好。在给朋友的信中，他提到了这件事：

> 存翁（徐阶）近为群小所苦太甚，产业之多，令人骇异，亦自取也。若不退之过半，民风刁险可得而止之耶！为富不仁，有损无益，可为后车之戒。……区区欲存翁退产过半，为此公百年之后得安静计也，幸勿以为讶。

海瑞说，他的做法是为徐阶做长远打算。为富不仁，有损无益，如果这样积累田产，败坏道德，徐阶迟早会吃更大苦头。然而，徐阶这回是花岗岩脑袋，不为所动了。他知道再退下去，一生的积累就付诸东流。老丞相此时也实在狼狈了。在海瑞的支持下，那些要求退田的贫民成天围着徐阶的宅第游行示威，大声呼号，弄得徐阶简直痛不欲生。

时刁民皆囚服破帽，率以五六十为群，沿街攘臂，叫喊号呼。而元辅（徐阶）之第，前后左右，日不下千余人。徐人计无所出，第取自泥粪贮积于厅，见拥入者，辄泼污之。

贫民千人要拥入徐家算账，徐阶无法，只好令担了几担粪放在大厅里，见人进来，就往他们身上泼。谁能想到，昔日的首辅今天居然只好出此下策！

没有办法，徐阶只好放下架子请和了。

不过，他并不是向海瑞请和。他知道海瑞不过是被人利用的工具。他向当朝首辅高拱发出了降表，表示了自己的悔意，表示在政治斗争中彻底认输，表示以后不再纠集势力谋求东山再起。

高拱笑了。他的目的圆满达到了。既然对手败得这样惨，他也就大度起来。他幡然一变脸，对徐阶笑脸相迎，给徐氏回了一封信，表示前嫌尽释，希望徐氏今后多捧他的场。然后，他又轻轻暗示，他也觉得海瑞做得太过分了，不过他作为当朝宰相，没法直接出手。在海瑞修吴淞江后，他的政治声望达到了顶点，朝廷上一片称颂之声。然而，在退田令开始后，官场静下来了，赞扬海瑞的声音消失了，不少人已经蠢蠢欲动，要扳倒海瑞，只是摸不准高拱的心思，不敢贸然动手。

徐氏对这些政治暗语当然一读就懂。得了高拱指示，他立刻利用自己的故旧，找御史奏了海瑞一本。高拱在奏本上批准同意。海瑞被取消巡抚衔，调任南京总督粮储。于是，海瑞最风光的一段政治生涯就干脆利索地结束了！

十

海瑞被这当头一棒打昏了。他正兴致勃勃地推行他的宏大计划，“正欲为江南立千百年基业”，正调动全部精力和应天府的豪绅大户们作战时，没想到，后面射来的一支冷箭，轻轻地取走了他的政治生命，粉碎了他的全部政治梦想。

海瑞不知道，像他这样不明白游戏规则的人，只会被高明的玩家当作一枚冲锋陷阵的特殊棋子，发挥完作用之后，被抛弃是必然的命运。清官注定不能进入政治主流，无法引导政治航向。

海瑞永远不会明白这一点。他开始是震惊，然后是迷惘，最后是愤怒。至刚者不屈，海瑞不会容忍任何对他名誉性的安排，他提笔给皇帝写了一封辞职信：“臣曾说过当今天下诸臣全犯了因循苟且之病。皇上虽然有锐然求治之心，群臣却绝无毅然任事之念。互相掣肘，互相排挤，还动不动就说：识时务者为俊杰。所以，帝国才败坏如此。”一旦提起笔，海瑞胸中的愤怒、委屈、埋怨就忍不住喷发出来，辞职信变成了政论书。在这封海瑞平生中第二有名的信中，海瑞第一次向皇帝陈述了他的政治理想：

> 臣尚欲以身为障，回既倒之狂澜；以身为标，开复古之门路。

这样的话，只有海瑞才说得出来。欲以一人之力，挡住天下滔滔既倒之狂澜。把自己作为标准，使全社会人向自己看齐，以挽救社会道德的败坏。这是何等的“狂妄”！整个中国，只有最浪漫的诗人李白和最天真的官僚海瑞能说出这样的话来。然而，这两句话却是解读海瑞一生为人行事的关键。没有这样“狂妄”的理想做支撑，无法想象海瑞能忍受住常人无法忍受的压力，特立独行到现在。

然而，这个理想，是扑火的飞蛾的理想。那些庸人凭自己的本能，一眼就能看出这理想的虚妄，只有单纯的海瑞，终生不悟。

虽然辞职而去，海瑞还是坚持认为自己的政治措施没有一点错误，不可更改。他说："臣再有一言：臣在任上的所作所为，都是倾听百姓的呼声，恪守祖宗成法，万不可改。"他再一次把愤怒指向了群臣，举朝官员都是他不共戴天的敌人。这是他下意识中一直存在的意念，今天他直抒胸臆："请皇帝鞭策全体大臣，不得像以前那样应付差事，必须仰皇上求治之心，认真办事。凡事就怕认真，只有认真才能救今日之弊。九分之真，一分放过，就不是认真！更何况半真半假！"奏折的最后一段，再一次典型地体现了海瑞的风格："如果大臣们认为我说的是错的，那这个大臣必然是庸臣！《诗经》说：勿听妇人之言。如今，全朝廷的大小臣工都是妇人，他们的话，皇上不听可也！如果这样，帝国大幸，愚臣我大幸！"

痛快淋漓地骂完了满朝大臣，海瑞挂冠而去。他对朋友说："这等世界，做得成甚事业！从此入山之深，入林之密，又别是一种人物矣。"

事实证明，道学家海瑞是古今所有清官中最有个性的一个。只有他，敢公然辱骂所有朝臣。而朝廷虽然震怒，一时之间却无法处置海瑞，只是在批文中淡淡地说："今乃词称请归，意甚怏愤。且固执偏见，是己非人，殊失大臣之体。但本官已奉钦依照旧候用，无容别议。"

被称为妇人的朝臣们都是聪明人，他们知道，在辩论上，他们不是海瑞的对手。

十一

做了九个月巡抚的海瑞买舟南下，飘然回到了老家海南。以挂冠时的潇洒决绝，人们以为他从此可能要从道学家变成林下人物，归隐于老庄门下了。

然而，海瑞却没有进入海南的椰林。儒家教育早已经把他定型，注定他跳不出这个藩篱。他在老家买了一所小小院落，在院里开荒，堂前种树，图书满室，堂上却挂上“忠孝”二字大匾，遇人则讲道学，讲如何破荣辱关，破生死关。遇到地方官来访，则喋喋不休，讲民间疾苦，问解决办法。从海瑞家出来，人们不得不说，此老风骨，一毫未变。

对于海瑞来说，读书修身就是为了入世济民。闲居在家，看上去潇洒自在，其实海瑞的心是十分痛苦的。仕途是士人实现人生价值的唯一途径，如果不能为世所用，那么他的生命还有什么意义呢？虽然归隐田里，其实海瑞还是日日期待着有复出的那一天。况且，朝廷批准他辞职的圣旨中有云：“奉钦依照旧候用。”如果一遇挫折，就愤然出世独立，独善其身，那不是圣人之徒的做法。

隆庆六年（1572年），明穆宗突然中风去世，十岁的神宗即位。朝中政局风云突变，高拱在政治斗争中被张居正掀翻，明朝最有能力的大臣之一张居正继任为首辅。

闲居两年的海瑞，以为自己的另一个政治春天要来到了。因为这个张居正是翰林出身，饱学之士，学问相当精醇，是海瑞的同道，有着推行圣人之学的共同志向。况且，海瑞辞职后，时任阁臣的张居正还写来一封信，对海瑞表示同情：

> 三尺法不行于吴，久矣。公骤而矫以绳墨，宜其不堪也。讹言沸腾，听者惶惑。仆谬忝钧轴，得与参庙堂之末议，而不能为朝廷奖奉法之臣，摧浮淫之议，有深愧焉。

信写得很真诚也很聪明。身为内阁成员，他却不能为海瑞说上什么话，真是惭愧呀！为什么身为内阁成员却没有发言权呢？那自然是因为高拱的跋扈。所以，矛盾在于高拱，与他张居正无干。

那么，这次张居正上台了，应该起用他海瑞了吧。海瑞日日等待着北京的消息。

迟迟没有动静。

向来趋左的言官们坐不住了，他们上书，要求起用海瑞。张居正在书上批道：

> 海瑞秉忠亮之心，抱骨鲠之节，天下信之。然夷考其政，多未通方。只宜坐镇雅俗，不当重烦民事。

海瑞的品质无可怀疑，然而办事不能通达。这样的人只能享受名誉上的尊重，不能任为实职。

虽然同为圣人之徒，张居正为人行事却与海瑞大有不同。张居正既能侃侃而谈圣人之言，又能精通中国社会表面秩序下的真正规则，并且运用精熟。他没有徐阶的天真，认为海瑞能够为他的班子建立政绩，也没有高拱的阴险，想用海瑞达到什么不可告人的目的。所以，他不能用海瑞。

直到这时，海瑞才知道自己在官僚政治中的地位和作用。原来，他虽然忠诚骨鲠，时时刻刻遵守圣人之道，可是却只能“坐镇雅俗”，做个政治摆设。原因就在于他不肯“通方”，不肯做“乡愿”，不肯向这个世界妥协。

有生以来，海瑞第一次产生了怀疑：错了的，到底是世界还是自己？

十二

海瑞的陋舍来人越来越少，他经常终日闭门，靠一卷书打发整日的时光。除此之外，他找不到任何快乐。他没有儿子，不能享受课子的天伦之乐。他没有业余爱好，对琴棋书画都没有兴趣。“山水诸癖，一无所好。”海南的美景对他像不存在一样。日复一日，海瑞真的老了，皱纹爬满了他的瘦脸，胡须根根白得透明。

失望、愤懑渐渐积满了胸膛。看来自己的一生，只能这样过去了。曾经有过的梦想，现在看起来似乎有一点可笑。为什么一生奋斗、刻苦，不惜生命来践履圣人之学，竟然落得这样一个下场呢？海瑞有时也会想起这个问题，但是他永远想不明白。

应该是自己努力得还不够吧！那么，唯一的办法是继续深研性理。然而，年老体衰，智力日减，看来，今生得正果的希望越来越小。进入晚年的海瑞，日渐沉入浓重的灰色之中。

十三

不知不觉，一转眼，时间已经过去十五年了。万历十年（1582年），张居正去世了。人亡政息，在台上永远正确的张居正现在处处错误了。万历十三年（1585年）正月初十，亲政的万历皇帝下旨，起佥都御史海瑞为南京都察院右佥都御史。三月，又升南京都察院右佥都御史海瑞为南京吏部右侍郎。

这一年，海瑞已经七十二岁了。孔子七十而不逾矩，他的忠实学生海瑞是否也因为一生的挫折和十几年的反思而变得聪明了呢？是否像朝廷所期望的那样“平气虚心，正直而济以中和，刚方而文以礼乐。扩包荒之度，毋狃意见之偏”，而“将来之建立必有胜于今日”呢？

人们期待着海瑞的再次亮相。

诏书一下，海瑞即刻打点衣物，准备启程。有人劝他要拿拿架子：朝廷让他委屈了这么多年，怎么能一召即起呢？起码得推辞一两次。海瑞不以为然：“主上行特达之知，臣子不可无特达之报。区区虚袭，奚取焉！”遂起行。

老骥伏枥，志在千里。等了十六年，海瑞终于等来了又一个政治春天。

还是海瑞一贯的风格。“自琼台至蚬岗，家仆皆徒步。有一小童，亦只携附前舆，不与马。又自五羊至上新，唯坐一小船，寂寂过，多无知者。”

然而，毕竟久经风霜摧折，七十二岁的海瑞确实少了十六年前的自信。海瑞的心里，既有“漫卷诗书喜欲狂”的欣喜，也有“即从巴峡穿巫峡”的急切，更有政治风云留下的重重阴影。他在写给朋友的信中说：“人情世态，见知于一时，焉保有终于后日？汉魏桓谓宫女千数，其可损乎？厩马万匹，其可减乎？”

似乎少了一份明朗，多了一些沧桑。

说是这么说，事实证明，这只是他一时的激愤之语，一旦做起事来，海瑞的风格仍是控制不住的火爆。

海瑞上任后，立刻接到百姓对五城兵马司到处敲诈勒索、强行摊派的控告。所谓五城兵马司，乃是南京城内的治安队，自然成为腐败的高发地带。海瑞决心拿这里开刀。他发布告示说：“五城兵马司官吏，如狼之贪，如虎之猛，敲诈百姓的膏血，用来迎合上官，自己贪污。各街巷的人，如果被五城兵马司侵扰，可以放胆到我这里来告，本官定为你们做主！做老百姓，不可做刁顽不听法度的百姓，亦不做软弱听人打、听人杀而不言的百姓。有冤不告，冤何时止？”

一纸告示下达，朝廷明白了，海瑞还是那个海瑞，丝毫未变。“海青天”依然像以前那样强硬如钢，岁月不但没有使他的性格里增加一点弹性，反而使他老而弥坚，老而弥辣。

海瑞还是没有弄明白官场里的利益规则，他不知道动了五城兵马司，就等于动了南京兵部，就等于动了整个南京的官僚网。虽然五城兵马司仅为六品衙门，却是可以通天的重要部门。他以为自己以副部级侍郎之威，一个号令就可以解决问题，实在是太天真了。

不仅如此，不久之后，海瑞又上书皇帝，对朝廷吏治表示极大不满，建议恢复明太祖对贪官剥皮实草的酷刑，以为非如此，官场风气无法好转。

理所当然，海瑞吏部右侍郎的椅子还没有坐热，一纸调令下达，升右侍郎海瑞为南京都察院右都御史。

又一次明升实降。原来，“南京为养望地，官号吏隐。右都虽长御史，称独坐，然于诸御史无所短长也，取相引为尊重，他吏治民事无相关者。稍积望岁月，且迁北矣。即京中人从来未知右都御史为谁氏”。

成祖迁都北京后，为了表示对太祖的尊重，在南京设了一系列官职，然而大多有官无职。右都御史更是个可有可无的闲职。名位虽高，实际上什么事也管不了。年轻的万历皇帝在召来海瑞不久就后悔自己年轻没经验，犯了个错误。他现在终于明白张居正为什么不起用海瑞了。

十四

也许是人老了，海瑞终于尝到了灰心的滋味。失望和绝望是不同的，在人生末路上，绝望就意味着对自己一生努力的否定。他终于发现他无法改变这个世界。他给梁云龙的信中说：“年七十有四，非做官时节。况天下事只如此而已，不去何为！”

一生的雄心壮志终于消泯，他现在可以基本判定自己的一生是失败的一生。这一生，他吃了常人所不能吃的苦，承受了他人难以想象的压力，放弃了人生的诸多乐趣。他把自己活生生的生命轧榨成了一块顽石，却没有做成挽狂澜于既倒的中流砥柱——洪水轻易地把他从一个角落冲到了另一个角落。

他一道又一道上辞呈，希望尽快摆脱污浊的官场。皇帝却一次又一次拒绝。皇帝欣赏海瑞的品格，佩服海瑞的勇气，赞美海瑞的清廉。他可不想承担放逐清官的骂名。有这么一个将来可以留名千古的清官在自己的时代，是朝廷的光荣，也是他这个皇帝的光荣。

既然不能求去，海瑞只好做起他的右都御史。只要做了，他就不会做一天和尚撞一天钟。不论什么时候，他都学不会敷衍了事，学不会表面文章。本来，右都御史只是名义上的尊称，习惯上，在南京御史台并不管实事，与众御史其实“无所短长”。整个南京御史台甚至都不怎么上班，右都御史更时常经月不见一面。

然而，海瑞却不这样看。他认为，御史的职责就是纪律检查，自然应该做百官的表率，在这一点上，南京御史和北京御史不应该有什么区别。上任后，第一件事就是整顿纪律，要求所有御史都得上班。

海瑞每天早早就到御史衙门，谁上班迟到了，立刻罚俸。御史们其实没有公事可办，也得一天天在堂上坐着。

南京御史纪律松弛惯了，违法乱纪是寻常之事。海瑞一旦发现，定然严惩不贷。御史陈海楼的家人到市场上用官员红票买米，只付给一半价钱。这其实是当地官场的惯例，海瑞得知后，将其家人责打三十大板，并且戴上大枷，放在衙门口示众。

有一位御史生日之时，在家大摆宴席，请了歌伎戏班子唱了一天。海瑞找出太祖定下的规矩："御史为百官之表，宴燕不得延伎。"毫不留情地把这位御史按到地上，杖责了一顿。

其实，海瑞也知道没有必要做得这样严厉、这样苛刻。他也知道这样会招来人们的反感、厌恶、痛恨。

他要的就是人们的反感、厌恶、痛恨。他要让人们知道，虽然你们把我挤到这样一个闲职，我一样能让你们不舒服！越是老了，越是受人排挤，他的官做得越是毒辣，越是矫刻，越是放肆。这里面，有一股莫名其妙的情绪在。

南京的御史们不堪其苦。虽然弹劾海瑞是一件风险很大的举动，但他们也不得不为之了。万历十四年（1586年）四月，御史房寰弹劾海瑞："谓其莅官无一善状，唯务诈诞以夸人，一言一动无不为士论所嗤笑。妄引剥皮实草之刑，启皇上好杀之心。"

皇帝批复："瑞在世庙时，直言敢谏，有披鳞折槛之风；清约自持，有茹蘗饮冰之节。……虽当局任事恐非所长，而用之以镇雅俗，励颓风，未为无补。合令本官照旧供职。"

皇帝终于说出了他的心里话。原来，清官们是不适于"当局任事"，参与实际权力运作的。但是他们适于"用之以镇雅俗，励颓风"，也就是说，做一块官场的门面，用来装点朝廷，用来让大家学习其精神。

精神可用来写到书上，记入史册，激励人心，却不可施用于实际。

这其实是千古清官共同的命运。清官只是官场的遮羞布，是厕所窗台上的一盆塑料花。

十五

在官场上被视为异端，视为魔鬼的同时，在民间，海瑞却已经渐渐成了“神”，成为老百姓希望的寄托。在老百姓的心中，“海青天”就是善恶的最终裁判者，是传奇式的大英雄。

明人张萱《疑耀・司马文正海忠介》载：海瑞从海南起复，入南京为官，进入南京那天，老百姓都拥到街上，“黄童白叟，填溢街巷以观公”。老百姓每天到海瑞宅第求见的络绎不绝。有的百姓进来后，并无事相求。海瑞问：“见我何为，欲言事乎？”百姓叩头说没什么事，“愿一见海爷相貌耳”。

南京流传着许多关于海瑞的传说。有一天，大家都传说北京押解来一个“木妖神”。原来，有一天皇帝在御花园，此妖神作祟，皇帝举诸大臣名来压这个妖神，妖神皆不惧，唯云送南京海某处，则无声。遂解来。

林林总总的传说不一而足，在海瑞上下班的路上，每天都会有人专门等候，希望能在海瑞掀起轿帘的时候看一眼他的真容。“海瑞”这两个字，已经成了一种符咒，被用来诅咒一世的贪官。在南京市井，甚至有一种专门以海瑞惩贪为题材的评书，听者如堵。

海瑞已经成了一个偶像，正义的化身，一个超现实的存在。而现实生活中的海瑞，却已经心如死灰。他憎恨这个荒谬的世界，他每天都在盼着死亡的到来。

十六

海瑞终于死了。万历十五年（1587年）冬十月十四，病故于南京。

“卒之前三日，兵部送柴薪多耗七钱，犹扣回。”兵部送的柴火多了一些，他如数退回。“病不药。”拒医而死。“无一语及身后事。”不但没有大臣们例有的遗疏，甚至连一句遗言也不留。他对这个世界，已经彻底无话可说。

像每个清官的身后一样，史书照例要花些笔墨描写一下他身后的清贫。“佥都御史王用汲入视，葛帏敝簏，有寒士所不堪者。”

有更详细的记载说：“检箧内仅禄金一十余两，绫、纱、葛各一。”

消息传出，整个大明官场都松了一口气。这个麻烦制造者终于消失了，人们不必再绷紧神经。海瑞终于去了他应该去的地方：神龛。各种典礼隆重举行，海瑞的尸体被涂上一层又一层金粉，制成金光灿灿的木乃伊。在忙忙碌碌中，大家有一种欢庆的意味。上闻之，辍朝悼伤，遣吏部左侍郎沈鲤谕祭，祭词之溢美，无以复加：

> 唯尔高标绝俗，直道褆躬。视斯民犹己饥寒，耻厥辟不为尧舜。矢孤忠而叩阙，抗言争日月之光；出百死而登朝，揽辔励澄清之志。迨起家于再废，乃浃岁而三迁。岩石具瞻，卓尔旧京之望；素丝无染，褒然先进之风……若金在冶，虽百炼而愈坚；俟河之清，奈九泉之莫及……

礼部议谥，请赐忠介，赠太子太保。谕江浙地方为海瑞建专祠，春秋享祀。在海瑞的家乡琼州府城小北阕外建专祠，与宋苏文忠公、明丘文庄公，称三公祠。无数官员在海瑞祠写下了一篇篇纪念文章，把所有能想到的最美好的词语都给了海瑞：

> 公之秉节，素丝羔羊，岁寒松柏，烈日秋霜。公之丰仪，野鹤昂藏，明珠南海，翡翠越裳。……位禄名寿，公俱克全。千秋不朽，含笑九原。……

> 慷慨片言，世争传其谏草；崎岖百死，天亦鉴其精忠。……既升

华于九列，旋建节于三吴。忠矢清霜，每为民而任怨；几先介石，亦因毁而得名。……

十七

从现有资料上，我们可以判断海瑞有强迫—强制型人格障碍。

在强迫—强制型人格障碍患者的心目中，世界是一个井井有条的体系，任何行为，都要按照规矩一丝不苟地进行，有一点偏差就会心里长久不安。他有着强烈的完美主义倾向，不能容忍有瑕疵的事物存在于自己的生活范围之内。这样的人行为刻板，对自己和他人要求过于严格，沉溺于职责、义务与道德规范，无业余爱好。

海瑞几乎符合以上所有标准。儒家思想提供的静态理想化社会图景正好满足了他秩序化世界的心理需要，而明太祖朱元璋定下的万世家法为这种理想化社会的实现提供了操作依据。

海瑞的楷书学的是柳体，瘦骨嶙峋，拘拘然一丝不苟。这正像他的性格，认真到了极点。在辞职信中，他说自己做事：“不求合俗，事必认真。九分之真，一分放过，不谓之真。”就是说，他要的是百分之百，百分之九十九对他来说，都没有意义。

这是典型的强迫—强制型心理障碍症状。

海瑞没有业余爱好，没有什么朋友。他有强烈的完美主义心理，凡事均要求十全十美。他对助手总是百般挑剔，强烈要求别人严格地按他的标准做事，对鸡毛蒜皮的事也不放过。如果做错了什么事，海瑞会一连后悔好几天，总也不能释怀。事实上，即使一件事他做得很好，他也不会满意，因为他认为自己应该做得更好。也就是说，海瑞在工作中得不到乐趣。

《吴郡名贤图传赞》中的海瑞像，是一个又干又皱的老头，嘴巴紧紧抿着，脸上的每一个角落都是皱纹，两眼里飘动着愁苦的神气。

海瑞是单纯的，透明的，然而他的姿态太单调了，因而缺乏美感。

到现在为止，我们还没有提到海瑞的家庭。海瑞前后娶妻多次。他对妻子和女儿感情冷淡，令人难以忍受。海瑞早年娶妻许氏，生了两个女儿，被海瑞休了。第二个妻子潘氏进门不到一个月，又被赶出家门。第三个妻子亦盛年之时在情况暧昧下暴死，而此前，他的一个妾自杀身亡。海瑞的妾也是换了一个又一个，作为道学家，海瑞对女人不会过于挑剔，因此，其“九娶”的原因，自然是出于孝顺，为了一个简单的目的：生一个儿子。可惜到死，这个目的也没有达到（第三位夫人和一个小妾先后生过三个儿子，但都不幸夭折）。

海瑞对孩子教育严厉。他对自己的女儿从小就进行男女授受不亲的教育。一天，他见五岁的女儿在吃饼，就问是谁给的。女儿答是小童。海瑞大怒：“女孩子怎么能吃男仆的饼！你饿死吧，这样才不愧是我的女儿！”这小女孩也颇为倔强，竟然真的从那天起不吃东西了，家人百般劝解也不管用，终于在七天之后活活饿死。

一个开得过分的玩笑：魏忠贤

一

河北肃宁历来是个出太监的地方。一个地方出太监要有两个条件，一是比较穷苦，另外一个，是需要某种示范效应。某家出了一个太监，从茅屋败堵而高堂大院了，自然会引起周围人的效仿。效仿者既多，门路越来越通畅，自然就形成了规模，犹如现在的养牛专业村、养兔专业村一样，成为一方脱贫致富的成功模式。

有人说这很残酷，其实未必。黑格尔称中国为灾荒之国，亚当·斯密则认为中国下层阶级的生活状况，比欧洲的乞丐还要悲惨。大多数中国人，几千年来就是在半饥饿中绵延生息过来的，历史上，能吃饱饭的“盛世”少于易子而食、析骸以爨的灾荒岁月。因此，把一个原本注定要贫困一生的孩子送进宫中，换来一家人的温饱甚至发达，对这一家人甚至对这个孩子来说不啻为一桩合算的生意。

不过，和大多数出身肃宁的太监比起来，魏忠贤的例子仍是特殊的。一般人是在幼年时由家人做主净身，而他是在已经娶妻生女的二十二岁盛年，毅然自阉。这个事实，反映出这个人的性格中确实有某种敢作敢当的不凡素质。

魏家显然是贫寒之家，这从魏忠贤进宫前连个正式的名字都没有就可以看出来。由于贫穷，魏忠贤没上过一天学。不过，魏家也不是赤贫，起码还有几亩薄田，否则魏忠贤也不会在十七岁那年娶上媳妇，更不会经常和村中的无赖在一起酗酒赌博。

从现在的资料推断，魏忠贤显然是个外向型多血质的人。他从小应该是个调皮捣蛋上房爬树的主儿。这种人精力充沛，不甘寂寞，敢想敢干，注定不会成为一个老实巴交规规矩矩的农民。从少年开始，他就整天跟在村里的几个混混儿屁股后面。他本性憨直，待人热诚，讲哥们义气，所以虽然家境贫寒，但在这群人里还是有相当地位的。家庭生活对他显然没有太大吸引力，对付对付干完农活，他就整天和自己的几个哥们在一起，偷鸡摸狗，纵酒赌博。

史书记载，他的自阉出于一次赌博失意："与群恶少博，不胜，为所苦，恚而自宫。"在一次输光了裤子之后，他躲进街上的酒馆里，被别人找出来，当街一顿痛打，差点丢了性命。在阵阵逼债声中，魏四情急之下说："我进宫当太监还你还不行吗？！"

这寥寥记载显然把事情简单化了。这句情急之下的话，无疑反映了魏忠贤改变命运的强烈渴望和长期以来某种模模糊糊的心理准备。支撑这一时冲动的，除了他那多血质的性格之外，必然还有对自己生存境况、前途命运的或多或少的思考。是呀，作为一个欲望强烈的不甘心在土地上苦熬苦挣一辈子的年轻人，他的前途是那样的黯淡。上天在他心底种下了那样多的欲望种子，却又注定要让这些种子活活旱死。由于家底太薄，靠自己的辛苦发家致富对他来说只能是痴心妄想，何况他知道自己根本吃不了那个辛苦，而在户籍管理异常严格的大明社会，出外闯荡也基本没有可能。他整日酗酒赌博，何尝不能解释为对生活的绝望和怨愤呢？虽然他表面上满不在乎，可是内心不能不为自己生活的失败与无望而产生深深的自我厌弃感。他表面上放荡不羁，实际上对自己失望透顶。在这种情况下，扔进这个深潭中的任何一根稻草在他眼里都有可能变成一条船。

也许这句憋出来的话，倒给他指出一条道路。是呀，与其饿一辈子肚子，不如进宫当太监！就把这当成一回赌博吧，本钱不过是胯下的二两肉，如果赢了，衣食不愁不说，熬上几年，混出个模样，回到肃宁，说不定县太爷也会亲自接见呢！

在那个夜里，躺在丑妻身边的魏四，也许越想浑身越热血沸腾。或许他会像发现了一个重大秘密似的，兴奋得发抖。他想象着自己，这个在村子里人人瞧不起的人在和皇帝聊天！想象自己鲜衣怒马，驰骋在肃宁县城。想象自己这间四处漏风的土坯房，换成了青砖瓦舍的三进大院。越想，他的心越飞扬。

然而，决心不是说下就能下的。这个选择之艰难不言而喻。据说，当了太监的人，死后阎王爷不收，因此，不能进祖坟，只能找个地方胡乱埋了，做永世的孤魂野鬼。身后事没踪没影，就不去想它了，可眼前的事是明摆着的。做了太监，就成了一个废物。丧失的，不仅仅是那二两肉，更是一个人的根本自尊和尘世幸福。

魏四的犹豫、彷徨、辗转反侧、心乱如麻是可以想象的。这是欲望和欲望的交战，损失与损失的衡量。实际上，两边都是悬崖，两边都是火坑，两边都是地狱。是阉割掉基本能力，还是阉割掉一生仅有的一点希望?

无论魏忠贤最终作为一个什么样的形象被钉在历史的展台上，这一夜的他，都只是一个被命运追逐着的猎物，在经受着精神上的剐刑。

二

具有赌徒性格的魏四，用了比别人短得多的时间就做出了这个让所有人目瞪口呆的决定。

然而，决定好做，实施这个决定却依然困难重重。

摆在魏四面前的有三大难题。第一点，净身需要交一大笔手术费，手术、疗养、饮食、医药等费用，合起来最低也要二十多两银子，这笔钱对他家来说无疑是天文数字。第二点，虽然当时的净身手术师有一定经验，但一无麻醉，二无消毒，死亡率很高，特别是成年人的净身手术，死亡率更高。第三点，也是最重要的一点，是净了身也不一定能当上太监。

有明一代，太监人数之多，创了历史纪录。高峰时是十万人，直到明亡，留在宫中的太监仍有七万之众。然而，如此庞大的数目，仍然满足不了无路可走者的求职需要。明朝中叶，一次宫中大规模招收太监，初定名额是一千五百人，结果有两万多人蜂拥来报名，不少人面试前就做了净身手术。面对如此汹涌的求职潮，政府只好一再扩大名额，从一千五百人扩大到三千人，再从三千人扩大到四千五百人，可是到最后，还是不免有一万多人落选。社会上对那些净身未入宫的，有一个专门的称呼——“无名白”。

每一次饥荒过后，京城里就会增加许多“无名白”，到魏忠贤的时代，这种流落在京城的“无名白”仍然有一万多人。这一万多人，应该就是一万多部情节相似的悲剧，反映出了“君正臣良，天纲地维”的大明社会的真实一面。

这些人的出路只有两条：一条是在京城各寺院附设的浴池里专门为太监们擦澡，地位仅强于乞丐，收入十分可怜，糊口而已。这个工作只能容纳几千人。剩下的大多数“无名白”只有参加死乞强夺的丐阉团伙，“其稍弱者则群聚乞钱，其强者辄勒马衔索犒”。看着这些女声女气的汉子赖在自己马前，死乞活要，谁都恶心，只好捏着鼻子给两个钱打发了事。因此，乞讨倒成了大部分人的专业。再剩下的人，只好去当小偷或者加入黑社会，成为社会治安的不稳定因素。

面对这样险恶的前途，魏四的决定实在可以说是铤而走险，成功率不大于百分之五十。然而，他的血液里天生有一股天不怕地不怕的鲁劲。他说动了家里。毕竟，成功了，一家从此脱离苦海，上升到中产阶级乃至更高的阶层；失败了，就算大赵庄少了一个浪荡子。连他分家出去另过的哥哥也卖了家里的一头驴，来资助他这次悲壮的冒险。

借助太监村的优势，他很快打听到了进宫的门路，和专管招收太监的吴公公搭上了线。然后，他揣着家里东拼西凑来的二十几两银子，进京找一家私人净身师，净了身。当他躺上了那扇专门用来净身的门板，被人用麻绳紧紧缚住手脚时，他心里也许会掠过一丝悲凉，甚至会泛起一丝悔意，更多的，应该是对周围一切事物蓦然而起的莫名的愤恨和悲怨，虽然他是自愿躺到这里。这种怨恨，在手术师举起刀的一刻化为了浓稠的液体，从那时起永远积存在了他的心底。

去了势，下面插了一根大麦秆，魏四叉着腿在炕上躺了一个月。为了减少小便，净身师成天给他喝臭大麻水，让他拉稀，直接拉在炕上的稻草里，整个屋子恶臭难闻。魏四的运气不错，伤口没有感染，顺利度过危险期。可是家人带来的消息让他一天比一天愁。魏家已经把房子卖了，全家搬进村边的土地庙，然而用这点钱做见面礼，吴公公根本不收。

事情到了这一步，就已经成了全家的投资，不能眼看着半途而废，让他当“无名白”。哥哥魏钊早已分家单过，狠了狠心，把仅有的三亩薄田卖了，让侄子把钱送了来。

这回吴公公收是收了，能不能进宫，却绝口不提。魏四的伤口好了，只好在京城乞丐们聚集的龙华寺里安身，一等就是四个月。这四个月里，几乎每天晚上他都做噩梦。秋去冬来，他连一身御寒的衣服也没有，整天窝在龙华寺偏房里，不敢出去。原来那些梦想不再想了，他现在满心都是后悔。原来虽然吃不饱饭，毕竟还算个正经人家呀，可现在，人不人鬼不鬼。他暗下了一条决心：如果进不了宫，他宁可自杀，也不去当乞丐。

明太监塑像

用家里把女儿卖给人家当童养媳的钱，万历十七年（1589年）腊月十四，魏四终于赶上了那一年最后一次挑选。前三所需要一个倒净桶的人。在所有待选的人里，他二十二岁算是最大的，长得魁梧，身手又灵便，成了那一拨二十多个人里唯一的入选者。

消息传来，全家人烧香念佛。这一天，成了魏忠贤和他全家人生命中最重要的日子。他的激动，不次于那个时代一个读书人的高中进士，虽然他只是找到了一份倒马桶的职业。谁又能想到，这个日子后来被人郑重记入历史，作为一桩巨大不祥的开始。

三

像所有眉飞色舞、唾沫星子乱溅的夸大其词一样，当了太监就能发财致富也只是一个美丽的传说。是的，当了太监衣食不愁，每月食米四斗，每年冬夏装各一套，铺盖六年一套。日子过得比在大赵庄时自然是强多了。然而，也仅此而已。那些传说中锦衣玉食的太监都是宫中的大太监，最高领袖是宫中司礼监掌印太监及其助手提督东厂太监。稍下一点，是司礼监的各位秉笔、随堂太监，各监、司、局等处的掌印太监，还有在皇帝周围直接照顾皇帝生活的高级太监，然而，这些人在十万太监中总共不过数十人而已。这些人位高权重，地位比高级官僚有过之而无不及。居于中层的人有数千人，他们在各种内宫岗位上或多或少地掌握着一些权力，比如宫中各种物资的采购呀，出宫办事时的勒索呀，这点权力足够他们捞到相当可观的油水，足以过上普通官僚的生活。可是到了这个金字塔的主体，也就是数万名像魏四这样跟班、抬轿、巡夜、洒扫、看门的太监这一层，所得的好处就仅剩下衣食两项了。甚至有的家里负担重的，为了多赚点钱，还在宫里给宫女当用人，洗衣烧饭无所不为，被人称为“旋匠”。

进了宫，魏四被安了个新名字，叫“李进忠”。说是名字，其实不过是个符号，只不过叫起来比“零零几”顺嘴些罢了。他每天的工作就是早起时倒前宫的马桶，其余时间则无所事事。这正遂了他游手好闲的本性，剩下的大把大把时间，就在赌博喝酒中混过。从此，他就湮没在底层太监之中，一连十几年没有踪迹，让后来魏忠贤的传记作者头疼不已。

从哪个角度也看不出，这个人日后会成为左右大明帝国的风云人物。在宫中飞黄腾达需要有三个条件，一是识文断字，二是富于心机，三是有强烈的野心。正统年间声名显赫的大太监王振，是最典型的代表。此人本来是一个儒士，权欲大到了变态的程度，在下层官场混迹九年也没有混出名堂，索性孤注一掷，自阉入宫，当了东宫局郎，也就是太子的启蒙老师。在这个职务上，他兢兢业业，谦恭自守，做得非常出色，很快取得了太子的信任。当太子登基之后，他自然成了宫中的最高太监，从此用足心机，大权尽揽，占尽天下风光。正德年间著名的大太监刘瑾，也是自幼读书识字，心机极深。而这三条，魏忠贤无一具备。魏忠贤没上过一天学，他好像与文字天然不亲近，进宫多年，在文化太监中熏染多年，依然大字不识一个。说到心机，人们对他的评价是“憨”。他待人热情，做事敢作敢当，却独独与“心机”二字沾不上边。在与群太监喝酒赌博的日子里，他经常被那些奸猾的太监耍弄，久而久之竟得了一个“傻子”的外号。至于野心，他更是绝缘。他进宫的目的，不过是为了丰衣足食，最多是连带着一家人衣食不愁而已。当认清了自己在智力能力上与别人的差距后，他就没有什么痴心妄想了。实际上，以他的能力，做到这一点都不容易。他进宫好几年了，还是没有能力帮助家里摆脱赤贫，自己的侄女、外甥女还是相继被卖到京城做了大户人家的奴婢。由于能力平庸不思进取，在宫中混了十几年之后，他才脱离了底层太监行列，做了东宫一个才人的伙食管理员，一年能有个百十两银子的“外落”。而一直到五十三岁，进宫整整三十年，头发开始花白了，他还是停留在这个伙食管理员的职务上，因为一年那点“外落”而过得有滋有味，心满意足，如果能以此终老一生，他不会有任何意见。

即使做梦，他也不会想到有人会把整个帝国的权力交到他的手上。

四

然而，历史就是如此捉弄人。它偏偏要造就这看起来绝不合理的奇遇，看看至愚至贱的“魏傻子”在权力的重压下会变形到什么程度。当然，历史是诡谲的，它开了这样一个过分的玩笑，用的依然是它的拿手好戏：偶然。

因此，这个大字不识一个的农民，为命运赌博而进入了深宫的十几年后，钻营到了一个伙食管理员的位子，而这个位子，阴差阳错，是在东宫太子身边。

又恰巧，他侍候的这位相貌平常的王才人，后来居然为太子生了一个儿子，而且是长子。

即使如此，李进忠的前途仍然看不到什么光明。不仅仅因为李进忠是“傻子”，更是因为这个太子在当时看起来地位相当不稳。

万历皇帝一直不喜欢这位太子，从太子五岁起，整个大明帝国的官员就不断呼吁皇帝按惯例册封这位长子为太子，万历直拖了十五年才补办了册封手续。而且册封之后，也一直心神不定，总想以自己喜欢的第三子取而代之。由于皇帝的厌恶，太子在宫中没什么地位，连皇帝身边的太监都可以随便欺负他。如果没有群臣的坚决反对，这位太子早就从储位上被赶下来了。太子尚且如此，太子的儿子又隔了一层，前途更加黯淡，况且宫中的龙子龙孙夭折率极高，谁也不能保证自己侍候的小孩子将来能不能修成正果。当时一些侍候太子长子的太监经常抱怨自己前途无望：“陛下万岁，殿下亦万岁，吾辈待小官家登极鸿恩，有河清耳！”

然而，李进忠的与众不同在这个时候开始体现。李进忠因为侍候王才人，自然而然也兼管小皇孙的伙食。能够从底层太监中脱身出来，他对自己的主子感激涕零。他对王才人与小皇孙，有一种出于本性的狗一样的忠诚与依恋。他才不管他们有没有前途，既然是他的主子，他就无条件地忠心耿耿。数千年来中国人性格中的奴性在他身上已经变成了一种本能，他自然而然地把自己当成了主子的附属物。在那些精明之徒对才人与皇孙不那么待见的时候，他却自始至终，谨谨慎慎，恭恭敬敬，一丝不苟，以至于在宫中很有些忠心耿耿的口碑。才人一高兴，就让他恢复了本姓，改名叫魏进忠。

魏进忠的另一个特点是性格讨人喜欢。他身躯壮大，性格开朗爽快，重感情，多少又有点没心没肺，对人没多少戒心。这一点，在以阴毒险狠著称的太监群里非常少见，因此也非常受人欢迎。虽然被视为“傻子”，可是人见人爱。另外他身体灵活，是个运动型的人，“喜驰马，能右手执弓，左手彀弦，射多奇中”。在动手方面，可谓心灵手巧。和大家在一起玩的时候，也经常能逗人开心。小皇孙刚刚懂事，就喜欢跟在他屁股后头玩。很久以前与女儿生离死别了的他，对这个自己看着长大的孩子，也异乎寻常地有感情。

由于太子被人冷落，这位皇长孙自然就更加没人重视。按理，作为龙子龙孙应该从小受到良好的教育，可是万历皇帝从来也没有关心过此事，直到成年，这位皇长孙也没授读过书，认识的几个字还都是身边的太监们没事时教的。

至尊的天子在底层文化氛围中成长，这听起来似乎是个笑话，而事实确实如此。明宫的规矩，后妃从不亲自抚养婴儿，皇子是在奶妈、太监和宫女们的照顾下长大的，这些人都来自社会底层。在这些人中长大的小皇孙，更像一个在乡村中长大的被惯坏了的野孩子，对自己的直系亲属，对朝中的大臣，都谈不上有什么感情，却唯独对身边的这些人感情深厚，宛如家人父子。皇孙最热爱、最依恋的，是自己的奶妈客氏。真正的母爱，是客氏给予他的。因此，他对客氏的感情，与对亲生母亲没有任何分别。都十六岁了，他还和奶妈住在一起，形影不离。登基之后，按惯例，奶妈不能居住在大内了，可是客氏才出宫两天，他竟然“思念流涕，至日旰不御食”，只好又不顾群臣的反对，把奶妈接了进来。从此之后，客氏备极荣宠，风光不在太后之下。

十分自然，这个后来成为明熹宗的孩子“不好静坐读书”，而是好动，爱热闹，喜欢兴高采烈地嬉戏，玩起来没完没了，不知道节制。他喜武，爱看锣鼓喧天的武戏，也爱自己舞刀弄枪，更喜欢骑马射猎。少年之后，他又对木匠活产生了强烈的兴趣，显示出了杰出的工艺天赋。他能自己设计精巧的玩具，“用大木桶、大铜缸之类，凿孔创机，启闭灌输，或涌泻如喷珠，或澌流如瀑布……皆出人意表”。有一段时间，他对木匠活的热爱达到了走火入魔的程度，常常带着几个太监“朝夕营造”，“每营造得意，即膳饮可忘，寒暑罔觉”。

明熹宗朱由校（天启帝）

如果生在民间，这孩子有可能成为一个能工巧匠。可惜的是，他是“天潢贵胄”，因此，这一切在记载进史书之时，不可避免地是作为他行为离奇的佐证。事实上，这不过是兴趣广泛精力充沛的孩子的正常表现。

在他骑马、射箭或者运斤成风的时候，总有一个身躯高大的人跟在身边，那就是魏进忠。小皇孙的骑马、射箭是他手把手教出来的，做木匠活的时候，魏进忠也是最得力的下手。小皇孙要什么玩具，魏进忠都会千方百计淘弄来，小皇孙一高兴了，就喜欢拿这个老仆搞个恶作剧，开开玩笑。当夕阳从紫禁城头落下之后，魏进忠经常会坐在小皇孙身边，絮絮地给他讲些宫外的市井奇闻或者乡下的古老传说。长年的朝夕相处，这一老一小之间形成了一种说不清楚的亦仆亦主、亦亲亦友的关系。一天见不到小皇孙，魏进忠心里就空落落的，在他心里，既把小皇孙当作主人，又模模糊糊地把他当成自己的孩子。

直到这个孩子当了皇帝，魏进忠对他的这种近乎亲缘的感情仍然没有丝毫衰减。天启五年（1625年）五月的一天，皇帝在西苑荡舟取乐，不小心翻了船。魏太监一时心急，忘了自己不会游泳，竟不顾一切地跳进水里救皇帝，结果几乎搭进了性命。这孩子后来几乎成了他的命根子，他的忠诚已经不是基于尊卑关系，而成了内心的感情需要。

五

万历四十八年（1620年），魏进忠五十二岁。这一年，他的命运发生了意想不到的转折。

首先，是这一年七月，万历皇帝崩逝，战战兢兢地做了多年太子的朱常洛终于登基，成了明光宗。魏进忠所在的皇长孙居所一下子成了准东宫，皇长孙身边的大小仆役都兴高采烈，气焰顿长。魏进忠也因与准太子关系亲密而在宫中备受尊重，这让多年默默无闻的他心情舒畅不少。

明光宗朱常洛（泰昌帝）

谁都没想到的是，明光宗登基才一个月，就因为纵欲过度，一命呜呼了。一转眼，昨天还在宫里淌着鼻涕四处乱跑的长子朱由校成了天子。

这一转机来得太快了，所有的人都有点晕头转向。魏进忠更是兴奋不已。原以为正当盛年的光宗怎么也得做个二三十年的皇帝，自己这辈子可能看不到小皇子登基了，没想到这一天这样快就到了，快得让人一时反应不过来。看来自己这辈子很有可能混成个什么膳食处的首领太监之类的体面角色，回到肃宁，县太爷可真得亲自接见了！

任何人，包括魏进忠，都以为自己的造化到此为止了，没想到命运之神又一次把更大的幸运不由分说砸到他头上。

在明朝宫廷中，流行着一种习俗叫“对儿”，也就是指相好的太监与宫女。皇帝奶妈客氏的“对儿”原本是一个叫魏朝的，此人和魏进忠是不错的朋友，能力很强。在皇帝登基之后，被提拔为乾清宫管事并兼管兵仗局印，从此事务繁多，在宫中的时候越来越少。而魏进忠管理伙食，与客氏接触很多，魏进忠的豪爽耿直、开朗活泼对女人是很有吸引力的，时间一长，两人就产生了感情，而且越陷越深。有一次魏进忠正与客氏亲热，被突然回来的魏朝撞见，两人当即吵骂起来，惊动了皇帝。

皇帝不管二魏谁对谁错，他关心的只是奶妈的幸福。他问奶妈说：“客奶，尔只说尔处心要着谁替尔管事，我替尔断。”客氏也是个敢作敢当之辈，在大庭广众之下与有多年“夫妻”之情的魏朝恩断义绝，毫不犹豫地把手指向了魏进忠。

当年的客氏刚满四十，正是丰韵犹存，而魏进忠已经是五十有三的老头。看来，这个重感情的“憨而壮”的老太监身上，确实有某种不可阻挡的性格乃至人格魅力。

无论如何，成为客氏的“对儿”都成了魏进忠一生中最重要的一个转折点。客氏的亲信就是皇帝的亲信，从此，他成了皇帝最信任的太监。这一地位意义深远。因为，与对木匠活的强烈兴趣相比，刚刚登基的天启帝对政治却十分厌恶。繁重的政务对他来说是一种难以承受的折磨。他自幼生长在清冷的东宫，平时除了几个宫女和太监，几乎没有接触到其他人，更没见过什么世面。因此，在上朝的时候，他总是显得羞涩、笨拙，坐在那儿活像一个木偶。别人说什么，他根本听不明白，也不想听明白。他急需一个值得信任的人来替他处理这些“麻烦”，好让他一心一意回后宫玩耍。这一重任，阴差阳错而又顺理成章地落到了老太监魏进忠身上。这个不识字的太监被任命为司礼监秉笔，职责是代替皇帝批答奏折。

为一个对政治没有兴趣的皇帝批奏折，就意味着掌握了帝国的所有权力。

历史把舞台的所有布景都已搭好，下面就让我们来看看站到了帝国最高处的前魏四、李进忠，现魏进忠，是如何开始他的表演的。

六

魏进忠的第一个举动，是改了自己的名字。他给自己改名叫“魏忠贤”，表字“完吾”。

这是个意味深长的举动。这意味着魏进忠充分意识到了自己角色的转换：以前，他不过是皇帝的家奴，进忠足矣；而今，他已成了当朝秉政，要开始治理帝国大事了，“忠”之外，还必须要“贤”，也就是具备不凡的政治才能。因此，他需要尽快完善自己，即“完吾”。

这一动作说明魏进忠并不是人们心目中的“傻子”，这个人，很知道些抑扬进退。

何止不是“傻子”，魏忠贤有着和正常人一样甚至更强烈的欲望和自尊。从小，他就是个活泼伶俐的孩子，作为家中的“老小”，备受父母宠爱。长大之后，他的不务正业、游手好闲也从一个侧面反映了他对现实生活的不满和更高的期待。正是强烈的改变生命状态的欲望驱使他毅然自宫，这个举动说明了他完全具备在关键时刻把握机会的能力。然而，入宫之后的无情现实一度粉碎了他的梦想。

在朱由校登基以前，命运在他面前从来没有露出过笑脸：生而贫穷，长大之后因赌博恶习而不为社会所接纳，在命运的逼迫下放弃男人的自尊成为太监，而成为太监之后依然混得没有名堂，在太监们的钻营倾轧中屡屡挨踩，升迁得异常之慢，因此，被人目为没能耐没出息的“傻子”。

在命运的屡次打击下，他自觉带上了“傻子”的面具。他承受不了自尊心的压力，只好选择了逃避。他笑嘻嘻地听着别人叫他“傻子”，他好脾气，人家怎么逗他也不生气，他甘居人下，用自己的示弱来换取别人的保护。他大大咧咧，他憨憨傻傻，他没有了自尊。他活得像一个爬虫，他乐于当一个爬虫，当爬虫是多么舒服呀，可以不受自尊心的折磨，可以对自己不负责任，可以任由别人践踏——既然自己没有反抗能力。

然而，自尊心是扼杀不掉的，它只能暂时被麻醉被压制。压制越有力，聚集的反作用力就越大。它时刻蠢蠢欲动，给魏进忠带来痛苦。睡在太监班房里，魏进忠经常做这样的梦：自己在刷一个巨大的马桶，马桶里有一只小小的蛆虫，他怎么也刷不到。他对这只蛆虫异常地厌恶，异常地痛恨，可就是刷不掉这个恶心的东西。越刷不掉他越着急，急着急着就醒了过来。他虽然不会心理分析，可是也能隐隐感觉到，其实那只蛆虫就代表了他自己，在内心深处，他对自己其实是厌恶不已的。想到这里，两滴混浊的泪会不知不觉在夜半三更爬上魏进忠的眼角。实际上，自尊和欲望一直在魏进忠憨直的外表下顽强地发挥着能量，他虽然缺少心机，但并不是没有心机：他对皇子和才人的鞠躬尽瘁，难道是出于纯粹的忠诚吗？他接近客氏，仅仅是阴差阳错吗？在内心深处，他一直模模糊糊期待着“那一天”的到来，那扬眉吐气的一天，那光宗耀祖的一天，那让你们所有人都看看我魏某人究竟是什么人物的一天。

现在，这一天终于来了。在机会面前，魏忠贤表现了他果断敢为的本色。面对司礼监秉笔的任命，他没有丝毫的谦退。虽然一字不识，但他有他的办法：他让别人替他讲解奏折，把艰深的古文翻成浅显的白话，然后，他发号施令，再让人把他的命令翻成文言，用朱笔书写在奏折上。通过这样一个繁杂的过程，他把自己的个性毫不犹豫地写进了帝国的政治史。

权力的滋味胜过了所有的琼浆。这才真是天下至味！天下所有人的生杀荣辱都在自己的一念之间。他的一句话，可以使一个高员一生的努力化为乌有，也可以使另一个人瞬间飞黄腾达。全帝国所有最聪明、最能干、最富有的人都要跪倒在自己的脚下，自己一跺脚，四夷八荒都要颤动。

由社会最底层瞬时升到世界的制高点，他一时有点头晕目眩。不过，这并不妨碍他体味这超强的快感。现在，他对命运的抱怨一扫而光，取而代之的是疯狂的感激。俯视自己脚下的芸芸众生，一股大政治家的责任感油然而生。他踌躇满志，一定要励精图治，把这个帝国治理得海晏河清，让百姓苍生都过上幸福的生活。他感觉自己此刻是如此的高大、慈祥、睿智，大手一挥，就会把温暖洒向四面八方。这才是他，真正的魏忠贤！

七

可惜，对一个总揽帝国全权的大政治家来说，魏忠贤的农民、倒马桶者、伙食管理员的资历太过苍白。他缺乏起码的文化素养，又没有任何政治经验和政治智慧。他所有的资本不过是“担当能断”和“颇有记性”而已。如果他有一点自知之明，也不会接过这烫手的担子。虽然胸怀大志，但他治理的大明天下不可能不走向空前的混乱。今人苗棣的《魏忠贤专权研究》中讲了这样的几件事情：

天启六年（1626年）初，兵部请求提升镇虏关提调董节为游击将军。魏忠贤听了奏折，惊喜地发现了其中的“破绽”：从提调到游击将军中间还有个都司佥事的级别，为什么没有经过这个级别直接超升？这里头一定有问题，说不定是一起舞弊大案！他深为自己的“洞察”而得意，立刻下旨责问。兵部立刻做出了解释：因都司佥事一级实缺较少，提调一般都直升游击将军，这是几十年来的惯例，有据可查。但魏忠贤既已认为是大案，哪能随便放过，竟然硬把主管武官升迁的官员削籍为民。兵部尚书再次说明情况，魏忠贤不但不承认自己不熟悉政务，反而命令兵部以后再不得越级超升，把多年来行之有效的制度改了，真叫人们哭笑不得。

不懂硬要装懂，用错误来掩盖错误，这是魏忠贤执政时常见的现象。有一次，礼部官员李恒茂在一份奏折中用了“曹尔桢整兵山东”一句话，被魏忠贤抓住了把柄。由于不久前曹尔桢刚刚买通魏忠贤的关节当上了山西巡抚，说他“整兵山东”，无疑是错误了。魏忠贤抓住这个把柄，只不过是想证明自己的精明，如果李恒茂立刻认错，再颂扬魏忠贤一番，肯定就安然无事了。谁知李恒茂自觉委屈，偏要上书辩解，说曹尔桢本为山东布政使，虽已升职，但未赴任，说他“整兵山东”符合惯例。这番不识趣的辩白让魏忠贤恼羞成怒，以“不恭”的罪名削了李氏的官籍。李氏好好的前程，就因为这样一次莫名其妙的误会毁了。

由于缺乏起码的从政经验，所以魏忠贤解决政务难题时，常常会别出心裁，让人哭笑不得。辽东战事吃紧，急需马匹，魏忠贤为此想了一个绝招：明朝资深内官有在宫中骑马的特权，不过，这些人逢年过节要向皇帝进献好马一匹。魏忠贤于是一下子赐给几百名太监在宫中骑马的特权，而后就不断地降谕进马。在这幕喜剧中，魏氏表现出了小农式的狡黠，然而，这区区几百匹马于事无补，徒然让人笑话而已。

明御马监随驾牌

八

别人怎么哭笑不得魏忠贤不知道，他自我感觉良好。因为自从当上司礼监秉笔，他耳边听到的，都是对他的颂扬，他眼睛看见的，都是如花一样的谄媚笑脸。像历来的首领太监一样，他在京城东部有了一座豪华壮丽的府第，有了无数的仆人，他们如同他肚子里的蛔虫，是那么机灵乖巧，了解他的每一种喜好，把他侍候得浑身舒泰。每天晚上回府，都有一大批各式各样的人物在等待他的接见，他们卑躬屈膝、战战兢兢，乞求他赐给他们些好处，或者等待着他对他们的命运进行裁决。

这种感觉实在是太美妙了！一连几个月，魏忠贤都像是在腾云驾雾中度过。他像一个小孩子一样，充满新奇地仔细体验着自己的尊贵不凡，并且努力向世人夸耀，人来疯似的。

就像突然暴富的大款烧钱以显示自己的富有一样，刚刚从卑贱变为崇贵的魏忠贤不放过任何一个炫耀自己的机会。何况他又是一个粗放外向的人。他特别喜欢炫耀自己的排场，生怕别人不知道他权力的显赫。每次出行，他都要“坐文轩，羽幢青盖，四马若飞。铙鼓鸣镝之声，轰隐黄尘中。锦衣玉带靴裤握刀者，夹左右驰，厨传、优伶、百戏、舆隶相随属以万数”。随从多达万人，也许有些夸张，但有史以来没有任何一位大臣的出行有他的派头大应该是无可怀疑的。

在穿着上，他也要千方百计显示自己的特殊地位。平时他经常穿龙袍，龙的纹样比藩王仅差一爪，与皇帝冠服只是颜色上略有不同。甚至连内衣内裤上，都要绣上金线蟒龙！

魏忠贤并没有任何僭越之意，他只是头脑有些简单，只是想让所有人知道他的高贵、与众不同。

所有这一切，仅仅反映了这个人资质的庸劣。他甚至连起码的避讳之道都不懂。如果他稍稍懂一点历史，稍稍读一点书，他就会知道，历史上凡是手执朝柄的太监，十之有九没有好下场。远的不说，就以本朝来讲，约一百五十年前权倾天下的太监王振死在战场上，死后全族老小包括婴儿都被杀光。约一百年前的“立的皇帝”刘瑾（不是“坐的皇帝”），更是被凌迟处死，活割了三千多刀！

魏忠贤不知道历史，他也不想知道。他只想福泽天下，雨露苍生，以此来证明自己的能力。他干得兴致勃勃，兴高采烈，也干得兢兢业业。每天一大早，他就起床，听别人念文件，然后他口述意见，一处理往往就是一天。虽然累，但是他感觉充实极了。和倒马桶不同，此刻，他真正体验到了工作的快乐。用现代的话说，“他把全部的精力都贡献给了大明王朝”。绝不像史书所说，他要颠覆大明天下。他从来没有这样的想法，治理好大明天下，才是他切身利益所在。

然而，东林党人对此不以为然。

九

东林党的遭遇，典型地说明了“忠臣”是多么荒谬的一个角色。

有明一代是中国历史上昏君最多的一代，也是忠臣辈出的一代。昏君与忠臣相辅相成，正如同阴与阳、高与下、黑与白，相互对立又相互依存。

忠臣们自幼饱读圣贤之书，胸中罗列了许多天理。他们认为，世界就应该按照这些圣人总结出来的天理运转，一丝一毫都不能错误。按照天理，皇帝是上天在人世间的代表，是天下众人的表率，所谓“一人正而天下正”。皇帝应该具有最高的道德水准，并以此来感化天下万民，正所谓“天生民性有善质，而未能善，于是为之立王以善之，此天意也”。然而，拿这些天理和皇帝的行为对照起来，他们经常极度失望。

有明一代皇帝，因为太祖朱元璋血液中的卑劣因子，成才的太少。自成祖以下，也就是从朱元璋的孙子辈起，就一代不如一代。由于热衷于宫闱秘戏，他们大多享年不永。仁宗即位不到一年，就因为性病暴死；宣宗游戏无度，死于三十八岁的盛年；英宗时太监王振专权，几乎亡国；代宗懦弱自私，死时刚刚三十岁；宪宗好方术，专宠方士和太监；武宗荒唐放纵，胡闹了一辈子；世宗的年号“嘉靖”被海瑞解释为“家家皆净而无财用也”；穆宗纵欲过度，死时三十六岁；神宗在位四十八年，三十年不上朝，大臣们都不知道他长得什么样儿；再下来，就是一月天子光宗和当时的圣上天启帝了。很显然，这父子两个也不是什么出类拔萃之辈。

因为朱元璋的大力提倡，明朝的士人对“四书五经”背得最牢。他们抱了一腔悲愤，拼死要把皇帝纠正成为尧舜那样的圣人。因为道德上的巨大优越感，有明一代，大臣和皇帝说话就特别不客气，犯颜直谏的人也特别多。他们写得高兴了，甚至要在奏折里对皇帝嬉笑怒骂，挖苦讽刺，然后得意扬扬地拿出来给大家看。海瑞对嘉靖帝直言不讳地说：“天下人不直陛下，久矣！”也就是说，天下人已经很久以来不把你当回事了！武宗朝大臣指责武宗“自取覆亡，为天下笑”。雒于仁则指责万历皇帝纵酒、贪财、好色、尚气。这些人都

明武宗朱厚照（正德帝）像

在史书上留下了令名。

说来奇怪，忠臣们为了皇帝的利益，不惜性命，而皇帝们对这些忠臣则恨之入骨。因为在忠臣的笔下，他们原形毕露，龙袍掩盖不了他们自身的庸劣，他们的自私、懒惰、愚蠢、猥琐纤毫毕现。在皇帝看来，忠臣们简直像现代社会的狗仔队，是天下最讨厌的生物。皇帝在宫中喝了一回酒，骑了一回马，第二天，立刻就有人上折子，告诫他酒乃丧德之物，非天子之所宜用；告诫他千金之躯，不宜驱驰。哪怕这一段时间他到哪个妃子那去多了，过一段时间也会有人上书，隐隐约约地告诫他要节欲，告诉他“无贪一时枕席之欢，而忘保身之术”。

与大臣们相比，皇帝们文化水准普遍不高，既然辩不过大臣，就动手，好在廷杖制度让他们能合法地发泄心中的怨气。所谓廷杖，就是皇帝看哪个大臣不顺眼，就推出午门之外，扒下裤子，打屁股。由于这种方式非常适用于发泄皇帝对忠臣们的深刻怨毒，所以皇帝们屡用不爽，有的时候，廷杖被当成了消灭那些讨厌的大臣的一种简便方式，因为不用经过任何司法程序。有明一代死于廷杖的官员不可计数。偏偏忠臣对此毫不畏惧，甚至他们还渴望死亡，因为这样会使他们在忠臣榜上得到最高的荣誉。

东林党人就是这样一群忠臣。他们反对魏忠贤，原因不在于魏忠贤的水平太低，也不在于政治见解的不同，而在于魏忠贤的身份。明朝祖制，太监不可干政。即使魏忠贤真的才略能经天纬地，也不能由他来代天理政。因此，在魏氏掌权之后，各种反对的奏疏就一上再上。

天启二年（1622年），刚刚踏入官场的初生牛犊、新科状元文震孟上了一道奏折，指责皇帝没有真正承担起经国大任：“皇上昧爽临朝，寒暑靡辍，于政非不勤矣，而勤政之实未见也。鸿胪引奏，跪拜起立，第如傀儡之登场，了无生意。”

文震孟直言不讳地指出了当时政治现象的不正常：虽然皇帝按时上下班，从不迟到早退，可不过就是一具傀儡，被人操纵。这位新科状元显然掌握了历朝忠臣上书的诀窍，用语尖刻，一针见血，让人无法回避。魏忠贤见疏大怒，立刻下旨，要对文震孟廷杖八十。然而，朝臣们坚决反对，大力救护，文震孟被免除了廷杖，仅被贬秩调外而已。

通过这一回合，魏忠贤第一次明确认识到，朝廷上下有一股反对自己的巨大势力。这仅仅是个开始，后来，此类奏疏越来越多。天启三年（1623年），周宗建上书把魏忠贤比做太监刘瑾，说他祸国殃民，要求立予罢斥。紧接着，给事中刘化弘、陈良训，御史方大任、黄尊素等人数次从不同角度直接或间接地攻击魏忠贤。天启四年（1624年）六月，东林党人的代表、左副都御史杨涟上书历数魏忠贤二十四条大罪，指责魏忠贤夺皇帝之权，恣意专擅；指责魏忠贤擅改成例，破坏法度；指责魏忠贤僭越，出行时俨然是天子的派头。

这一上书，实际上成了东林群臣对魏忠贤发起总攻的动员号令。六、七、八月，弹劾魏氏的奏折蜂拥而至，竟多达七十余章。从大学士、尚书，到普通的京官，都加入了这一行列。一时间，紫禁城上空乌云密布。

十

见到这些铺天盖地的奏折，“担当能断”的魏忠贤心中真的惶惶无主了。一方面，他感觉委屈，自己一心一意为大明朝做事，换来的却是这样的结果；另一方面，他也越来越心虚，毕竟，他也知道太监干政，历来都是不合正统的。朝臣们的咄咄逼人，让他无比明确地感觉到了自己头上的危险，一旦身败名裂，等待自己的必然是最惨的下场。然而，权力的滋味让人一旦尝了，就绝难舍弃。魏忠贤是个凭本能生活的人，维护既得利益的本能毫不犹豫地控制了他，他立刻找到了客氏，一起到皇帝面前去乞求庇护。

和历朝皇帝一样，天启帝对这些朝臣绝无好感，也不信任。在他眼里，这些成天板着脸的大臣既陌生又可怕，同时还讨厌。而魏忠贤的忠诚他从不怀疑，这个在自己身边侍候了几十年的老仆像狗一样驯服听话，善解人意，对他关心备至。主仆二人情深谊厚，这种情谊是在几十年共同生活中一点一滴积累起来的，绝难打破。因此，在魏忠贤和客氏“日夜哭诉”之后，他坚定地站在魏忠贤一边，同意魏忠贤把杨涟的奏折留中不发，也就是不予答复。同时，以皇帝的名义颁旨表彰魏氏的忠与贤，维护魏忠贤的权威。在以后的日子里，皇帝对魏忠贤的信任从未动摇，他与魏氏风雨同舟，义无反顾地做了魏忠贤的坚强靠山。

对于皇帝的庇护，慷慨激烈的东林党人毫无办法。他们可以对皇帝直言不讳，可以一针见血，可以指责，甚至可以讽刺，但对皇帝的决定却不能不执行。毕竟，皇帝是他们的主人，他们是皇帝的附属物。虽然皇帝昏庸，然而大明天下是皇帝的私产，他要怎么处理，奴才们无权干涉。他们所能做的，只能是冒死进谏而已。

皇帝的庇护就像金钟罩、铁布衫，刀箭不伤。对于这一发现，魏忠贤满心惊喜。没想到满朝“正人君子”黑云压城气势汹汹的攻击最后竟然没损及他一根毫毛。他擦了擦额头的冷汗，惊魂初定。然而，他没想到的事还在后头呢。

执政之初，除了皇帝的信任之外，魏忠贤在朝中并没有政治基础，所有人都对他的能力和合法性表示怀疑。在东林党人向魏忠贤发起攻击之初，满朝大臣都拭目以待。东林党人的一次次无功而返，让朝廷的政治天平不知不觉发生了变化，越来越多的人意识到魏忠贤的地位不可动摇，因此，许多政治嗅觉敏锐的人立刻转变风向，果断地向魏忠贤投靠。

把人分为君子、小人本来是孔子一个不高明的发明，然而世界上的事就是这样奇妙，自从发明了君子、小人的分野之后，士人果然就分成了君子与小人两个团体。明朝士大夫争相标榜道德，崇尚气节，忠臣辈出，为历朝之最。然而，有明一代，士大夫中卸去所有道德负担，不要任何廉耻的人也比历朝为多。

东林党人是前者的典型代表，而所谓的“阉党”则由后者组成。

天启四年（1624年）春，内阁大学士魏广微第一个敏锐地感觉到魏忠贤势力已成，急忙以同乡兼同姓的身份交结魏忠贤。头一回得到文臣的支持，魏忠贤受宠若惊，对魏广微也相当感激尊重，两个人一时间打得火热。魏广微上书给魏忠贤，封面上都写“内阁家报”，公私合璧，可谓一大发明。

天启四年八月，巡按御史崔呈秀由于贪污受贿，被革职查问，将被惩以重罪。危急之下，他通过熟人的引见，趁夜造访魏宅，痛哭叩头，一面申诉自己受了东林党人的排挤，一面要求做魏忠贤的养子。“当是时，忠贤为廷臣交攻，愤甚，方思得外臣为助。……得呈秀，恨相见晚。”两人一拍即合。崔呈秀很快复职，以后又迅速上升为左都御史、少傅兼太子太傅，成为朝廷重臣。

很短的时间内，一批大臣就聚拢在魏忠贤身边，而且形成了滚雪球效应，越聚越多。明朝中叶以前，阉寺之祸虽盛，士大夫还是耻于公然与之为伍的，但到了末世，他们连这一点廉耻也不要了。内阁首席大学士，身份相当于丞相的顾秉谦，竟然在一次家宴中对魏忠贤叩道：“本欲拜依膝下，恐不喜此白须儿，故令稚子认孙。”拐弯抹角地硬要给魏忠贤当儿子。而另一位曾以兵部侍郎衔总督川贵的张我续手法更高明，他因有一个女仆是魏忠贤的本家，于是“加于嫡妻之上，进京八抬，称‘魏太太’”，公然以魏家姑爷自居。

史载所谓“十孩儿”“四十孙”，大部分都是两榜进士。做了魏忠贤的儿子或孙子，对他们来说，这就等于给自己的前程加了一个保险。这些人都是饱读诗书之辈，明朝及其以前各朝的依附太监者，无一不身败名裂，这一点他们不会不知道。然而，巨大的现实利益让他们顾不了太多了，这群末世赌徒，把自己的一生赌注都押在了魏忠贤身上，一旦拥有了权力，就急不可待地贪污纳贿，卖官鬻爵，安置私人，挟嫌报复，要在最短的时间内为自己赚足利息。至于国势如何衰微，政局如何混乱，那就与其全然无关了。一个帝国在魏忠贤集团的领导下，不论怎样天昏地暗，大概也不值得奇怪。

十一

天启年间那些奇怪的政治现象与魏忠贤的个性息息相关。

在小农社会，信任的基础来自血亲关系，只有自己的家人亲戚才是最亲近最可靠的。出身农民的魏忠贤在组织自己的集团时，本能地想到了模拟血亲关系，所以他大认干儿、义孙，这样他才能对这些人放心使用。对他的“儿孙”们，他尽心尽力地照顾栽培，许多人都获得了火箭式的提升。

只要投奔他，他就立刻给予回报，做事大刀阔斧的他气魄宏大，来者不拒。东林党攻击之初，他惶恐不已。然而此时，他对自己的力量充满了自信。有那样多的心腹给自己出谋划策，“担当能断”的他更加有恃无恐。很快，魏忠贤就向东林党人发起了进攻。

事实证明，这些大义凛然的东林党人其实不堪一击。魏忠贤在他的谋士指使下，寻找各种借口，组织人对东林党人进行弹劾，然后再以皇帝名义加以罢免。东林党人好面子，有的时候，不用魏氏罢免，遭到弹劾的大臣自己就提出了辞职。这样，数月之间，东林党人就已被清洗殆尽。

面对失败的政敌，魏忠贤没有一点大政治家的胸襟，而是恣意发泄自己心中的积怨。御史周宗建在弹劾魏忠贤时说魏氏“目不识一丁”，这句大实话让魏忠贤恼羞成怒，在反击之时，周宗建被无端下狱，活活折磨死了。在拷打周宗建的时候，魏忠贤的亲信爪牙还厉声骂道：“复能詈魏上公一丁不识乎？”

对于那些曾经指责自己统治不合法、能力低下、出身卑贱的人，魏忠贤报复起来残酷无比。杨涟、左光斗、高攀龙等人都被他百般折磨而死。杨涟死前，经受了多次惨绝人寰的毒刑，死时被铁钉贯脑，身无完肉。魏忠贤之所以如此恶毒，就是因为他确实出身卑贱、能力低下、统治不合法。

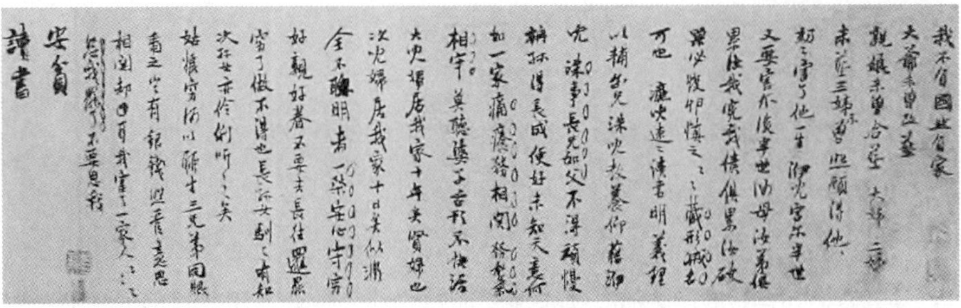

魏大中绝命书

魏氏执政之后，人们很快发现魏忠贤有个近乎病态的爱好：爱讲排场，爱听恭维，无论怎么过分的吹捧他都能欣然接受。于是，恭维魏忠贤就成了朝中大小官员的一个升官捷径。魏忠贤的“政绩”实在可怜，然而这毫不妨碍官员们发挥聪明才智。天启六年（1626年）闰六月，京师中府草场失火，自夜至晨，损失不小。魏忠贤带着太监，参加了扑救。对于这场火灾，主管官员薛贞有不可推卸的责任，然而，这位薛贞很善于“把坏事变成好事”，从光明面去看问题。他汇报时不是把重点放在“灾”上，而是放在“救”上，全力突出魏忠贤的表现，说魏氏“尽心竭力，别具一应变之才而布置安排”，并且就此大发了一通议论：“可见天下无难事，特患无实做事之人耳。使人人皆能如此实做，何遽谓天灾不可挽回哉？”一下子，这个报告就有了高度，也有了深度。魏忠贤读了，心里舒服得无与伦比，在别人眼里，他魏忠贤只不过半夜起来救了场火，而薛贞居然由此看出他“别具一应变之才”，这是何等不凡的眼光！而且后段的引申，足见此才可以安邦定国。于是，薛贞不但没有受到任何处分，反而很快被提升为刑部尚书。因祸得福，薛贞因而被朝野上下称作“火逼尚书”。

还有一些人，干脆把阿谀拍马当成贿赂，直接开价来讨回报。延绥巡抚朱童蒙丁忧，按规定应该离职守孝三年。然而他贪权恋位，于是上书大吹魏忠贤的功德，并暗示自己不愿离任，于是朝廷降旨，要求他不许回家守孝。有一个朱姓中书舍人，为了升官，专疏大捧魏忠贤，称他“内辅得人，师济在列”，肉麻无比。而他居然就因此而蒙特旨准予考选，后来还得到了升迁。

凡是魏忠贤所做的事，不管大小，一律是英明睿智，无人能比。由于魏忠贤实在没做过什么大事，人们只好任何一件小事都不放过。天启六年（1626年），东厂太监抓到了一个后金奸细。这本是一件寻常之事，但由于东厂是魏忠贤主管，于是就被升华到异乎寻常的高度，文臣们起草的圣旨说魏忠贤：“赤心为国，殚力筹边，前此屡著奇勋，今又潜消大衅，不烦亡矢遗镞之费，可比斩将搴旗之功，劳在封疆，赏宜超格。”“捷音虽报于边塞，胜算实出于庙堂。”袁崇焕守卫宁远等功劳就这样算到了魏氏头上。为了酬答这样的奇功，朝廷特封魏氏之侄魏良卿为肃宁伯。

魏忠贤主持重修了皇极殿，这个普普通通的工程在朝臣那里变成了经天纬地的大事：“（魏氏）心忠捧日，志切补天。焦劳靡闲于晨宵，率作几忘乎舄履。故能承累朝之堂构，成不日之经营，一人有攸跻之安，万邦仰垂裳之象。”简直如同再造帝国的大功一样了。既然如此大功，当然要加官晋爵，于是魏忠贤被晋为上公。这是明朝外姓大臣所能得到的最高爵位。

从天启五年（1625年）开始，朝臣们对魏忠贤的赞颂越来越多，很快变得铺天盖地。朝廷也因为魏氏的一桩桩大功不断加以封赏。从伯而侯而公而上公，他很快达到了最高爵位。同时，在魏家亲戚中，一人封伯后又封公，一人荫为正一品大员，一人从一品，四人正二品，三品以下不计其数。赤贫的佃户魏家如今笏满床，转眼成为天下最显赫的家族。魏忠贤先被称为千岁，后被称为九千岁，再后来居然被称为“九千九百岁爷爷”，离万岁只有一步之遥了。

如此狂封滥赏，并不是完全出于贪欲，最主要的心理动机，还是魏氏心中那深深的自卑。在意识最深处，魏忠贤一刻也不能忘了自己出身至卑至贱，每天都在怀疑自己的能力，坐在这至高的权位上，他其实无时不在忐忑。虽然表面上赫赫扬扬，但他心里总是没底，深夜做梦，他经常梦到自己被人褫去权位，又成了一个赤贫的农民，回到早年住过的那三间破草房里，原来的哥们又来取笑他，又叫他“傻子”。醒来后，经常惊出一身冷汗。人贵有自知之明，庸人所缺的，恰恰是自知之明。魏忠贤一直期望自己能出人头地，他绝不认为自己比别人差，甚至还认为自己颇为杰出。登上权力顶峰之后，最让他迷醉的，还不是锦衣玉食，高官显位，而是别人对他能力的肯定。别人的恭维一次次地灌溉了他干涸已久的自尊心，一次次地帮他稳定住了心理平衡，让他确信自己果然不凡。他渐渐地上瘾了，对别人的恭维越来越饥渴。如果没有这些恭维，他无法保持自己的心理平衡。这种上瘾和毒瘾是那样的相似，只有剂量越来越大，才能满足他不断增长的要求。于是，恭维之词越来越夸大，越来越离谱。由于缺少文化，那些在别人看来夸张得可笑的言辞他却受用无比。他生怕别人发现自己的底细，其实他也生怕自己清醒地认识到自己的底细，于是他只好变本加厉地虚张声势，构建一个高大完美的自我。

然而，这种外来的支撑毕竟解决不了根本问题。魏忠贤不是彻底的白痴，所以他的内心经常在两极之间摇摆。有时他觉得自己真的像别人所说的那样无所不能，天生聪明，洞察一切。有时他又觉得自己其实一无是处，不过是个废物。和他的谋士们比起来，他明显感觉自己脑瓜不够用。这种情形多么像一个酒精中毒者的表现，他们一会儿可能上了云天，摆出一副崇高的姿态，做出许多宏伟的许诺，可是过了一会儿就可能变得怯懦绝望，卑躬屈膝。

有一次，他的心腹不小心说了一句“外官谄哄老爷”，竟引得他“垂首冷笑，长吁短叹，切齿曰‘原来天下人都是谄哄虚誉我’”，并且因此数日称疾不起。仆人一句不小心说出的话竟然就打破了无数次赞颂支撑的心理平衡。由此可见，魏忠贤的内心其实是何等的脆弱。

十二

为了拯救自己，魏忠贤采取了两种策略：一种是继续加大剂量，服用恭维；一种是全力镇压反对者，草木皆兵。

明朝的特务组织在历史上是极为著名的，这是由于明朝皇帝大多具有病态的好奇心，喜欢窥视臣民们的隐私。为此，他们建立了一个庞大的特务组织，由东厂和锦衣卫组成，人数多达十数万。天启三年（1623年），魏忠贤出任提督东厂太监，在这个位置上，他才真正发挥了自己的特长，干得有声有色。

由于意识到了自己统治的不合法性，意识到了社会上的巨大反对力量，所以他把特务组织的力量发挥到了极致。一方面，是为了在全社会制造一种普遍的恐怖气氛，让所有的人都不敢乱说乱动；另一方面，则是为了用无孔不入的侦察手段深挖潜在的政敌，防患于未然。

有一个故事广为人知：朋友四人在密室饮酒，其中一人喝多了，大骂魏忠贤。另外三个人不敢附和，仅瞠目而已。这时，东厂的特务突然破门而入，当即把四人抓到魏忠贤处。骂人者被活活剥皮，其他三人因为没有附和而得到了奖赏。

这个故事非常传神地突出了魏忠贤时代的社会气氛，真实情况相去无几。“道路以目”这个词用于描写当时的恐怖氛围已不是虚指，而是实指。天启六年（1626年），一位苏州官员朱祖文因事进京，将入都途中及京城内外的见闻写成《北行日谱》一卷，生动地反映出当时社会惶悚恐怖的情状。他在入京途中和在客店内都遭到了特务突如其来的检查，行李被翻了好几遍。进京后，他连续走了几家朋友，求住一宿，没有一个人敢答应他。其中一人，见他上门竟失声道：“此乾坤何等时，兄奈何自投此地？”可见当时恐怖气氛之深入人心。

在全社会都战战兢兢谁也不敢乱说乱动的同时，一个声音越来越响，那就是对魏忠贤的颂扬。这种颂扬变得越来越离谱了。在魏忠贤授意下写成的谕旨中，充满了对他本人的褒奖颂扬：他称赞自己“一腔忠诚，万全筹划。恩威造运，手握治平之枢；谋断兼资，胸涵匡济之略。安内攘外，济弱扶倾”，他还说自己是“独持正义，匡挽颓风，功在世道，甚非渺小”。

别人的吹捧当然比这还要肉麻许多倍。大学士冯铨在为魏忠贤祝寿的诗中，竟然把他说成是“伟略高伊吕，雄才压管商”，简直是古往今来第一伟人。到后来，国子监监生集体上书，要求以魏忠贤与孔子并祀，并说他“复重光之圣学，其功不在孟子下”。文盲魏四做梦也没想到，自己居然取得了与孔孟并尊的地位！对这类乖张的溢美之词，魏忠贤全都欣然接受，而且对谀颂者大加奖赏。

上有所好，下必甚焉。到后来，这场崇拜运动发展到了这样的地步，帝国各地纷纷为魏忠贤造起了生祠。古往今来，从来没有人受到过这样的待遇。各省为了讨好魏氏，造成的生祠壮观远过什么岳庙、关庙。河南省城开封为了建造生祠，强拆民房两千多间，建成后前后九重，乃天子之数。延绥的“祝恩”祠，完全是以皇帝专用的黄琉璃瓦为顶。祠内的魏忠贤像都是沉香木雕成，门口贴着这样的对联：“至圣至神，中乾坤而立极；多福多寿，同日月以长明。”建成之后，各地总督巡抚还要到祠中五拜三叩，口呼九千岁，没有哪一个活着的皇帝受到过这样的尊宠。

如此荒唐的闹剧，固然是因为魏氏一人的头脑简单，但也反映了整个民族素质在精神层面的进一步劣化。

十三

再多的颂扬，也改变不了魏忠贤目光短浅的现实。他对自己的身份地位一直没有明确的认识。他似乎没有意识到，自己的权力是建立在冰山之上的，如果没有皇帝的支持，他实际上什么也不是。他从来没有想到冰山融化之后，自己将会面临什么样的命运。他只是被本能和虚荣所支配，像一个喝醉了的驭手，胡乱地驾驶着大明这驾马车，向毁灭的深渊歪歪斜斜奔去。

但是，他的集团内不乏聪明之辈，他们意识到了魏氏权力基础的致命缺陷：皇帝总有一天会死的，何况明朝皇帝大多短命。一旦皇帝去世，魏氏王朝很可能土崩瓦解。因此，他们暗中向魏忠贤献策，趁现在魏氏势力全盛之时，干脆代君自立。只有这样，才能确保魏氏集团利益长远。

然而，一听到这样的建议，魏忠贤惊得面如土色。他严厉警告谋士以后不要说这样的话，他魏忠贤是大忠之人，怎么能存这样的心？他在谕旨里夸自己"一腔忠诚"，赤心为国，这都是实况。像他这样的"伟人""忠臣"，怎么会做出这样不齿于人类的悖逆之事？

就像当初魏忠贤获得权力的轻而易举一样，命运停止在他身上的实验也是那样突如其来。谁也没想到，天启七年（1627年），年仅二十三岁的皇帝突然得了重病。这年五月，他开始腰疼，发烧，以后又浑身浮肿，已经呈现出大限将至的迹象。从症状上判断，他得的大概是急性肾炎。

魏忠贤显出了老仆本色。六十岁的他住进了离皇帝寝宫很近的懋勤殿，日夜侍候皇帝起居。为了救皇帝的命，他想出了无数办法。他请来巫师，给皇帝驱邪，他在宫中发放金寿字大红贴裹，要用一片金色红色的喜庆气氛驱赶病魔。因为皇帝的病情日渐加重，他多次暗自垂泪。

可是一切都无济于事，三个月后，天启帝去世。由于无子，由弟弟朱由检继承帝位。

魏忠贤哭得昏天黑地。他对天启帝情近父子，皇帝的突然崩逝，对他的打击颇为沉重。他一心一意地沉浸在悲痛之中，丝毫没有意识到危险正悄悄聚集在自己的头顶。他也知道新帝登基后，也许不会像先帝那样信任自己，自己不会再有这样大的权势，可是，凭自己的忠心，后路也不会坏到哪儿去。这个庸人，在政治上迟钝得可怕。

魏氏集团的其他人可比他明智得多，还是在天启帝病重期间，就已经有人开始故意在朝政上反对魏氏，以在众人面前划清自己和魏忠贤的界限。对此，魏忠贤还懵然不知。

新皇帝崇祯与天启帝完全不同，此人"心乐读书，十余龄即好静坐"。他对政治有着强烈的兴趣，一心一意要挽大明于危难。对于魏氏集团的胡作非为，他痛恨到了极点。一开始，他对魏忠贤还敬畏有加，慑于魏氏的巨大权势，他暂时没有任何动作。然而，经过一段时间的观察，他发现这个庞然大物其实是个纸老虎，即位两个月之后，他决定动手了。他首先示意臣下弹劾魏忠贤，长期以来聚集的反魏能量一泻而出，弹劾魏氏的奏折铺天盖地。天启七年（1627年）十一月初一，崇祯帝发布文告，宣告魏氏乃大恶之人，“本当寸磔，念梓宫在殡，姑置凤阳”。

一声令下，前朝老仆魏忠贤听话地卷起铺盖，到凤阳祖陵去守陵了。然而，皇帝的“姑置凤阳”只不过是句客气话，算是给先帝留个面子，他怎么会真的养虎遗患？中国政治历来讲究斩草除根，魏忠贤面前只剩了死路一条。十一月初六，得知皇帝要取他性命后，魏忠贤在南行路上上吊而死。

魏忠贤的尸身最初被草草埋葬在阜城，后来为了昭示国法，又被挖出来处以凌迟之刑，并在他的家乡枭首示众。魏氏的贤子魏良卿被处死，其他家庭成员被发往烟瘴地面永远充军。

十四

河北肃宁大魏庄的一座座高宅大院被查抄、没收、拆毁。这些气势轩昂的层楼叠院刚刚建成几年，有的建筑还没有最后完工。

赫赫扬扬了三五年的魏氏家族，土崩瓦解，不可一世的诸多公侯一日之间成了被人踢来踏去的死刑场上的尸首。刚刚聚敛到手的财富又一扫而去，侥幸没死的魏氏后人戴上沉重的枷锁，一步步走向遍地不毛的边疆。在那里，他们落地生根，盖起土坯房，开垦贫瘠的荒地，重新开始了赤贫的生活。

几十年前那场赌博换来的，全部又失去，魏氏家族又回到了原点，不，甚至远远不及原来的生活。

如果魏忠贤九泉之下有知，他会后悔自己当初的那场赌博吗？

在劫难逃：张献忠

一

崇祯十七年（1644年）六月二十一，重庆通远门外的空地上，三万七千名明军聚集。他们被编成百十个长队，鱼贯前进，到队伍前的木案处，伸出右手，放在案上。

站在木案前的士兵手起刀落，那只手应声而断，留在案上的手指还在抖动。血如喷泉一样从断臂上喷出。执刀士兵一脚踢开他，喊道："下一个，快点！"

这是明末农民起义军张献忠部在处理被俘明军。六月二十，张献忠攻破重庆城。这是他入川之后的第一个大胜仗，全军上下，兴高采烈。张献忠特别指示，虽然明军曾经顽抗，但八大王此次宽大为怀，俘虏一个不杀，仅剁手为戒。

这些俘虏没有理由不庆幸，但还有人希图进一步的侥幸。农民军明令伸右手，有人却伸出了左手。一刀下去，左手掉了，然而又被刀刃拦住："右手！"

于是两只手都废掉了。

剁手是张献忠部惯行之事。其作用有三：一是作为对负隅顽抗之人的惩罚；二是防止这些人以后再持兵器，与起义军为敌，这就是他们必剁右手的原因；三是让这些人作为活教材，让未征服地区知道抗拒义军的后果，以散布恐怖，达到震慑的目的。

这些断手的士兵被放出城，逃奔各自老家。他们把恐怖像瘟疫一样传播到了四川的各个角落。

传说中的"劫数"似乎真的要降临了。

二

中国人对佛经里的“劫难”二字有着独特的解读。劫难并非像佛经所言千万年才发生，而是每隔一二百年就要降临中国大地一次。每隔一二百年，人口增长和社会不公就要压垮王朝的纲纪，劫难如约降临。平时循规蹈矩的人们失去理智，相互杀戮，血流成河，王公大人们为贪婪付出了代价，雄伟的建筑与山积的财富化为灰烬。劫难过后，人口锐减，吸够了血的土地又重新蓄足了肥力以供养新一轮的繁荣，新的王朝在废墟上巍然建立。

中国历史就是这样了无新意地循环，一代代先人的灾难记忆，积淀成中国人心灵深处的集体无意识，愚民百姓虽然缺乏把握历史规律的理性能力，却不乏体察历史节奏的感性直觉。每有天灾人疫，老人们就会念叨：“老天爷又要收人了。”天下大乱前，常常会出现种种耸人听闻的预言：“近世将遭大劫，天地昏暗，日月无光，人民非被刀兵水火，即罗奇疾。”“一日一夜黑风起，吹死人民无数，白骨堆山，血流成海。”……

明末义军纷起，陕西、山西、河南、湖北四地鱼烂之时，四川相对平静。他处赤地千里，灾异流行，天府之国却风调雨顺，五谷丰登，一派太平景象。豪门大户斗鸡走马，争奢竞侈，似乎他处的灾难与四川毫不相关。

然而，不知道从什么时候开始，一首不祥的歌谣在歌舞升平的巴蜀大地悄悄流传开来：“流流贼，贼流流，上界差他斩人头。若有一人斩不尽，行瘟使者在后头。”

又有一首同样阴森：“岁逢甲乙丙，此地血流红。有屋无人住，有地无人耕。”

大人们听了，每每喝止孩子：“不要唱！”拉过来打屁股。

然而，还是禁不住。

谁也说不清这些歌谣起自何时，来自何方。它们就像毒瘴一样，从静僻幽深的山阴水涯处弥散出来，带着刺骨的寒意，让在太平世界中生长起来的四川人不禁暗暗打一个寒战。

四川人不久之后的遭遇，可谓与这首歌谣分毫不爽。中国人的预言能力让人震惊。然而，无奈的是，这种预言能力却丝毫无助于这片土地上的人逃脱将要罹受的灾难。这就是这片土地的诡异之处。

所以，中国人说："在劫难逃。"

三

崇祯十六年（1643年）十一月，张献忠占领了湖南全部和江西一部。这是他到那时为止起义生涯中占地最广的一次，按理他可以以此为根据地，以图霸业。然而，此时李自成已横扫北中国，北京指日可下，一统帝国的大势已显。张献忠既然不甘心向李自成俯首称臣，那只有及早放弃这块与李军接壤的地方，远离李自成的卧榻，以待将来。

天下易守难攻之地，无过于蜀。就帝国而言，四川僻处一隅，北有秦岭，东有三峡，都是天险。蜀中又有丰富的人力物力资源，足可立国图存。

张献忠是个勇于决断的人。崇祯十七年（1644年）春，他率全军溯江而上，沿巴东、巫山、奉节一线进入四川，准备"暂取巴蜀为根，然后兴师平定天下"。于是便有了重庆之战。

破城之后张献忠部的作为，史书上只有简单扼要的寥寥几笔："重庆城陷，（明宗室瑞）王被执，夫人、世子，阖门自尽。""大杀"，"自瑞王以下，死者万人"，"贼断军

李自成

士臂三万七千人”。

和平时代的我们也许无法通过这寥寥二十几字感受彼时重庆人在劫波中遭遇的恐惧和痛苦。古往今来，在东方这片土地上，战争中的某些内容不过是毫无新意的重复，比如火灾、屠杀、妇女的罹难。数年之前，张献忠攻破安徽庐州城（今安徽合肥）时，城中一位叫余瑞紫的读书人曾在文章中记载了张部的所作所为。我们可以借用余瑞紫的这些记载，了解那个时代“城破”这两个字对百姓意味着什么。

崇祯八年（1635年），张献忠部转略安徽。

五月初六日，天还没亮，安徽庐州城内忽然鼓噪大起，人民骚动。原来张献忠部已在市民睡梦之时突袭攻破了庐州城，街上不断驰过张军的马队。余家上下顿时乱成一团，七嘴八舌讨论怎么办。余瑞紫回忆说：“我母亲说：‘你快跑，别管我！’老婆也叫道：‘快跑，别连累你！我不过一死！’我于是和二弟一起离家逃跑。”

灾难到来之时，与西方人妇女、孩子优先相反，在生活中牺牲惯了的中国女人会一如既往地将活的机会让给男人，而中国男人则当仁不让，清人王秀楚撰《扬州十日记》中也有类似的记载。余瑞紫与弟弟跑了。“到鼓楼南街，街上人已挤满了。往南走，南边是张献忠的士兵，往北跑，北面也已经被张军把守。人们两头乱窜，如鱼游釜中，二弟和我此时失散了。我见街边一户人家门虚掩着，就钻进去，钻到了这家卧室床下。这时，又有一个人也在慌乱中跑进了这个院子。后面紧跟着一个张军。那个人吓得要死，浑身发抖，幸那个军人对他说：‘你不用怕，不杀你，吾们老爷要吾们来安抚你们。’”余瑞紫闻听此言，想既然他们不杀人，不如出来，要不然一会儿军人搜完了东西放火烧屋，自己反倒无处可逃。于是，战战兢兢地爬了出来。

那个军人在院里找到了两头大驴，命两人牵着，到十字街去搬东西。路上经过一家门口，有一个老人守着门。军人问他：“家里有牲口吗？”老头回答：“没有。”军人挥刀，把老头劈头砍死。进院搜寻，果然没有牲口，只搜出了一大堆绸缎衣服，放在驴背上驮着，来到西门外放下。余瑞紫又被军人押着回城内去找酒。

路上恰路过余家，余瑞紫“从火巷中一望，只见老祖母还扶着后门框站着往外看，我也不敢和她打个招呼。这时，我还不知道母亲已经尽节自沉于水塘中，我老婆也跳到塘里，所幸没有没颈，头掩在浮萍之中，得了一命。我弟媳妇周氏晚了一步，刚刚跑到塘边，就被进院来的张军扯住，周氏尽力挣扎，被张军一刀砍在脖子上，昏厥过去。刀砍得不深，没有砍断喉咙，迁延到第二年六月才死去”。

妇女的大量死亡是东方攻城战争中的固定情节。她们的自觉性也一再令人惊讶。她们壮烈得懦弱，高尚得简单。

余瑞紫抬着酒坛，路过回龙桥巷。“到赵家塘石台砌边，只见满塘妇女，有淹死的，横尸水面，也有许多没死的，在塘中半浮半沉。台砌上还站着一个老妇人和一个少妇，犹豫着不敢往下跳。看见我们过来了，那少妇才要往塘里奔。押我的军人上前一把扯去要带走，妇人大哭挣扎。老妇人战战兢兢地从旁劝道：‘千岁爷爷叫你去，你就去吧！’妇人越发大哭不去。”余瑞紫大着胆子上前劝这位军人说：“老爷，这么偌大一个城，还少这么一个女人？这水淋淋的要她做什么？”这位军爷心肠不错，放过了这个妇人。

四

农民起义军的作风和军纪，是历史阅读者所无法回避的问题。

和我们在课本上和电视里所看到的不同，中国历史上历朝的农民起义军，真正秋毫无犯的并不多见。大多数起义军所过之处，难免玉石俱焚。

其实，农民军自己并不讳言自己的暴力和残酷。“归诚则草木不动，抗拒即老幼不留”即是张献忠部一贯的宣传口号。

即使是以军纪严明著称的李自成部，在向北京进发的途中，也同样发布命令：义军兵临城下，不许抵抗。起义军放第一声炮，城中掌印官要出城迎降；放第二声炮，城中绅士要出城投降；放第三声炮，全城百姓要跪在街边，迎接起义军入城。如果略有抵抗，则破城之后，必大举屠杀，“寸草不留”。在史书中，并不乏李自成屠城的记载。

就连在《水浒传》中，那些用理想的笔墨塑造出来的好汉们，也视“洗荡”村庄为常事。宋江攻下有“一二万人家”的祝家庄后，立刻“与吴用商议道，要把这祝家庄村坊洗荡了”。只因石秀说道，祝家庄里有一个老人，曾经给梁山好汉们指路，“不可屈坏了这等好人”。宋江这才大发善心，唤来老人，对他说：“不是你这个老人面上有恩，把你这个村坊尽数洗荡了，不留一家。因为你一家为善，以此饶了你这一境村坊人民。”

对农民起义军的军纪作风，其实不能苛求。这些好汉拿起刀枪前，手里握的是锄头。他们文化素质低下，聚集在起义的大旗下，绝大多数情况下并不是为了什么“纲领”，而仅仅是因为饥饿。很难想象，仅仅因为握住了武器，他们就会从“愚昧狭隘”的中国农民瞬间化蛹为蝶成“革命战士”。

五

中国的农民起义，是世界历史上独一无二的现象。

中学历史课本告诉我们，农民起义是历史前进的“动力”。故自秦始皇以来，每隔百十年，华夏大地上就会有一次农民起义来“沉重打击地主阶级的统治”，“调整生产关系”，“迫使后继王朝调整统治政策”，“推动历史前进”。那些大规模的农民起义我们耳熟能详：陈胜吴广、红巾黄巾、瓦岗寨梁山泊、李自成洪秀全……除去这些大型起义之外，地区性、局部性的起义更是遍布中国历史的每一页。仅清朝二百多年间，散见于《清实录》的农民起义在三百次以上。

然而，略略翻一翻世界史，我们就会惊奇地发现，“农民起义是历史前进的动力”这一规律只在中国有效。西方的农民起义为数甚少。西欧从8世纪起，史书上才出现农民起义的记载，从那时起到16世纪的八百年间，几十个国家里数得上的农民起义总共不过七八次。西方没有一个王朝是被农民起义推翻的。东罗马帝国存在了一千多年，内部矛盾也曾十分尖锐，但没有发生一次导致改朝换代的全民族革命。

中国的农民起义的使命是改朝换代，规模巨大，破坏力惊人。而西方农民起义则更像是一种社会运动，破坏性远较中国为小。997年，诺曼底地区的农民举行过一次大起义，一位编年史家记载说，这次起义的原因是农民要“按自己的法规来使用森林附属地和水源”。1024年，法国布列塔尼起义，以恢复古老的村社制度为目标。1524年，爆发德国农民战争，主要目的是宗教述求，为了增进“上帝的荣耀”，实现“基督教兄弟之爱”。

如果把起义简单地等同于革命，我们几乎可以推导出这样的结论：中国农民是世界上最革命、最尚武、最关心政治的农民。

可事实显然不是这样。众所周知，中国农民是“世界上最好的老百姓”，是世界上忍耐力最强、最能吃苦、最能承受社会不公正的一个群体。

这样的人群甘愿以生命为代价来选择起义，解释只能有一个：走投无路。

六

中国农民被称为“民”“百姓”，而西方农民被称为“农奴”。从字面上看，中国农民的社会地位远高于西方。然而，事实却相反。

中国农民是世界上被控制得最严密的一个群体。

早在商鞅和孟子的时代，政治家们就已认定，只有让农民处于既不“转死沟壑”，又无“余粟”“余力”“余智”去“舍本而事末”，使他们世世代代“死徒无出乡”，才能保证天下太平。从极早开始，中国政治家们就发明了“户口制度”和“保甲制度”这双重控制体系，天涯海角内的每一个村庄、每一个家庭、每一个人，都被毫无遗漏地织入帝国行政网络之内。在这个控制体系中，居民们一生下来就被登记注册，不许随便迁移，不许随便改变职业，并且相互监视，实行连坐。一家有罪，邻里遭殃。

这种控制，实际上比西欧那种庄园农奴制度对农奴的束缚要严密得多。

与此同时，历朝政府又坚持不懈地阻断民间社会自发组织的渠道，厉行打击民间的宗教组织和集会结社行为，使农民在政治上永远处于一盘散沙状态。比如元朝政府，禁止汉人划龙舟、赶集、夜间点灯。靠白莲教红巾军起家的朱元璋，登基后立刻取缔了白莲教。《大清律》则明确规定，百姓之间结拜兄弟是犯罪行为。

如此严密的社会控制，目的当然是为了“万世一系”，为了能够最大限度地剥夺农民们的财富以供养自己。中国政权对农民征课的各种租税，实际上总是远远超过官方字面上的“十五税一”“三十税一”之类的限额。从战国到明清，两千多年间，中国的农民，只有在农民起义后建立的新王朝初期三十年内，能够温饱之后略有所余。而其余大多数时期里，都处在为温饱而奋斗终生的处境中。中国农民的生活水平和欧洲农奴比起来要低很多。据学者推算，中国农民去掉赋税后，人均占有粮食通常低于六百四十斤。而在中世纪欧洲，一个农奴的年粮食消费量就达到一千零七十斤。而且，就连这低水平的生存，也多次被大的自然灾害和社会动乱所打断。

专制权力发展的规律只能是越来越贪婪。尤其是每当一个王朝进入它的中后期，庞大的官僚机器和官僚队伍总是要像肿瘤一般进入无法抑制的膨胀阶段。与此同时，人口越来越多，人均占有资源越来越少，越来越多的人掉落到基本生活水平线下。饿殍遍地，鬻儿卖女，是每一个王朝末期必然出现的悲惨景象。

七

在明末，农民们被逼到了一个什么样的角落？

关于那时社会危机的记载和描述已经太多了，在这里只需要引用下面两例资料：

天启七年（1627年），官员吴应箕在一封信里，谈到他途经河南真阳的见闻："今天走了四十里路，这四十里，都是废耕之田，一望皆黄茅白草，两边的村庄都成了废墟。我问当地人，为什么不耕种。几个人同声说：'差役太重，承受不了，只好逃亡去了。人走了，地自然就没人种了。'当地人说，一家逃走了，他家的差税就被归到他本家或者亲戚名下，久之，本家或者亲戚也没办法，也逃了。剩的人越少，每家承担的差税越重，一来二去，全村都逃光了，就造成如今的状况。"

在政府的过度榨取下，农民们无法承受农业税的重压，不得不走上流亡之路。这尚是承平年景所见。而灾荒一来，农民就更无路可走了。

万历四十四年（1616年），山东诸城县举人陈其猷进京会试，途经灾荒地区，依据亲身见闻，给皇帝上书："臣自正月离家北上，出境二十里，见道旁刮人肉者如屠猪狗，不少（稍）避人，人视之亦不为怪。于是毛骨懔懔。又行半日，见老妪持一死儿，且烹且哭。因问曰：'既欲食之，何必哭？'妪曰：'此吾儿，弃之且为人食，故宁自充腹耳。'臣因此数日饮食不能甘。"

八

西欧的农奴不仅比中国商周时候的"众人""农夫"具有高得多的独立性，就是较之秦汉以后的"百姓"也拥有较大的自主活动余地。他们吃的是面包和肉。他们当然也有可能受到过度的侵害，但是由于西方社会从来没有发展到如中国这样高度一元化和高度刚性的程度，农民们在与领主利益发生冲突时，往往有各种反抗的渠道，比如联合起来向国王进行请愿。欧洲国王们的王权是脆弱的，国王也需要依靠普通百姓的力量，来与贵族博弈。这样，统治者和被统治者形成一定程度的契约关系。当内部矛盾发展到一定阶段时，被统治阶级有渠道进行诉求，不同利益集团会坐到一张谈判桌上来协调各方的关系。

这就是西方社会没有中国这样多而且剧烈的农民起义的原因。

中国农民却没有类似的诉求渠道。他们是被取消了嘴巴并且被分割成一盘散沙的“沉默的大多数”，是社会中最容易受损害的群体。他们没有组织起来推举自己的代言人来与其他阶层博弈的可能，而“青天大老爷”在史书中出现的次数又太少。拦轿喊冤，进京上访，不但困难重重而且成功的概率实在太小。在忍无可忍之时，他们也会自发选择聚众示威甚至小规模暴乱等手段来进行抗争。然而，不幸的是，他们的抗争几乎从来没有成功过。这种自发组织起来的行为，触犯了历朝统治者的大忌，帝王们对这类行为从来都是严厉打击，绝不手软的。

让我们来看一个典型案例。

乾隆皇帝统治后期，由于人口激增，地租迅速上涨，在帝国许多地方出现了佃户要求减租的社会风潮。一开始，这种诉求是和平的，通过直接向县令跪求或者罢市的方式进行。然而，官府不是不闻不问，就是敷衍过去。

于是，有的地方采取了比较激烈的行动。乾隆十一年（1746年），福建上杭县民罗日光等人“聚众会议”，暴力抗租。群众性的暴力事件触动了帝国最敏感的政治神经，这一事件立刻被报告到皇帝那里，乾隆很快专门下达了谕令：

> 借减租起衅，逞凶不法，此风断不可长，着严拿从重究处，以惩凶顽，毋得疏纵……

乾隆皇帝本人是一个非常重视民生的君主。他当政时，曾多次普免天下钱粮，甚至在诗文中对饥肠辘辘的百姓也颇具同情、怜悯之心，至于“所愧泽未薄”“展转增叹息”一类悯农自责之句更是比比皆是。但是，当“安定”与“百姓疾苦”发生冲突时，他毫不迟疑地选择了前者。他担心以下抗上的“刁风”一开，会威胁到“纲纪”，逐渐动摇大清的基础。对此类群众闹事，他必亲下谕旨，屡屡强调“此等刁风，不可长也，当严拿务获首犯奏闻”，“严行究治，以惩刁风，毋得稍存姑息”，“刁风由兹斯长，不可不为远忧也”，要求各地官员务必把动乱因素消灭在萌芽状态。

关于民众与政府的纠纷，乾隆讲过至为精彩的话：“州县乃民之父母，以子民讦其父母，朕岂肯听一面之词，开挟制之风？譬如祖虽爱其孙，必不使其恃恩反抗父母，此等刁风断不可长！”

官员是民之父母，那么皇帝自然是民之祖父了。祖父虽然爱孙子，但是绝对不会助长孙子反抗其父母的恶习；今天反抗了父母，明天就会反抗祖父。

这就是专制统治的逻辑。

在专制思维的禁锢下，政府面对百姓，永远是一副严厈的面孔，绝不认错，从不退让，永远保持着不断逼近的姿态。百姓面对官府，永远是一种恐惧、躲避和驯服的表情，只有不断退却、无限度忍让这一种选择。一方过于蛮横，缺乏约束；一方过于懦弱，缺乏自我保护能力。在这样一个没有自我纠错能力的社会里，当官进民退到逼近生存这一底线时，只剩下造反这一种可能。

九

造反，在现代汉语里是最雄性、最革命、最光荣的词语。然而，在旧时代的语言里，却是最丑陋、最罪恶、最让人避之不及的两个字。

造反不仅意味着一个农民要冒满门抄斩的风险，而且要与他自己的世界观、道德规范或者说“纲常”为敌。与我们高喊的“造反有理”相反，广大农民们受的教育是“造反有罪”。正如宋江所说，上山入伙，“上逆天理，下违父教，做了不忠不孝的人在世，虽生何益？”

只有死到临头时，农民们才会把手伸向身边那本来伸手可及的粮食：“民有不甘心死亡者，始相聚为盗，而一二稍有积贮之民遂为所劫，而抢掠无遗矣。间有（被捕）获者亦恬不知畏，曰：‘死于饥与死于盗等耳！与其坐而饥死，何如为盗而死，犹得为饱鬼也。’”

反正怎么都是一个死，饿死和做强盗被杀死相比，还是被杀死为好。因为死前，毕竟能饱食几天。

中国的农民“起义”，更多时候是一种叫天天不应呼地地不灵后的歇斯底里，而不是一种有计划、有意识、有组织的行动。

一人带头，群起响应。在大多数情况下，缺的只是“出头的椽子”。

这些“起义领袖”，其实不过是一群被饥饿折磨得丧失了理智的人。他们中并没有谁想到自己的行为是“起义”。然而，从抢到第一袋米开始，他们就成了盗贼，成了最罪恶的人，他们稀里糊涂中，发现自己居然成了整个社会的敌人和猎物，成了官兵围剿的对象。他们只好随手拿起身边的菜刀和锄头，试图抵抗一下。

于是，“起义”开始了。

十

这是一只什么样的队伍呢？他们没有番号、旗帜，没有盔甲、武器；他们穿着各式各样千奇百怪的衣服，手里握着菜刀、锄头、扁担，前头还赶着自家的一头小毛驴，驴上面坐着老婆孩子。一位曾经被农民起义军掳入军中的读书人，这样回忆他的见闻：“又服饰不经，或戎服，以白缯缠首；或纱帽补服，文武九品互用；或取神庙金色幞头及龙袍着之。而其下参游都守备则尤不伦，有衣冠至璀璨者，有褴褛类乞丐者，每朔望则杂沓而至。”

这支庞杂的队伍看上去人数众多，其实真正能参加战斗的人并没有几个。他们的主要兴趣是粮食和财物，吸引他们这支部队的是前头的土围子、大庄院、小城镇，促使他们攻下了土围子之后，又迅速启程的是后面尾随不舍的官兵。

被逼到绝路的他们不得不回过头来面对正规军。两军交接，多数是这些业余战士一败涂地，于是，头颅如砍瓜切菜般在地上滚动，人们四散奔逃，一支看起来声势浩大的队伍就此消失。也有一些时候，这些犹斗的困兽在临死关头突然爆发出惊人的能量，他们舍命反击，让那些虚骄的官兵反倒大吃一惊，乱了阵脚，败下阵去。惊魂初定的起义队伍发现，那些武器精良的官兵战斗意志其实并没有他们强烈。随着胜利的增多，他们的自信心日益增长，经验越来越丰富，号召力越来越强，于是渐渐成了一支劲旅，有了被以“贼”或“匪”的恶名写进方志野史甚至正史的资格，并且开始在地方甚至帝国挂号，劳动地方大员，日夜与他们周旋。

十一

相对正规军，他们的组织能力、军事技术和战术水平显然都相当业余。他们的军事教材，就是《水浒传》《三国演义》。他们的军事领袖，都是自学成才，在失败中逐渐成长。他们不需要后勤部门和装备部门，打到哪里抢到哪里。如果有饥民大批来投，他们当然欢迎。如果没人来壮大队伍，他们也不发愁。东晋孙恩起义，“所过城邑，焚掠一空，单留强壮者编入队伍，妇女老弱，皆投诸水中”。关于明末的起义队伍，也常有这样的记载：他们想发展队伍，就把一村一寨的房屋都烧光，强迫一村的青壮入伙。他们拿着刀一个一个逼问，是想回家还是想留下来。如果这个人不识相，说想回家，那么他们便说：“那好，我就送你回家。”一刀砍了完事。如果愿意留下来，他们还要追问你家里有没有老婆孩子。如果说有，还要问：“想不想他们？”如果回答是想，那么，对不起，也得一刀砍了。如果谁被逼入伙后又逃跑，那么，不是割了耳朵就是割去鼻子，以为警戒。

握惯了锄头的手，笨拙地握住了武器。雪亮的刀锋让他们感到新鲜和刺激。刀锋砍断了土地系在他们脚上的镣铐，让他们突然感觉到难以承受的自由，身体轻飘飘地，像是要飞上天空。这些淳朴善良逆来顺受的农民突然变成了另一种人们所不了解的种群。他们的生活完全靠暴力来维持，抢财宝抢粮食也抢衣服抢女人，抢完之后还要放一把火，称为“放亮儿”。暴力使他们获得了权力。他们看上了哪个女人，只需把刀往她的脖子上一架，他们想要哪件财宝，只需用刀指一下它的主人。原来不敢想象的大户人家的精美内宅，他们进去了，而且还可以随心所欲地在秀才娘子的宁式床上坐卧糟蹋。从来没有穿过的绫罗穿在了身上，沉甸甸的银子塞满了口袋。刀枪的收入来得显然比锄头迅速得多，也丰富得多。我们可以想象起义者们燃烧的激情。也许到了这个时候，他们才发现自己原来的生活猪狗不如。暴力使他们头一次获得了远远大于期望的权力与尊严。他们心甘情愿地跟着他们的领袖，攻城略地，打家劫舍，每一天都是节日，每一刻都似狂欢。即使第二天死去，也心甘情愿！

他们发现了暴力的乐趣。

他们的兵锋首先指向的当然是官吏。陈胜初起兵之时，“诸郡县苦秦吏暴，争杀其长吏，将以应胜”。孙恩起兵，所至之处，把各县县令做成肉酱，让他们的老婆孩子们吃，不肯吃则被“肢解”。隋末农民起义军是“得隋官及士族子弟，皆杀之”。唐末黄巢陷京师，“其徒各出大掠，杀人满街，巢不能禁，尤憎官吏，得者皆杀之”。南宋钟相、杨幺农民起义军也是“焚官府、城市、寺观、神庙及豪右之家，杀官吏、儒生、僧道、巫医、卜祝及有仇隙之人”。北宋方腊起义，“陷数州，凡得官吏，必断脔支体，探其肺肠，或熬以膏油，丛镝乱射，备尽楚毒，以偿怨心”。而张献忠李自成每破一城池，也是必先斩皇室宗亲及地方官吏。

官吏们欠农民的太多了，农民们遭遇了太多的暴政、贪婪和不公，因为缺乏正常的宣泄渠道，他们应对生活中一切不公的唯一态度就是忍耐。然而，极端能忍耐与极端的非理性暴力，正是一个扭曲人格的相辅相成的两面。在他们顺从的表情下，仇恨和恶毒早已日积月累成深潭。现在，所有的绳子都戛然而断，被压制在人性最深层的险恶、野蛮以及报复欲望倾巢而出。在失去理智的那一刻，这个世界上最驯良的人种就变成了最凶恶的一群。秩序现在得为自己的僵化付出代价，这个世界上最保守理智的帝国每几百年就要发疯一次，以纾解自己长年累月的压抑。历史用这样残酷的方式给了他们“公平”，完成了他们的心理舒张。然而，在这短暂的爆发之后，等待他们的，是又一轮几百年漫长的禁锢和心理摧残。

十二

除了这些“革命的”或者至少也是迫不得已的、必要的暴力行为，有些农民军似乎还纯粹为了暴力而暴力，“残酷”有时甚至成了一种娱乐。翻开清人彭孙贻专门记载明末农民起义的《平寇志》，这种血腥文字比比皆是。

闯王高迎祥一次劫得了五个漂亮女人，把其中最漂亮的邢氏送给李自成做压寨夫人。张献忠则根本不要什么压寨夫人，他抢得美女，只留宿一夜，第二天早起就拉出去杀掉。

崇祯八年（1635年）年初，李自成与张献忠合兵攻取了朱元璋的老家凤阳。农民军焚毁了凤阳雄伟高大的宫殿，烧掉了明皇陵三十万株参天巨松，大火燃烧数日，“光烛百里”，“士民被杀者数万，剖孕妇，注婴儿于槊，焚公私庐舍二万二千六百五十余间”。

从凤阳撤走后，他们又奔向安徽六合。“是日围六合……裸妇数千，詈于城下，愧沮者磔之。”抓来几千名妇女，命令她们脱光衣服，向城上叫骂，激城内守兵出战。谁不大声骂，就把谁碎尸。这是农民军惯用的攻城手段。除此之外，他们还“聚小儿百十，环木焚之，听其哀号为笑乐”。

同年十二月，农民军攻陷安徽霍山。“是时杀戮惨毒：有缚人夫与父，淫其妻女，然后杀之者。有驱人父，淫其女，而后杀之者。有裸孕妇共卜其腹中男女，剖验以为戏者。有以大锅沸油，掷婴儿于内，观其跳号以为乐者。有缚人于地，刳其腹实以米豆饲群羊，取人血和米煮粥以饲驴马。所掠子女百千，临行不能多带，尽杀而去，暴酷亘古未有。”

人类暴力想象的翅膀飞不出同一片天空。强迫父亲强奸女儿，解剖孕妇验证婴儿的性别，这些场面向前可追溯到商纣或者古罗马时期，以后在清军入关以及日本侵华时也屡屡再现。

十三

这些围在炸婴儿的油锅前大笑的人，可能几个月前还在田里劳作。如果那个时候你在田间与他路遇，他会对你憨憨一笑，局促地给你让路。如果你是个过客，到他家借口水喝，他会热情地让你进屋，说不定还会尽地主之谊，从园子里摘几根黄瓜让你尝尝。也许是一场天灾让他破产，也许是一次仇杀让他逃离家乡，也许他是被路过的农民军烧了房子，挟裹而来。然而，短短几个月时间，他就从中国社会最老实本分的农民角色，转化为一个以杀人为乐的暴徒。命运改变一个人，就像魔术一样不可思议，然而又顺理成章。人性远比我们所了解的要复杂得多。

《水浒传》为我们提供了一个有趣的样本：禁军教头林冲本来是一个老实内敛、温文儒雅的人。然而，在杀了仇敌准备落草之后，为人行事的风格突然大变：他去奔梁山的路上，经过一处庄院，向人家讨酒吃。人家不给，他居然拿起长枪来，冲上前一顿暴打，把庄客们都打跑了，他大大咧咧坐下，快意道："都去了，老爷快活吃酒。"

变化的并不是林冲的性格结构，而是他的自我角色认识。他已经自认为是"准强盗"，一个要靠杀人抢劫活命的人，自然没有必要再遵循一个良民的伦理规范。自己一个要落草的人，还怕个甚！干脆就破罐子破摔，一不做二不休，充分享受暴力给自己带来的自由。到了梁山泊，为了入伙，他急吼吼地寻找无辜的过往客商，要借人家的头来做送给梁山泊的"见面礼"。

那些起义的农民何尝不是如此？他们被饥饿驱使，被官府所追逐，如果起义领袖的素质不高，不能对他们进行有效的精神动员和纪律约束，那么他们很容易放弃伦理规范，把自己交给本能，按“乱民”“贼寇”“强盗”的活法来活。

就像心理学家早就指出的那样，暴力确实能给人带来快感，这种快感还很容易上瘾。军事生涯是艰苦、紧张、枯燥的，折磨俘虏、放纵暴力甚至是许多军队里唯一的娱乐。小俣行男著《日本随军记者见闻录》记载，日本军人在华烧房子烧上了瘾：“有的士兵就这么说：‘队长，我不见火灾就睡不着，今晚上也让我烧它两三幢吧！’”战场往往使人，不仅仅是日本人，丧失人性。

在明末诸军中，张献忠部对这种“娱乐”最为热衷。

十四

明末农民军的著名领袖张献忠，虽大名鼎鼎，我们对他本人的了解其实很少。史家的笔墨都消耗在张的“残酷好杀”上，关于其他事迹，钩稽所得，寥寥无几。

我们所能确切知道的，是他出生于万历三十四年（1606年），正是万历皇帝的消极怠工愈演愈烈趋于极致的年代，明王朝的灭亡已在此时埋下伏笔。此时欧洲经过文艺复兴和宗教革命，正处于与中国擦肩而过超越中国而去的前夜。那一年，除了这位后来农民起义领袖的诞生，世界上并没有其他太重要的事情发生。如果努力搜索，还可以列出勉强可算作大事的几件：英国的莎士比亚在那一年写出了经典之作《麦克白》；德国的开普勒在《蛇夫足下的新星》一文中记载了超新星的爆发；欧洲人在此年东渡寻找黄金和香料时，首次发现了澳大利亚；也是在这一年，巧克力饮料的配方开始在西方流行。

张献忠是延安人，黄土高原上裹着白羊肚手巾面孔黧黑两颊酡红，一笑露出一口洁白的牙齿的陕北青年。应该会唱几句信天游，至于水平如何，就不好说了。

出身当然是贫苦了。祖上是军籍，也就是职业军人，那个时代军人是被人瞧不起的贱业。“好男不当兵，好铁不打钉。”到父亲这一辈好不容易脱身出来，做了个走乡串寨卖些针头线脑的小贩。母亲则在农闲时节，织炕席到集上去卖，补贴家用。他从小应该挨过饿，受过冻，吃过苦，受过地主家孩子的欺负。这都是很保险的推测。

据说和李自成一样，张献忠被爹妈强扭着脖子送进私塾读过两年书。无奈天性和书本不亲，坐不住。在私塾两年，和同学打了无数的架，大字却没记住几个，父母无奈，只好放他的羊，任由他成天和村子里的半大后生们厮混。

在陕北定边，民风剽悍，人们农闲之余，爱舞刀弄棍，不只为防身，也是一个娱乐。张献忠于此道颇有天分，练得也投入。他天性爽快，胆大。“身材魁梧，剽劲果侠，声如巨雷，面目微黄”，朋友给他起了个外号叫“黄虎”。野史说他，“阴谋多狡”，“及长，益无赖”。很快他就打遍四邻八乡无敌手，成了年轻后生里“有号”的人物。农村文化生活贫乏，没事时，只能纠集几个同样好勇斗狠的朋友，到镇上的小酒馆，像《水浒传》里那样，切上两斤熟牛肉，打上两角浊白酒，吃得酒酣耳热，吹吹牛，“较量些枪棒”，说些“江湖上好汉们的勾当”，“卖弄胸中许多豪杰的事务”。回来捎半斤残酒，顺路偷只鸡，偷几把蚕豆，找个人家赌上一宿，第二天回家挨老妈一顿痛骂，这都是题中应有之义。

十五

张献忠投身起义以前的确切经历，在浩如烟海的史料里我们仅仅打捞上了四个汉字：“捕快”和“边兵”。

然而，这四个字，包含着相当丰富的信息含量。

地方“捕快”相当于今天的县公安局刑警。正如我们从通俗小说中了解到的那样，传统中国的基层公检法部门的干部素质不高，往往是流氓、罪犯或者地方上好勇斗狠之徒出身。比如县公安局的巡警队队长武松、监狱里的小牢子李逵都是遇赦的逃犯出身，“历城捕快”秦琼同样有过发配经历。他们警匪勾结，与黑社会亲如一家，并且往往在小说中最终成为黑社会骨干。

被公安局革职之后投身“边兵”，对失业的张献忠来说应该是一个既顺理成章又无可奈何的选择。正如前面所说，旧中国的“军人”是个被人瞧不起的，几乎是半囚徒式的职业。为了防止他们逃亡，政府给他们脸上刺字，对待一如罪犯。他们缺乏自尊，兵饷又常常被扣，所以纪律极坏，视烧杀抢掠为常事。用王学泰先生的话说：“不少队伍简直就是流氓团体。”

从“捕快”“边兵”四个字里我们可以推断，在当上警察前，张献忠在地方上已经半流氓化了。“基层警察”整日吃拿卡要的生涯，很有可能使他进一步流氓化。虽然无法确知张献忠参加的“边兵”状况到底如何，但还是有充分的理由推测，军队生活带给张献忠的，不仅仅是军事常识，或多或少，还会有当时军队普遍的“兵痞”习气。

十六

考察张献忠的性格，我们应该注意到以下事实：在投奔起义军前，张献忠的生活一直是失败的。他的学生时代显然不成功，大字没记住几个，因为爱打架，没少挨老师的板子。进入官府，成为捕快，这对社会底层出身的他，是一个改变命运的好机会，然而他没能把握住，屡屡违犯纪律，最终被革职。走投无路投了军，在军营中他又不遵守军纪，犯下了死罪。因为军官陈洪范为其说情，方免一死，挨了一百军棍，被关入狱中。出狱后，穷无所归，正值各地起义军蜂起，遂投入起义军中。

结合他后来的人生轨迹，我们可以判断，张献忠有着一定的反社会型人格倾向。他不甘心居于人下，有着强烈的改变命运的愿望。但他又容易冲动与暴怒，情绪极不稳定，不善自我克制，叛逆心理很强，尤其不善于跟上级相处。这一切导致他在正常社会中屡受挫折。如果大明天下继续太平，也许他一生会在监狱中而不是在马背上度过。

对他来讲，生在乱世，生逢其时。

乱世有乱世的魅力。在天翻地覆的明朝末年，一切秩序都被颠倒，一切不可能都变成了可能。公子王孙转眼间变成了乞丐，昨天的饥民今天却自封为王侯。懦弱不再是生存的法宝，善良成了悲剧的理由。谁也不知道第二天自己的生活会变成什么样。自由，无边无际地摆在那些想入非非者的面前，像汪洋大海诱惑干渴的鱼儿。男性的血液很容易在身边倏乎闪动的欲望中点燃，化作危险的火种。

由军人而变为"流贼"，张献忠发现，他做了一个正确无比的选择。在官军里虽然也有前途，但是毕竟有着森严的等级秩序，有着林林总总的规矩，更主要的，有着种种让人郁闷的腐败、倾轧、不公。而在起义军中，机会似乎更为均等，也更能让人快意恩仇。勇气和智慧就是全部的资本，上马杀人，下马饮酒，天不收，地不管，何等潇洒快活！天昏地暗之中，谁知道明天自己还能不能活着。为什么不趁着心雄气壮之时，痛痛快快地做一回乱世枭雄，也不枉来人世一回！

投奔义军之初，他和李自成一样，不过是一个小小伍长。凭着智力、勇气和天生的领袖气质，他和李自成差不多同时在起义军中出人头地，成为独领一军的首领。李自成号称"八队闯将"，张献忠号称"西营八大王"。

十七

在诸义军领袖中，因为性情投合，张献忠最喜招徕亡命之徒。和张献忠一样，张军的主要成分是"叛卒、逃卒、驿卒、饥民、响马、难民"，从职业军人转变而来的人尤多。其中，有不少如毛泽东所说的"土匪、流氓、乞丐、娼妓和许多迷信职业家"。"打仗靠流氓"，这是农民战争初起时的一个特殊现象。毛泽东曾经说，在特殊时期，"流氓分子"也可以发挥特殊作用："勇敢分子也要利用一下嘛！我们开始打仗，靠那些流氓分子，他们不怕死。有一个

时期军队要清洗流氓分子，我就不赞成。”（1964年12月20日《中央工作座谈会纪要》）

多年征战，张献忠的部下都成了老兵痞、“勇敢分子”。这使他的军队战斗力高于其他的乌合之众。一位明朝军官，曾说张的部队对于作战是“习惯成自然。每个人脸上身上没有囫囵个的，铅子、箭头，处处皆是。他们瞀不畏死，一听说官兵来了，都兴奋异常，听说要打仗简直和打猎一样的高兴。我方的部队正在观望害怕，他们却毫不畏惧，老于此道”。

从这样一则记载，可以看出张献忠部起义军战斗素养的高超。张部攻取吉安时，大队人马在后，只有“一骑至吉安城下”，城上见来人少，都“聚观”这个人要做些什么。只见这个人从怀里掏出一只铁钩，勾住城墙上突出来的灌木小树，三倒两倒，“跃而上”。守城兵大惊失色，“守者惊溃，大队驰入，城遂陷”。如此勇敢的战斗作风和高超娴熟的作战技能，当然是绝大部分明军所不及的。

十八

因为队伍的骨干由农民阶级的边缘分子“叛卒、逃卒、驿卒、饥民、响马、难民”构成，张献忠部在明末诸军中把农民阶级的人格缺陷表现得最为明显。换句话说，张部是受底层文化的负面因素影响最深的一部。

一提起农民，我们的脑海里立刻会浮现出罗中立油画《父亲》中那个满脸苦难、善良、坚忍的形象。在我们的思维定式里，“农民”这个词总是与“淳朴”“勤劳”“仁义”这些美好的词语联系在一起。相反，与“富贵”这个词距离最近的，却是“虚伪”“残暴”“为富不仁”。

然而，随着深入解读明末四川的那场大劫，思维定式逐渐被打破，可以越来越清晰地看到，由农民为主体构成的底层社会文化除了我们熟知的“质朴”“自然”之外，还有着“粗陋”“浅薄”，甚至“野蛮”“丑陋”和“黑暗”的另一面。农民们被贫穷和专制统治双重镣铐束缚着。在一定意义上，他们是一群“残缺不全的人”，而张献忠部则把这种“残缺”表现得淋漓尽致。

十九

张献忠、李自成出现在史书上时，前面总是被冠以“流贼”两个字。时人总结说：“献忠等发难于陕西延安府，而曼延于各省。望屋而食，奔走不停，未尝据城邑为巢穴，故曰流贼。”

这一总结一点也没错。从崇祯三年（1630年）到崇祯十七年（1644年），张献忠度过了整整十四年名副其实的“流寇”生涯。十四年间，张部在陕西、山西、河南、安徽、四川、湖广诸省来回大幅度高速度流动，纵横上万里，不断地进攻、逃跑、转移，从来没有固守一地。

流动的目的有二，一是为了躲避官军的追击，一是为了“打粮”，即劫掠财物，以养活部队。攻下一座城市的日子，就是他们的节日，他们纵兵大掠，把豪门富室一扫而空，满载而归。当官军追得紧时，他们就潜入深山，苦挨时日。他们的全部精力都集中在逃跑和谋生上，久而久之，他们从一群乌合之众变成了游击战的专家。他们行动飘忽，即战即走，在官军的包围之中穿插来回，波澜壮阔，惊险重重，也刺激无比。

流动作战，是中国历史上那些声名显赫的起义军普遍采用的战斗方式。从唐末黄巢大起义到太平天国前期，莫不如此。从一定程度上说，这是农民起义战争的必然规律。因为在起义之初，农民军与官军在诸多方面存在巨大差距。

首先是后勤。兵马未动，粮草先行。战争中后勤的作用至关重要。官兵有着强大的后勤支援，有帝国通过帝国机器榨取的军饷。而农民军由于素质限制，即使占据了广大的地盘，也没有能力在短期内建立一支具有基本管理能力的官僚队伍，通过赋税形式给他们提供后勤。他们的后勤供应，只能靠“抢”。而流动作战的第一个好处是不必有后勤准备。在流动过程中，农民军打到哪里，就抢到哪里，“东西数千里游食自如”。在这种情况下，根据地对他们来说，只是一种累赘。

正规军虽然拥有后勤资源的优势，却也受到后勤的严重制约。后勤组织和运输需要一个过程，因此自然没有“抢”来得迅速。明朝曾任过兵部尚书的张凤翼，在总结与农民军作战的经验教训时说：“贼兵所至，因粮于我，人皆宿饱。而我兵所至，则需要等待粮草，动则呼窘。”通过流动作战，农民军把后勤的劣势变为了速度上的优势。

除了后勤因素外，在人数对比、武器装备、技术素养等方面，起义军也常常处于官军的下风。他们通常无力与官军展开大规模的阵地战，因此，游击战就成了他们与官军对峙时的必然选择。面对强大的官军，农民军取胜的法宝是分合不定，出没不常。他们的作战方针，无非“敌来我走，敌进我退，敌驻我扰，敌疲我追”。

从这个角度来说，流动作战是农民军不得已的选择。然而，从另一方面来看，这种作战方式也自有其不可抵挡的魅力。流动作战痛快淋漓，令人上瘾。长期和张献忠并肩作战的罗汝才有句名言：“吾等横行天下为快耳，何（必）专土（专门占据一块领土）为？”

毛泽东对“流寇思想”有过准确的分析。他说：

“这种思想表现在：一、不愿意做艰苦工作建立根据地，建立人民群众的政权，并由此去扩大政治影响，而只想用流动游击的方法，去扩大政治影响。二、扩大红军，不走由扩大地方赤卫队、地方红军到扩大主力红军的路线，而要走‘招兵买马’‘招降纳叛’的路线。三、不耐烦和群众在一块做艰苦的斗争，只希望跑到大城市去大吃大喝。”

张献忠部正是这样。在起义的前十多年里，张献忠似乎从来没有过建立根据地的打算。他们迷恋上了这种冒险与流浪。

张献忠部每攻下一处城池，首先做的事就是大搜掠。搜掠的重点目标当然是豪门大户，但普通百姓人家也并不放过。就像前面所引《张献忠陷庐州纪》

记述的那样，他们主要的搜掠目标是骡马，因为这是在游击战争中保持速度优势的需要。第二搜掠的是金银。不过张部实行金银交公的严厉政策，所以军人们对金银的兴趣并不非常强烈。第三搜掠的则是布匹、粮食等后勤物资。

在张献忠漫长的起义生涯中，我们只找到了一次赈济灾民的记录，那是攻下武昌之后，发楚王府金银给饥民。除此之外，历史上记载更多的是他的烧杀抢掠。他和李自成的区别，史书这样对比："老百姓对李自成往往开门欢迎，对张献忠则只有惧怕。"阅读历史记载，我们只能得出这样一个感觉：张献忠部的这些绿林豪杰似乎视被攻下的城市为自己囊中的财产，视城中的百姓为自己猎获的猎物。如何处置，完全根据自己的需要而定。一般来讲，搜集完物资之后，他们会纵火，把一座繁华的城市变成一片瓦砾——他们不想把死命攻下的城池完好地留给明军。

余瑞紫记载张军攻下庐州府舒城后，"进舒城掠人，予随行，见房屋烧尽，骸骨遍地，伤心惨目，潸然泪下。想吾乡亦如是也"。烧了城市之后，还掠走大批人口，充实自己的军队。他记载，张献忠充实军队的办法是，"午后回营，次日将前后所掳男女，各营唤出若干。八'贼'在大门外亲点。先点男，分上中下三等，各处站立，各插一旗。女亦如之。随即配合上等男配上等女，中、下亦然。问有愿去家者，另立一边。少刻，一齐杀之"。

大抢大杀大破坏，这是张献忠部的一贯做法，也是他们恶名远扬的原因。在这次进四川前由湖广撤退时，他不甘心第一次占领了如此广大的地盘，无所收获。入蜀的队伍中，不仅满载着从湘赣两省收获的物资和财宝，还行走着十数万被强征入伍的湖广百姓。《巴东县志》载："十七年（1644年）二月，张献忠尽驱荆州民入蜀，男女扶携，鱼贯而进，越数月始毕。"

张献忠军逆江而上，两岸都是高山峻岭，山路崎岖险恶，队伍拉得很长。且所经地区，人烟稀少，"打粮"困难，队伍供应困难，一路不断有人饿死，当然，饿死的多数是被新驱入伍的"楚民"。《巫山县志》记载了当时的惨状："崇祯甲申春，'贼'张献忠尽驱楚民大举入川，所掳楚中男妇尽食麦苗草根，死者相枕藉，大江舟络绎不绝，两月始尽。尸横遍野，江水皆臭，居民所遗无几。”

二十

底层文化中的第一个缺失，就是人道精神的缺失。在正统文化中，“人命”起码从理论上，在表面上，是天地间最贵重的事物。“天地之间人为贵”“人命至重”“仁者爱人”等字眼，充斥儒家经典。专制法律虽然残暴，但对人命还保持着形式上的尊重。比如，每年帝国所判的死刑，都要呈报给皇帝，由皇帝亲自校核审批，才能行刑。然而，在底层思维中，人命却是不甚值钱的东西。不但他人的生命不值得尊重，自己的生命似乎也不太值得珍惜。“头掉了，碗大个疤。”“二十年后，又是一条好汉。”那些专一杀人害命的人渣，如卖人肉包子的孙二娘，居然成了底层人民的英雄。

他人的性命，在张献忠眼里，只分有用和无用两种。年轻身壮的，可以为自己冲锋陷阵或者当挑工、“人夫”，所以是有用的，可以留下。年老体弱的，对自己无用，所以一律杀掉。

当然，不杀也可以，因为杀人是一种费时费力的活儿。不过张献忠却乐此不疲，经常杀了一通后不过瘾，觉得杀得不够多，要“补杀”。《张献忠陷庐州纪》载，张献忠进庐州后，起先并未大杀。第二天在城楼上发现许多火药，“随报，八贼即动气，大嚷曰：‘这蛮子养不家（即养不熟），我厚待你，这火药就该说，并无一人提起。’遂令搬火药来营中，放火烧楼，又传令进城补放火、杀人、捉人，一人不许放走”。

虽然说“革命不是请客吃饭，不是绣花，不是做文章，而是一个阶级推翻另一个阶级的暴烈行动”，但是在某些绿林英雄的性情深处，暴力不仅仅是一种工具，更是一种娱乐。底层社会的英雄，那个为广大劳动人们衷心喜爱的李逵，他“因为打死了人，逃走出来，虽遇赦宥，流落在此江州”充当狱卒，

“为他酒性不好，多人惧他。能使两把板斧，及会拳棍”，常常在社会上耍蛮使横，强抢强要，其行径颇有类于当今的流氓。《水浒传》第五十三回，李逵和戴宗在店里吃饭，李逵不小心把一个老人的面条打翻，老人揪住他说理，李逵伸手就打，幸好被戴宗劝住，否则，说不定会闹出人命。及至第六十七回，李逵路经一店，吃了饭不给钱，被店主揪住，李逵索性将他一斧砍了。

这些行径，在街头巷尾的听书人那里，引来的只是轻轻一笑，似乎他们喜欢的英雄像顽皮的孩子失手打了个碗碟，益发显出这个孩子的活泼可爱。

甚至《水浒传》第四十回这些血腥场景，也是被说书人当成“豪杰行径”绘声绘色地说，被数百年间的底层听众当成英雄人物的英雄壮举，如醉如痴地听：

李逵为救宋江，在江州劫法场时，“只见他第一个出力，杀人最多”。本来已经救出宋江，无须再使用暴力，可是李逵却杀性大起，“当下去十字街口，不问官军百姓，杀得尸横遍野，血流成渠，推倒倾翻的，不计其数。”后来，晁盖阻止李逵滥杀百姓，可是，“那汉（即李逵）那里来听叫唤，一斧一个，排头儿砍将去”。

平心而论，此时的李逵是一个地地道道的变态嗜血的狂魔，是一个十恶不赦的人渣败类。然而，同时他却是几百年间民众喜欢和崇拜的对象。仅此一例，我们就会判明底层文化的人道精神，对生命的尊重意识，淡漠到了何等程度。由此，我们也多少会理解那些秉承水浒精神揭竿而起的农民武装，为什么留下了那么多血腥和残忍的记录。

二十一

底层文化中的另一个严重缺失是缺乏对妇女的尊重，张献忠部在这方面表现得一样鲜明。

正如王学泰在《游民文化与中国社会》中分析的那样，正统文化本身虽强调男女不平等，所谓“夫为妻纲”即为明证，但是正统文化还是强调家庭的重要性，强调正妻的家庭地位，欣赏在“夫为妻纲”基础上的夫妻间的“举案齐眉”，相互尊重。然而，底层文化对妇女，却是赤裸裸的贱视甚至敌视。正像电影《摇啊摇，摇到外婆桥》里的黑帮老大所说：“兄弟的事再小，也是大事；女人的事再大，也是小事。”而每个中国底层社会男人几乎都知道：“兄弟如手足，妻子如衣服。”在绿林世界里，女人除了供男人消遣，别无用处。《民国时期的土匪》提到，一个匪首在行军中仅仅因为妻子小脚走得慢，就毫不犹豫地一枪把她打死。

明末农民军的首领们，把这种野蛮演绎到了极致。李自成困在巴西鱼腹诸山走投无路时，算了一卦，结果是大吉。卜者谓，李自成有帝王之分。于是，身边人纷纷坚定了奋斗下去的决心。大将刘宗敏立刻“杀其二妻，谓自成曰：‘吾死从君矣！’军中壮士闻之，亦多杀妻以从者”。

至于张献忠对待妇女，那就更让人无法接受了。

也许是受过女人的歧视或者伤害，张献忠对漂亮女人有一种莫名其妙的报复心理，他经常说，“天下事皆妇人所坏”。征战途中，不时有部下向他进献美女，他通常留宿几次就借故杀掉。攻占黄州后，他集中全城的妇女，然后挑那些年老或者貌丑的放走，留下那些年轻漂亮的，强迫她们去拆城墙。这些女人平时哪干过这样的重活，许多人手指被磨得鲜血淋漓，昏厥在城下。城墙拆掉后，张献忠又命令士兵把这些人全部杀死在城下。

在攻打滁州战役中，因久攻不下，张献忠听信了一个阴阳先生的话，到周围乡村掠来妇女数百人，“尽断其头”，倒埋在城下，露出阴部对着城上，想以此来压住城上的大炮。这个办法当然不好用，那次战役，张军一败涂地。

二十二

底层社会里物资极度贫乏，饥饿是每天必须解决的问题。在这个环境中生存，不需要太多迂阔的大道理，不需要什么“终极理想”“人道关怀”之类的思想奢侈品，更无法谈什么人的“独立人格”“自由个性”“主体意识”。每个人首先要面对的问题是第二天的早饭在哪里。底层生存更需要的是实用主义和物质主义。

实用主义被张献忠发挥到无以复加的程度。绿林英雄们无一不崇尚权谋诈术。不择手段，心狠手辣，往往能最后成功。张献忠“为人最狡”，他在起义生涯中三次受抚，又三次复叛。他心狠手辣，甚至对自己的部下也毫无信义可言，最后退出四川时，居然使用欺骗手段对队伍中的四川籍士兵进行清洗。

底层文化毫不掩饰物质欲望。《中国土匪》记载，清末土匪们流传的人生信条是“活着做强盗，做鬼也不冤”“年轻不刁（欺负）人，到老后悔迟”。《水浒传》里英雄们劫了生辰纲之后，并没见分给穷苦百姓的记载。《说唐》中贾润甫等劫掠官家财物，更是单纯为了自己享受。在《水浒传》第十五回，阮小二在赞美王伦治下的梁山时说：“他们不怕天不怕地不怕官司，论秤分金银，异样穿绸缎，成瓮吃酒，大块吃肉，如何不快活！”在上山之前，他们想到更多的也许并不是“济贫”，而是“劫富”。张献忠部在大抢大掠之时，似乎也并不以贪财好物为耻。与其他部队不同的是，张献忠命令他的部下搜掠金银充公。撤离四川前，他把历年抢掠来的金银沉于江底，有数十船之多。

“贫困对人的尊严和人性的堕落所造成的后果是无法衡量的。”（［美］查尔斯·威尔伯）底层文化是被实用主义、功利主义所困的文化，它缺乏基本的形而上的东西，不可能给中国社会提供新的思想资源。相比之下，倒是正统文化里，包含了一些超越性的因素，比如“老有所终，壮有所用，幼有所长，矜寡孤独废疾者，皆有所养”的大同理想。

二十三

经过十多年的流动宣传，张献忠部的威名已经传遍半个大明王朝。可惜，“八大王”这三个字是作为恐怖的代名词被广为传播的。在许多省份，吓唬小孩子的最好办法是告诉他，再不听话，“八大王”就会从窗子外面伸进手来，把他抓走。

所以，完全可以想象到张献忠部入蜀给四川人带来的震动。秀才傅迪吉亲身经历了张献忠据蜀，后来他在年谱《五马先生纪年》中记载了他所见的张部的所作所为。傅迪吉是四川简州一个小地主的儿子，张献忠入蜀前，他还在州城里读书，日与诸友唱和往来，周围一片太平景象。及至崇祯十七年（1644年）五月初三，张献忠进入四川的消息传到简阳，平静的生活一下子被打破了。虽然张献忠部短期内不可能到达，简阳人还是做出了迅速的反应。“六月，州城妇女逃尽。”“七月，破重庆镇，远兵逃回，尽剁右手。”这似乎更加印证了人们的判断。简阳城里有的人家干脆举家远迁，到四川边缘地带，甚至云南、贵州等地，去投亲靠友。

和传说中广大人民面对起义军总是欢欣鼓舞不同，简阳人在等待张献忠部到来的这几个月时间里，受尽恐怖的折磨。越是乱世，谣言越多，三天两头有消息传过来，说张军马上就要到了，于是百姓们扶老携幼，匆匆逃到山里。然而等了两日，却没有动静，这才发觉是一场虚惊。

百里之外的省府成都更是乱成一团。在重庆与成都两城陷落之间的一个多月，成都居民们日夜被恐怖所煎熬。史书记载，一个多月的时间里，成都城内都处于歇斯底里的状态之中，三更半夜时分，经常有人因为听到风吹草动，杯弓蛇影，起而大呼。“呼曰：‘闯至矣！’明日，又呼曰：‘献至矣！’”于是一城骚动，人们哭爹喊娘，四处躲藏，折腾大半夜，才发现是谣传。

是福不是祸，是祸躲不过。在巨大的恐怖高压下，张献忠于八月初九干脆利落地攻破成都，对成都人来说，几乎是一种解脱。

简阳当然也很快尝到了张献忠兵锋的滋味。那些早早逃入山中的人被证明具有远见，因为那些迟迟不愿出逃的人中，果然有些人遇到了血光之灾。

据《五马先生纪年》载，成都破后，九月十二，张献忠部四出扫荡附近州县，一支部队奔向简阳。五马桥村附近千余人闻讯仓皇出逃，奔到附近山上，然而他们的速度无法与张军的马队相比。张军很快追了上来，他们不得不徒手与义军“相抗”，被义军马兵“尽杀于黑痣湾喜儿潭，水中岸上，无一隙地，此初见杀人之惨也”。

看来，传说中的大劫，终于要到来了。

二十四

然而，等待中的雷霆并没有马上落下。

成都城破之后，局部的杀戮当然在所难免。按照惯例，成都城内的王公贵族们大都难逃一死，大小官员被杀得也很多，史书忠实地记载下了他们的名字，却找不到普通百姓被集体屠杀的记载。

据清人沈荀蔚《蜀难叙略》载，城破之后的第三天，张献忠曾经“尽驱城内军民男女于（城外的）中园，将尽屠之。俄尔天上出现一片云彩，如同龙尾下垂之状，张献忠以为祥瑞，遂免死”。

这个记载听起来有点离奇。不过，张献忠并没有大量屠杀成都居民，是可以确定的。

在四川各地，也没有出现人们传说的张献忠据有一地后必然出现的大抢大掠大屠杀现象。《五马先生纪年》载，十月初四，张献忠又一次发兵，“谓之打招安”，即命令附近居民归顺张献忠部。“随后即派伪‘都司’姓吴者、伪吏目姓田者下到吾乡‘招安’。每人给以印信‘西国顺民’四字，载在背上，兵不敢乱。”

“吾州有伪水军左都督、伪水军右都督俱姓王，伪总镇率领兵船千百艘，驻扎于渭水坝。乡绅百姓们在伪官的带领下到军前投降，上述三位军官十分高兴，于是就大发慈悲，将昨日掳回男妇尽剁手（而不是杀掉），（被剁之人）号呼之声胜如雷吼。三位军官命伪知州安抚百姓，自此以后即不杀人，兵不甚扰民，民亦入营贸易。”

张献忠铸西王赏功钱

二十五

原来，“流贼”张献忠改弦易辙，打算由“流贼”变为“开朝者”了。

挥师入川之前的十四年里，张献忠从一个普通叛兵成长为明末两大著名起义军领袖之一，由一个文盲变为中国战争史上留下不朽声名的卓越军事家。在崇祯十六年（1643年）以前，他的军力和声威一直在李自成之上，朝廷也一直以他为最大敌人。十年之间，崇祯帝屡检朝廷重臣，以举国之力，大兵重围。而张献忠部却越战越强，并且在谷城复起后到入川作战前，几年间一度横扫数省，所向披靡，战无不胜。“张献忠”这个名字成了明帝国里最恐怖的三个字，朝廷重臣们在与他的交锋之中几乎没有一个得到好下场：或者丢官落职，或者死于战场，或者被震怒的崇祯帝所杀。

十四年间，他三次投降官军，又三次复叛，官军对他恨得咬牙切齿。在大江南北、大河上下的征战中，他多次潜伏深山，身处重围，自以为命绝于此，也曾纵横安徽、湖广，战无不胜，攻无不克，据地称王。飘蓬如旋风的不停息的流荡生涯，让喜动荡好冒险的张献忠，也难免厌倦了。日复一日的战斗和奔走，渐渐耗去了“八大王”的青春，转眼，他已接近四十岁，没有太多青春豪气可供任意挥洒。这样的日子，何时是个尽头？

更让他受到强烈刺激的是东边的李自成已经开国建府，据地称王，兵锋直指北京，帝王大业已见雏形。李自成原本是和自己一样的“流贼”，长期以来一直甘拜他的下风。“初，自成无大志，所至屠戮，百姓保坞壁，不肯从。”然而，从崇祯十三年（1640年）经历一次大的挫败之后，李自成痛定思痛，策略发生了根本的变化，提出“杀一人如杀我父，淫一人如淫我母”的鲜明口号，不再骚扰平民百姓，专门以劫掠大户来充粮饷，凡是带不走的粮食，就用来开仓赈济百姓。并且，不再打下一个地方抢了就跑，而是派官设府，建立和扩大自己的根据地，踏踏实实地向外发展。仅仅四年，李自成就从一个不起眼的流寇，成了最有优势的新“天子”的候选人，成为注定要在历史上留下大名的人物。现在，张献忠畏于李自成的兵势，也不得不开始奉“大顺”正朔。

凭什么是李自成而不是他张献忠做“人民之主”？难道他张献忠有哪点不如李自成吗?

有充分的史料证明张献忠天姿非凡。他作战非常勇敢，“战辄先登”，每次战斗都身冒矢石，亲临前线指挥。除此之外，他的领导才能也十分突出。他颇能吃苦耐劳，“夜尝不寐，裹甲微行，携刀巡视”。当时在大西军的外国传教士这样描写：“张献忠人甚聪明，与士卒同甘苦，自由谈话，表现坦白，温情大量，慷慨态度，且尝与属下饮食。”

官方史书说：“阴贼多智。”据曾与张朝夕相处的法传教士古洛东（Gourdon）《圣教入川记》记载，张为人“智识宏深，决断过人”，令两位传教士“亦暗暗称奇”。

论智力、胆气、武勇，他张献忠绝不比李自成差，差只差在胸无大志上。检讨自己十多年的起义生涯，张献忠再一次深刻体认到自己最大的缺点是缺乏耐心，没有常性。性格急躁刚烈，作风简单粗暴，只图眼前痛快，缺乏长远打算。当年在学堂里坐不住，现在已经是威风八面的“八大王”，还是没有多大长进。

不能再这样成天沉溺于打打杀杀了。等李自成做了皇帝，他张献忠只有俯首称臣。虽然没有读过什么史书，他也知道，李自成不会仁慈地对待他这个前竞争者。“亡羊补牢，时犹未晚。”在挥师入川前，他已经下定了“炼炼坐性”耐心建立根据地的决心。

进入四川之后，张献忠深深感觉到选择入川是对了。川兵柔脆，这一路破重庆，据成都，派兵横扫各府、州、县和土司。大都望风而降，“州、县争封府库应伪命”。短短一年之内，除了遵义（时属四川）和几个边远土司，全川已归张献忠所有。

十几年来头一次，稳稳当当据有一个大省，前无劲敌，后无追兵。真是爽啊！“咱老子”也该尝尝“抚驭万民”的滋味了。“咱老子”这回学学李自成，稳扎稳打，数年之后，未必天下不姓“张”！想当初，明朝的太祖朱元璋不就是一个要饭叫花子出身吗？现在，自己这个前“捕快”“边兵”也要开创朝代，在史书中再加他个“大西史”！

恰在这时，李自成被清军击败，退出北京。消息传来，张献忠大喜过望。现在，头上这座大山没了，天下重新陷入纷乱，原本张李两家争斗的局面变成了李、清、南明、张四家，自己机会大增，如何不喜！

自从李自成开了大顺朝以来，张献忠不得不遵用永昌年号，两家一直保持着表面的和和气气。现在，张献忠终于可以扬眉吐气了。听说李自成部的马科进入川北，他毫不客气，亲率大军，把马科打了个大败，赶回陕西。这是起兵以来，张李二军第一次公开火拼。张献忠对这次胜利非常得意，宣布把战斗发生地绵州改名为“得胜州”。

崇祯十七年（1644年）冬十一月十六，张献忠正式开朝于成都，国号大西。因为过去一直奉大顺军名义，一时不好回圜，遂以“大顺”为纪年，改元大顺，张献忠称“大西王”。

二十六

成都开始大兴土木，蜀王府里进行大规模装修改建，以做新朝的王宫。府中正殿为承天殿，府门外廊为朝房。雕龙绘凤，整饰一新。任命左右丞相、六部尚书，又将义子四人加将军衔，封第一子为平东将军，令率马兵征服山东、辽东、高丽、东洋诸国；封第二子为服南将军，征讨南省及暹罗、东京、西贡、南洋、斐利该等地；封第三子为定北将军，征伐北省诸地及内蒙古等；封第四子为安西将军，招抚西藏、青海、新疆、外蒙各地。（起义者的想象力有时惊人地雷同，数百年后，洪秀全在永安封王时，同样宣布，东王的任务是管制东方各国，西王的任务是管制西方各国，以此类推。）

张献忠新衣新帽，端坐殿中，文武百官，叩拜如仪。张献忠掀髯大笑："起来吧，龟孙们，弄得还挺像个样哩！"

与大兴土木相配合，张献忠从抢来的女人中挑了三百个，作为妃子，养在后宫。又阉了一批人，当太监。接着，又学历朝皇帝，命人们"恭避御讳"，不准人们使用"献""忠"二字，犯者杀头。在全四川认真检查石碑，碑文上的"献""忠"字样一律铲掉，弄得一块完整的石碑都见不到。史料记载："近日人家庙宇扁对石碑牌坊上，有犯'张献忠'名字者，亦皆铲去。""献忠恶人犯其名字，自剑客栈道抵成都，前人碑版皆凿之，虽嫌名亦讳，并刊去前代年号，故蜀无完碑。"

仪式举行完了，后妃、太监、名讳这些他们所知道的做皇帝必须要有的把戏都弄完了，接下来做些什么呢？毕竟开国了，该当皇上的当了皇上，该当大官的当了大官，那么大家就不能再像以前做"流寇"一样，四处烧杀抢掠一下完事了。官府成了自己的官府，百姓成了自己的百姓，自己不再是叛逆者而成了治理者。那么，如何治理呢？

张献忠果然改弦易辙。他做的第一件事就是强调军纪。保存至今的《大西骁骑营都督府刘禁约碑》记录了张献忠部发布的军纪，碑文说："务期兵民守分相安……不许未奉府部明文，擅自招兵。扰害地方者，许彼地士民，解锁军前正法。如容隐不举，一体连坐……不许假借天兵名色扰害地方，该管地方官查实申报以凭枭首……不许守土文武官员擅取本土妇女为妻妾，如违参究。大顺贰年叁月□日。"

正如各种资料所反映的，张献忠建立大西国之初，军纪确实相当严明，除了抵抗者之外，并不滥杀无辜。因此，各地秩序很快得到安定，生产生活开始恢复，大西国开朝之初，呈现一片兴旺景象。这一段时间是张献忠入蜀后军民相处最融洽的时期。

张献忠所做的第二件事是开科取士。马上得天下，不能马上治之。张献忠喜欢自称武夫，举止粗豪，称王之后，发布诏书仍然用白话文。但是，张献忠对读书人却非常重视。《五马先生纪年》载："献'贼'开科取士，变八股为策论。吾州入学若干，中举若干，进士若干。未几，'贼'又以为不得真材（才），仍复设科，是一年而两科举也。一时举人、进士固多，而状元、榜眼同出一州，此诚所谓不能流芳百世，亦可遗臭万年也。"

一年两次科举，已经不太严肃了，考试题也出得千奇百怪。有一次考试，张献忠曾自己作了一道白话文的万言策，评论历朝帝王，而以西楚霸王为第一。作完之后颇为得意，命令广为颁布，让广大读书人学习。一学之下，秀才们对考试更没了兴趣。而且考试把关不严，许多四六不分、漏洞百出的卷子居然得了高分，平时被人们称为"不通先生"的不学无术之辈，纷纷中了举人、进士，无怪乎人们对此不以为然。

然而，几乎四川省内所有的读书人都来参加考试了。并不是他们积极踊跃，而是后面有刀枪跟着。原来，张献忠命令，所有的读书人都得参考，如果逃避，本人正法，邻里也连坐。

二十七

由于读过几年书，张献忠有时以读书人自居，对这些广义的同学有时颇表现出好感。《宝丰县志》记载，崇祯十五年（1642年）五月十三，张献忠克河南宝丰，劫集诸生于城外龙王庙，各问姓名，令勿惊怕，操土音云："咱是斯文一气，老子学而未成。"语良久，遣各入城，遂拔营去。

昔日“学而未成”，今日却成了掌握一方人民命运的“大王”，所以张献忠起义以来，对开科取士一直兴趣浓烈。每攻占一座大城，有了休息时间时，他就要举行开科取士，强迫所有的读书人参加。亲自出题阅卷，品评高下，决定名次。不过考取了，通常只是赏几两银子，给个虚职，并不真正任用，似乎快乐只在于考试别人的过程。

张献忠对读书人的态度一直十分矛盾：既想利用，又十分防范。

如前所述，张献忠其人非常聪明，而且深沉狡诈，人莫测其端。《张献忠陷庐州纪》载，余瑞紫与张献忠相处数日，“日与八‘贼’（张献忠）多人共饮食，终日闲谈。至于用兵之事，全不言及。凡一切撒探摆驳，并踏看扎营地方，总在夜间发行，人不得而知，即众‘贼’亦不知也”。

张献忠行军打仗，非常善于用计，这一点他比李自成要强许多。他打出过中国战史上许多经典战役，史称“张献忠用兵最狡”。如崇祯八年（1635年）乘元宵节期，以三百人为内应巧取凤阳。崇祯十四年（1641年），假扮明军旗号赚取泌阳。次年，扮装主考学使和赴考诸生而轻取当时明军吹嘘的“铁庐州”等。

张献忠也像明太祖朱元璋以及后来的太平天国英雄洪秀全一样，非常善于装神弄鬼。朱元璋自称会观天象，洪秀全自称能和上帝直接交流，而据记载，张“即位之初即妖言惑众，谓亲见天上，见有弓、箭、刀、矛等物。并谓奉上天之命，不特为中国之皇，且将为普世之帝。随令百官仰视天空，百官等一无所见。献忠谓今日天不清朗，故尔等未能见之，且其中亦有天意存焉。天显奇异只令天子独见，以便将来代天行之”。

但是，不论如何狡猾，张的智慧毕竟都是些鸡鸣狗盗的智慧，是来源于《三国演义》《水浒传》的权谋文化。史称，张献忠“日使人说《三国》《水浒》诸书，凡埋伏攻袭皆效之”。从根本上说，他不是一个雄才大略之人，终生未能突破好勇斗狠的绿林藩篱。他的眼光、胸襟与刘邦、李自成等人相差太远，缺乏基本的治国策略、用人能力、学习能力和管理水平。明王朝的这个掘墓人，和明王朝的创始者朱元璋在出身、经历、喜好，特别是残暴、野蛮、自私等方面惊人相似。然而在学习、用人、战略眼光上，二人实在不可同日而语。朱元璋也是文盲出身，然而在行军打仗的间隙，能够不间断地自学，后来不但熟读经史，甚至可以作出相当漂亮的文章。而张献忠以文盲始，以文盲终，一直到死，也没认住几个大字。朱元璋起兵之初，就怀抱天下之志，每到一地，必先延揽人才，把一大批有识见的士人团结在自己的周围，大大提升了自己这个团队的知识素质和策略水平。而张献忠在读书人面前，却总是感觉不太自在。他的团队中唯一的一个举人汪兆龄却是一个流氓化的士人，唯以琢磨张的心思为务，后期唯知投张所好，不断劝说张献忠大开杀戒，最终失尽人心。

他张献忠在刀枪面前，从来没有眨过眼睛，可却永远弄不明白读书人脑袋里那些深奥的东西。在他们面前，他一直克服不了自卑心理。这使他对读书人的态度非常矛盾。他取中了状元张大受。此人仪表堂堂，张献忠“一见大悦”，赐赏，又赐宴，欢聚一日。大臣们也在旁边交口称赞张献忠取中了人才，将来必然会“辅佐圣明，此国运昌明，万年丕休之象”。张献忠十分高兴，“复赐美女十人，甲第一区，家丁二十人”。第二天，张大受入朝谢恩，报名人报上名来，张献忠听了，忽然皱眉道：“这驴养的，老子爱得他紧，但一见他，心上就爱得过不的。老子有些怕看见他，你们快些与我收拾了，不可叫他再来见老子。”大臣领命，到宫门口把张大受捆起杀了。

他和这些文质彬彬的人怎么也亲近不起来。他知道，他手中的刀是读书人最怕的。可他们也仅仅是因此而怕他。这些恪守“三纲五常”的读书人对他这样的“叛贼”不但反感，而且痛恨。一有可能，他们会带头起来造他的反。所以，在大西国里，他最不放心的就是书生。在四川科举取士，对他来讲，更重要的目的是把这些读书人控制起来，防止他们在地方上“造乱”。所以，考过之后，绝大多数人都不予任用，只令在八大王身边侍候，写写公文。而且考完之后，不管中与不中，都不许回家。《五马先生纪年》载：

> 此番较前不同，前番考六等准除名，未取童生不许躲闪，已中者不得宁家，未中者不得在家居住，以为秀才在乡造言生事，并家眷尽驱入城中，十人一结，一家有事，连坐九家，虽父子、夫妇私居不敢轻出一言。

这样一来，许多读书人都烧了书本，脱了儒服，不敢再以书生自居。《五马先生纪年》作者傅迪吉的父亲一看读书容易惹是生非，遂命迪吉弃书从商。“家大人有鉴于此，恐冒读书之名，贻不测之祸，遂命废业贸易，以免人口实事也。”

二十八

素质问题，是历朝农民起义军领袖的“阿喀琉斯之踵”。

毋庸讳言，揭竿而起的草莽英雄们大都在无“余粟”“余力”“余智”的条件下长大，没有条件接受教育，发展智力。因此，大部分农民领袖都习惯于浅层思维，缺乏系统思维和抽象思维能力。他们目光短浅，见解狭隘，缺乏想象力，只恃一时之勇，缺乏一个大政治家所必需的知识储备、人格素养和智力基础。他们善于破坏，不善于建设。这也就是为什么数千年间千百次农民起义里，只有刘邦和朱元璋两个人最终从社会最底层直接走上了皇位。其他百分之九十九出身社会底层的英雄豪杰，结局不过四种：一是大事未成之时默默无闻地死于枪林之中，这是绝大多数起义首领的结局。比如明末起义那百数十名外号各异的首领。二是虽一时据地称王，掀翻了旧王朝，而战斗成果最终被贵族们夺去。比如王莽末期，赤眉绿林首义，豪杰纷起，结果却是把宗室刘秀送上了皇位；而隋末瓦岗寨程咬金们虽一时做了皇帝，最终还是被谙于统治术的前贵族唐王李氏收服。三是距一统天下只几步之遥，却终因素质太差，抵御不住金钱美女的诱惑，意志崩溃，沉湎于酒色，最终亡国。比如洪秀全，也可以算上李自成。四是只会攻城略地，四处流动，一旦坐了天下，反倒慌了手脚，不知如何是好，比如黄巢。

张献忠也遇到了黄巢的问题：缺乏策略。

开朝之初，大西政权面临的最严重问题是治安问题。

由于缺乏建设根据地的经验，张献忠虽号称平定全川，但是在四川大部分地区，仍然是和过去一样打的“猴子掰苞谷”式的“陷不留守”的战斗，他只是在每个州县任命一两名军人做地方官。由于信不过读书人，那些被他取中的士子并没有到各地去充当吏员，因此在这些地方他的统治只是名义上的，就连一些仅有的军政措施也未能得到贯彻。只有成都附近，才算是控制比较稳固的地区。史书记载：“献忠当时窃据者，川西锦城一区耳。”“献忠拥兵数十万……而其威令所慑服者，不过成都前后十余县耳。”这些，基本上反映了当时的情况。

没有基层政权建设和大规模的宣传攻势，大部分百姓还是把张献忠当作“流贼”，只是慑于张献忠的威势，而不是真正心悦诚服。所以，张献忠的统治极不稳固，面临的反对势力非常强大，在他实际控制地区之外，有无数自发组织起来的地方武装与他为敌。

张献忠当然明白他的统治基础十分薄弱。可是他所能想到的办法，偏偏只是历朝专制统治者用过的无数统治术中最恶劣的三个办法：一个是警察管制，一个是暴力镇压，一个是特务统治。

张献忠平生唯一崇拜和信奉的就是暴力。他所取得的一切都是使用暴力的结果。张献忠部从不像李自成部那样注重宣传，注重策略，软硬两手一起抓。他们一味迷信自己超群的战斗力。他们迷信“只要有刀枪，没有办不成的事”。

张献忠在他控制的地区严厉实行保甲制度。如在广元，“城中不论男女老幼，一律入籍，不能遗漏一名”。为了保证首都成都城内的安全，张献忠做了更为严苛的规定：首都成都的四城门，不许擅自出入。凡城里人要出城的，先得到兵马司递申请，申请里得写明某人到某处，左右邻居是谁，由某人担保，某日回城。如果到期未回，先拘左右邻居及保人斩杀，再不回，则取这家人口，不拘老幼，尽行斩杀。城外入城办事者，要在左脸部盖上一个印章。出城时，如果印章被汗水冲掉或者不小心擦掉，看不清楚，则立刻斩首。

与此同时，张献忠还大行特务统治。他派出大量士兵，装成老百姓，游串大街小巷，侦听人们的思想动态，发现“讪讽新朝”的言论，立刻将人绑走治罪，以至“虽至亲遇于道，不敢相问慰，遥望即各低头去”（〔清〕欧阳直撰《蜀警录》）。一天夜里，一个男人在家里和老婆絮絮叨叨讲邻里的琐事，女人说他：“天这么晚了早点睡吧，净说些张家长李家短有什么用！”第二天，这个男子就被捕了。张献忠听了汇报之后，掀髯大笑，说：“这是说我（张）家长，李自成家短。没事，是良民，放了吧！”

不得不说，与地主阶级斗争十分坚决的革命者张献忠，统治劳动人民手段的野蛮下作实在大大过于历朝反动统治者，甚至最野蛮的皇帝朱元璋。和朱元璋一样，暴力对张献忠来说，在某种程度上是一种策略上的需要。张献忠有时策略性地拒绝理性，因为他深知对非理性的恐惧深植于人性之中。当一个人有足够的实力蛮不讲理时，他最容易得到无条件的顺从。

二十九

张献忠面临的第二个严重问题是吃饭问题。过去，张献忠部不存在这个问题。他们一贯是“因粮于敌”，“饥则聚掠，饱则弃余，已因之粮，不知积穑，地生之利，未间屯种”。虽然建立了大西政权，自称开朝，然而，张献忠在帝国经济管理中的措施却乏善可陈。最初，他依靠没收官府和贵族的财产来支持财政，然而这毕竟不是长久之计，不久这些钱就花光了。于是，他的经济措施就剩下了“打粮”。所谓打粮，一言以蔽之，就是“抢”，放纵士兵在“帝国”之内强抢。“献贼每五日十日一发人采粮，如一人不回营，领人管队小剥皮（又自创为小剥皮法，将人两肩膊皮自背沟分剥，揭至两肩，反披于肩头上，不与亲戚人等与饭食，赶出郊外，严禁民间藏留。多有栖古墓，月余而后气绝者），同伴俱斩。”

所打之粮，首要的目标当然是地主大户，可是张献忠的兵马没有进行过政治训练，在过去他们没有区别过地主和人民，进了四川他们当然也不会专抢阶级敌人。而是见粮就抢，见猪就杀，见人就绑，绑起来用火烧烤，逼他供出所知的藏粮地点。见到路上行人端着一碗米，也“杀而夺之”。

“文革”结束不久，正如一本颂扬张献忠英雄事迹的传记指出的那样：“张献忠在四川的两年多时期中……据我所见到的材料，张献忠没有采取过一项直接的恢复和发展农业生产的措施……过去流动作战，靠在各地‘打粮’，如今一住两年，地主和官仓的粮食很快吃光，几十万军队不能空着肚子，这就必然要从广大农民身上取得粮食。”

另一本肯定明末农民战争的书，说得更清楚一些：“从现有的材料来看，大西政权在四川没有实行按土地或人口征收赋税的政策。几十万大军和各级政权的消费，基本上是依赖没收和打粮。当时人士傅迪吉和李蕃的撰著中，都描述了大西军出外打粮的情况。明末社会中，家有余粮的固然主要是地主，可是这种见粮就抢见猪就杀的政策，必然要侵犯到一般农民的利益。如果说这种做法在流动作战时期还有它的合理性的话，那么作为一个相对稳定的政权，继续这么办就必然走到难以为继的地步。”

许多大人物一再说：“中国的老百姓是世界上最好的老百姓。”或者更准确地说，是“世界上最好统治的老百姓”。老实厚道的农民们什么都可以忍受，唯一不能忍受的是活活饿死。张兵的名声本来就不好，张献忠入川之后，兵锋所过，大部分四川农民都逃入山里，大片土地撂荒。剩下的农民在大西军打粮队横行之时，进行经济生产已经没有任何意义，“民遂不耕”，田地大片荒芜，百姓益发大量逃亡。

在这样的统治之下，“最好的老百姓”不拥护这个自己的政权也是情有可原的。

三十

农民起义给中国究竟带来了什么？

与其说农民起义“是推动中国历史车轮前进的主要动力，沉重打击了专制统治，部分调整了生产关系，有力地推动了生产力的发展”，不如说农民起义与专制统治是维持“中国独特性”的互补的两翼，是同一文化源头生出的孪生兄弟，它们互为补充，相互促进，同葆中国文化数千年一系，继继绳绳。

农民起义带给中国的，无非以下功用：

一是消灭人口，减轻了这片土地上的人口压力，为新一轮人口增长提供空间。

中国的大型农民起义短则一二年，长则延续到一二十年。少则波及数省，多则席卷帝国。一处揭竿，举国蜂起。秦末、汉末、隋末、唐末、元末、明末农民起义和太平天国运动，起义军人数都在百万甚至数百万以上。每一次起义，官兵义军双方所过之处，都残破殆尽，赤地千里，血流成河。大的农民起义之后，帝国人口往往下降一半。

西汉末年的绿林、赤眉农民大起义，重要战区的户口数大都减少了百分之八十以上，冯翊（陕西大荔县）、西河、上郡、北地（甘肃环县）、朔方、定襄五郡的户口数则减少了百分之九十以上。

东汉末年的黄巾大起义和其后的军阀混战，使泱泱中华只剩下五百万人，比今天的上海市还要少一半以上。

隋末农民大起义和改朝换代混战持续了十八年。十八年间，三分之二的人民死于非命，人口从四千六百万锐减到一千六百万。在混战激烈的地区如中原、关中一带，人民幸存的不到十分之一。

太平天国起义只波及长江中下游和湘、桂、豫、冀的部分地区，但使大清减少了整整一亿人口。

由于繁殖力强，人口问题一直是中国社会发展中的致命问题。每个王朝建立不久，人口就会迅速增长，并于王朝中晚期达到在当时生产条件下土地承载力的极限。消灭人口，是农民起义的首要功能，而历朝大型农民起义也成功地做到了这一点，从而客观上起到了控制和调节人口的作用。

每次大规模反抗之后，巨大的牺牲多少换来了一些发展自己物质和精神力量的有利条件，但由于他们根本没有西欧农民那种“地方性的团结和抵抗的手段”，付出重大牺牲换来的成果，一般总是在几十年之内即丧失殆尽，生活又回到原来的起点。

二是文明的毁灭和劣化。关于农民起义对社会财富的破坏，只举两个简单的例子就够了。刘邦即位那一年，竟然选不出四匹纯一色的马来拉御车，宰相只能坐牛车上朝。中国史书有二十四史之多，每代王朝都竭帝国之力，建造辉煌富丽的皇宫，唯一没有被烧毁的，只有北京故宫一座，其原因是清朝并不是灭亡于农民起义。帝王将相遭遇如此，幸存下来的普通百姓的苦难由此可见一斑。贵族文化在大动荡中一次次受到毁灭性打击，随着刘邦、朱温、朱元璋之类的底层人物一次次由社会最底层上升至社会最高层，以实用主义为主要特征的底层文化不断扩散，并逐渐以“厚黑学”为面貌，深深侵入中国文化的肌体，使中国政治越来越趋流氓化。

三是专制思维越来越强化，促进专制统治更加周密严谨，制度监狱更加牢不可破。中国的正统文化当然包含了全部专制制度的意图和基因，然而它与底层文化的区别在于，它以王道和大同为面目，包装得比较得体，而底层文化却是对专制赤裸裸的欢呼和肯定。其实，农民从来不是专制统治的异己因素。他们比其他阶层的人更具皇权意识，更崇拜权威。他们甚至比上层社会的成员更认同专制体制。或者说，农民们的专制性格往往比统治者还要鲜明和强烈。他们最豪迈的宣言不过是“彼可取而代之”，“大丈夫当如是也”。他们的家长制作风、权威主义倾向，缺乏独立思考的能力，比统治阶级更甚，而他们的统治技术，更为粗犷。这就决定了，一旦他们掌握了权力，他们对阶级兄弟往往更为残忍，他们的统治手法往往更为暴虐残酷，他们的政权自私性更强。洪秀全建立的政权，其等级制度之森严为中国历朝之冠。更为可笑的是，在太平天国这个农民自己的政权中，对官员和军人的惩罚措施居然有一条是“罚做农民”。而由底层出身的朱元璋建立的大明朝，是专制程度最深的一个王朝。朱元璋的用人行政，带有明显的目光短浅、实用主义、愚昧落后的农民特征。那些为历朝历史研究者所乐道的“均田”“均富”等平均主义要求，和摧富益贫的口号，追其源头，这些思想观念最初却是由儒家的创始人首先提出来的，而不是由造反的农民发明的。所有的农民起义口号，都没有超出封建宗法制度的范畴。

中国历史上数千百次惨烈的农民起义，并没有带来基本制度上的突破和创新，没有为中国历史冲破循环状态提供任何可能。农民起义的目的，不在于摧垮不合理的制度，而是进行调整和维护那样的制度。它是一次大修，是一次保养，是一次升级，而不是一次革命和创新。农民起义只是专制主义释放矛盾的一种调节机制。农民起义如同越狱，而每一次越狱之后新建起来的牢狱，就设计得更为科学合理，抗爆性更强。农民们用鲜血和生命换来的，是比以前更严密的控制，是更坚固的监狱，是更好的驯化，是国民性格上的进一步退化。从汉到清，这一规律至为明显。

三十一

张献忠的第三个问题是军事优势的丧失。

在明末诸雄中，张献忠部能脱颖而出，横行天下，据地开朝，最重要的因素是张献忠出神入化的游击战术。

在张军中，骑兵和步兵的比例是“马七步三”，主力部队“人人有精骑或跨双马”，“介马有付，去来如风，一日夜踔数百里”。每到一处，在缴获战利品时最重骡马，其他均不在意。

张军拥有强大的骑兵，史称：“献（忠）之行兵，其来也，如风雨之骤至，其去，如鬼蜮之难知。故数月间或驰江北，或趋楚豫，蹂躏三省，令官兵追逐不暇，即孙子所云‘出其所不趋，趋其所不意……避实击虚’之法。将帅坠其术中而不觉耳。”

速度带来主动，而主动是取胜的关键。张献忠部惯于“以走致敌”。张献忠一生不打防御战，在进入四川之前，他的战略原则就是在任何情况下避免死守一隅，高速度地流动作战。他们没有固定不变的据点和进攻目标，从不死攻一城，他们所进攻的地区，正是明军防守薄弱的空虚地带。故能避实就虚，节节取胜。相比之下，明军则要笨重得多。他们处于明处，每个据点都要驻兵，永远处于守势，战线拉得很长，“我（指明军）无所不守，彼无所不攻”，他们被庞大的后勤所制约，被起义军拖着走，要围则困不住，要追则追不上，经常处于消极、被动的地位。正如张献忠农民军所唱的：“前有邵巡抚，常来团传（转）舞；后有廖参军，不战随我行；好个杨阁部，离我三天路。”

然而，据地开国后，形势完全变了。

做了皇帝，就要派兵四处把守自己的帝国。不但在边境上要列重兵，在每个城市都得驻兵来镇压地方上的反动势力。作为一股聚集在一起的“流贼”，张军声势浩大，然而一旦分散到四川各处，张献忠发现他的军队就如同一把米撒进大河里，转眼不见踪影。因为无那么多兵力可分，他只能在每府每县，象征性地驻上那么千把人。甚至有的县，只有县令一个人是被派去的。这是张献忠不能确切占有边远各地的重要原因。

明户部主事张缙彦说：“贼之得势在流，而贼之失势在止。”这确实是至理之言。张的军事优势正在于“流”，一旦静止下来，由进攻变成防守，张军的劣势一下子就显露出来。过去他主动，敌人被动，现在敌人处处主动，他处处被动。在停止流动之后，他们被迫打自己不擅长的防御战。张军过去纵横江楚的进攻精神没有了，叱咤风云的凌厉锐气消失了。由于战线越来越长，他的布防中不可避免地出现越来越多的漏洞和薄弱环节。那些过去不堪一击的手下败将，现在一个个变得又强大起来。

三十二

大西王朝建立的第二年，军事上就出现了败势。春，明将曾英突破川东防线，进入四川，攻占了重庆。张献忠忙派刘文秀反攻，亦被曾英打了个大败。不久，明朝将领先后占领了四川东部和南部的綦江、宜宾等重镇，逐步开始向川西平原蚕食。

一开始，张献忠尚不以为然。胜败乃兵家常事，近二十年间，他曾经无数次走投无路，不也是过来了吗？他毫不慌张，派出人马，四出征伐。

可是很快，张献忠就发现不对劲了。他面对的不仅仅是明朝正规军的进攻，更可怕的是他陷入了人民战争的汪洋大海。在大西政权的统治下，历史教科书上难以见到的现象出现了——对起义者的再起义。看到张献忠出现败势，四川各地在富家大户和原地方官的领导下，纷纷起义。“拥众据城邑，保村落，驻山谷，拒险寨者不可胜数。”“凡献忠所选府、州、县官，有到任两三日即被杀害，甚至有一县三四月内连杀十余县官者。虽重兵威之，亦不能止也。”清人彭遵泗著《蜀碧》更载：“蜀民共起，杀伪守牧令判等官。贼所破郡县置守牧令判等官，缉捕百姓。时四方兵大起，民之荼毒未尽者，斩木揭竿，纠集杀贼。一时伪官或刺于庭，或生畀之火，或投之于水，几于殆尽。”

在南充，原举人邹简臣“潜与顺庆豪杰倡义，建‘中兴’赤帜于江浒，数日众至十余万，军声大振。贼卷甲遁，恢复顺庆十余城”。“渠县进士李含乙，永川刁、古二族，顺庆谯、冯二姓，潼川杨先志、林时泰，詹州陈铁脚，岳池刘武举俱起义兵。”川西原明朝军官朱化龙“敛兵自守”，也割据一方。黎州土司十六岁的马京起兵反抗，“得兵万余，恢复雅黎”。在张献忠实际控制区内的百姓也纷纷起义，“起义兵斩伪令者，所在皆是”。后来竟弄到这样的地步，“成都百里外，樱锄白梃，皆与贼为难”。

越来越多的人踊跃参加官军。《蜀警录》载：“曾英至重庆，驻兵江上。招集难民入伍，舳舻百里，旌旗蔽江。”明军势力迅速壮大起来。

三十三

张献忠始则有条不紊，继而手忙脚乱，终于惊恐绝望。

十多年提着头沐风栉雨，身先士卒，虽然艰苦，却也快意。胜也胜得痛快，败也败得干脆。如今住进了皇宫，开辟了帝业，却陷入了无边无际的焦虑烦恼之中。作为一个职业军人，他还没有学会治理帝国这个需要同时处理多种事情的“弹钢琴”的艺术。日理万机，千头万绪，百爪挠心，中心如焚，压力从四面八方朝张献忠一个人压来，几乎要把他压得粉碎。从各个方面传来的消息，都是警报和败绩。按了葫芦起了瓢，好不容易镇压下一处，更多的火苗又在周围燃起。

最初的新鲜劲过去了，现在他越来越懒得上朝，脾气也越来越大。有一天上朝，忽然把自己头上戴的那顶镶满了宝石的金冠摘下来，扔到地上，用脚上去一顿乱踏，踩得稀烂。旁边人看得面面相觑，谁也不敢上去劝。踩完了，把旁边侍卫的大沿布帽夺过来，戴在头上，大笑道：“他娘的，老子还是戴这个舒服。”

他越来越怀疑挥兵入川是个错误。初以为蜀人柔脆，容易征服。不想他们是柔而不脆，一时望风而倒，终久却不屈服，正像《蜀碧》所评论的：“乃西川人性戆愚，特明顺逆，不量势力，不肯被不义之名，故其所置郡县贼吏特以兵威迫胁，民勉听从，兵才他适，则群起而杀之。”

这个时候，张献忠军中掳获了两名在四川传教的西方传教士，分别是意大利的利类思（原名Ludovicus Buglio）和葡萄牙的安文思（原名Gabriel Magallaens）。他们分别于崇祯十年（1637年）和十三年（1640年）来华，崇祯十五年（1642年）进入四川传教。他们被张献忠留在身边，相处一年多。逃出张军后，其所见所闻载入《圣教入川记》一书，为后人留下了宝贵的历史记载。

两位传教士回忆，随着军事上的失利，张献忠的酒越喝越厉害，也越来越依赖看着他人流血来寻找一点刺激。他们经常见张献忠发脾气，谁也不能劝止。某日，张献忠心情不好，“即杀军官三员，宣其罪状，谓伊等在席间高声谈论，绝无顾忌”；某日“又杀文官一员，谓其吸烟太多，精神疲惫”；“又杀太监七名，谓有多数军官在朝私语，该太监等溺职不报，罪当斩决云云”。无论是宫内男女还是大小官员，他只要稍不如意，即处以绞刑、斩首，或凌迟碎骨。神父们的好友、礼部尚书吴继善，就是因奉命分配马匹给各军，请示张献忠开列名单，以此细故而触怒张献忠，即受酷刑而死的。有位武官，素为张献忠所宠，因为冬至节祀天，未遵张献忠令读条文，以至冒犯张献忠，被鞭打致死。还有位官员，因谏张献忠少杀无辜，而被重刑处死。

因为酒喝得太多，张献忠精神也出现不正常的征兆。那一天，他独坐饮食，喝闷酒，忽然见到空中伸出千百只人手来夺自己案上的食物。张献忠吓了一跳，抹抹眼睛，清醒一下，又什么都没有了。

举杯消愁愁更愁，张献忠的心情不断坠向深谷，零星杀戮渐渐变成集体屠杀。他平生极为厌恶官场风习，甚至对自己任用的文官，他也抑制不住厌恶之情。有一次，部下大将孙可望远征凯旋，张献忠部下的文官们按明朝官场旧例，出城远迎，进献贺礼，递“连名状”。张献忠闻知，“怒其沿故朝陋习，按名棒杀二百人”。有一次，因一点小小过错，株连杀掉了自己属下三百多名文官。有人劝他说都杀光了谁还为他服务，张献忠说：“文官怕没人做耶？”

三十四

如果斗胆说一句张献忠是杀人魔头，也许并不过分。张献忠本人正是以此自命并自诩的。

张献忠想必有时也对自己心中经常涌动着的无法抑制的嗜血欲望感到不解，只有根据自己的知识范围，自我猜测为身负“收人”的使命。谷城受抚期间，他曾命人为湖北上津县新修的关帝庙题写碑文，其中写道：

焚戮良民，非本心之所愿，实天意之所迫。亦知同居率土，开州开县，有干理法。无奈天意如此，实不我由。如黄巢往事劫数，固亦莫之为而为也。

这一解释有着浓厚的文化背景。中国人通常认为那些乱世豪杰，都是“应劫而生”，乃上天差遣下来收缴人口的专员。比如每个中国人都熟知的《水浒传》故事，劈头就是“洪太尉误走妖魔”，言水浒群雄乃被封锁于地下的群魔，不慎被洪太尉放出，“必恼下方生灵”。

然而，遍数中国历史的豪杰人物，坦然宣称自己身负“下界收人”的使命，并身体力行，乐而不疲者，唯张献忠一人。

如果生活在今天，张献忠会是心理学家用来分析“反社会型人格障碍”的最佳样本。他读书期间表现顽劣，成年后不能维持长久的工作，无法遵守社会秩序，行动无计划，冲动，他报复的强度与受到的挑衅不成比例，他性情异常而智能，认知却没有任何障碍，这些典型病状体现得非常明显。特别是，在四十一年的人生中，几乎找不到他拥有爱心、同情心的证据。虽然一世称雄，然而在他的眼中，这个世界却是毫无希望的，他对人生的看法是悲观至极的。

传教士慈悲为怀，不忍看到这么多无辜人死在张的刀下，曾冒死对张苦苦哀求。张献忠却说：“吾杀若辈，实救若辈于世上诸苦，虽杀之，而实爱之也。”

这句听起来颇有点玄奥的话，揭示了张献忠的灰色甚至是黑色的人生观。这一人生观在他那著名的“七杀碑”上也得到印证：

天付万物以与人，人无一物以对天。鬼神明明，自思自量。

碑文翻译成白话就是：“天生万物给人，人的所作所为却对不起上天，所以被杀也是活该，成了鬼，也别怨我。”

每个起义军领袖都有足够的理由，对这个世界怀有敌意。张献忠作为一个社会最下层的贫民，理所当然对这个不公平的社会总是仇恨最深。而张献忠的问题在于他的敌意不仅仅是对准了社会的不公平部分，成长过程中的一系列挫折，使他对整个社会、整个世界都充满仇恨。而长期征杀、破坏带来的深刻罪恶感，进一步破坏了张献忠内心的完整，他无法对自己进行肯定，越发迁怒于外界，来获取心理平衡。而明末社会黑白颠倒，怪相重重，到处都充斥着一股戾气。这也给张献忠独特的世界观提供了论据。张献忠在谷城复叛时，曾在墙壁上留给大明王朝一些话，“自己之叛，总理（熊文灿）使然”，并把他交往过的所有官员的名字写在墙上，下面写上某月某日索取贿赂多少。在张献忠的眼里，这个世界人心败坏，无官不贪，无人不恶，人人该杀。两位传教士曾经对张介绍天主教教规戒律，张献忠闻之，非常惊讶于天主教戒律之圣：“赞之曰：‘此法律如此精详，管理人良心，诚为不二法门。故欧洲各国风俗纯美，实由此圣律而来也。然此等法律为川人无益，伊等固执于恶，不从此圣教圣令，宁愿从我刀剑之下。故吾奉天地大主之命，殄灭此种僧党及世上恶人。’”

明末农民起义军里有一个引人注目的现象，就是两大起义领袖李自成和张献忠都没有后代。李自成对两任妻子都比较专一，这两个女人却都没有生育，并且先后与他人私奔。张献忠则似乎没有爱过任何一个女人，他身边的女人经常是在陪宿几夜之后就被杀掉。并且，张献忠对漂亮女人有一种难以理解的仇恨，对折磨她们总是格外有兴趣。在可信度较高的史料中，没有发现张献忠有过孩子的证据，只知道他认了许多义子。如果猜测这两位领袖在性能力方面有问题，也许不能说是毫无道理。在“不孝有三，无后为大”的时代，这一事实给人带来的挫折感是今天的人们很难体会的。这也许是强化张献忠厌世情绪的一个重要因素。

破坏这个世界，多年来是他唯一的快乐来源。操纵别人的生命，则是他感受自我存在价值的重要方式。除此之外，他不知道自己存在的意义是什么。在入川之前，关于张献忠的喜怒无常的记载就非常之多。他到汉州时，许多百姓“匍伏道左”来欢迎他。张献忠很高兴，遂赏给每个人一块元宝。回新都时，同样有百姓早早地来到道边迎接他，张献忠却勃然大怒："你们是想要老子的元宝吗？"折断路边的粗树枝对着人群乱打，当场打死数人。

正像德国学者弗洛姆所说，"（施虐）是一种把无能感变为全能感的行为，它是心理上的残废者的宗教"，"绝对控制另一个生命，等于是把这个生命变成自己的物品，自己的财产，而自己则成了这个物品的神"。张献忠的喜怒无常，隐含着的无疑是能够随意决定别人命运的从容与自得。对于一个不能在爱、在建设这个世界的过程中找到快乐的人来说，这种感觉是非常重要的。几万、几十万人的命运掌握在自己手中，可以由自己绝对自由地任意操控，自己扮演的，不就是人间的上帝吗？还有比这更让人醉心的角色吗？

在《人类的破坏性剖析》中，弗洛姆分析施虐狂的内心说："他们不仅恨他们的敌人，他们也恨生命"。"对于任何活着的人，活的东西，他完全感觉不到关联和共鸣。"我们在张献忠身上可以清晰地看到这种同情心的空缺。他从不为自己的残杀行为感到后悔，在他看来，杀人是他的责任，那个控制着他内心的恶魔就是天意。他常说："人命在我，我命在天。四方有路，在劫难逃。"

三十五

疯子也许并不可怕，可怕的是借助理智力量的疯子。

张献忠就是这样。眼看彻底平乱无望，张献忠想出了釜底抽薪之计。

虽然他通过科举，已经把大部分读书人网罗进城市严加看管，但漏网之人毕竟还会有不少。全川大乱，这些不安分的生员秀才显然又是最不安定的因素。比如："张献忠兵过叙（州）。宜宾诸生鱼嘉鹏、诸生李师武、义勇彭明扬夜砍其营，得印绶，被擒杀。"又如："范瑜，总督旷子，邑庠生。为流贼胁至成都，同庠生刘玉发共通官兵。"在各地组织地主武装与大西军作战的诸生更多，如雅州朱俸尹、郑延爵，绵竹胡国柱，邛州叶大宾，南充樊明善、王景启，顺庆邹简臣、赵司铉，夹江黎应大，宜宾张文灿，江安罗文灿。

张献忠觉得很有必要对读书人再进行一次大清洗。

大顺次年（1645年）夏，大西皇帝张献忠在全川境内发布“选举考试令”，以帝国初建，亟须人才，命令全川读书人，一律赴成都应考。考取者，将按等授以官爵。令各地军人搜查，百姓检举，如果不出来应考，本人全家斩首，不报告的邻居连坐。

由于知道张献忠喜欢搞科举，所以川人并不以为意。命令一下，大家知道“大西皇帝”军令严明，纷纷整理行李，带上家人仆从，“诸生远近争赴”，住进了大慈寺。进去之后，就不许出门，关押起来，一如囚犯。

一个月之后，各地报告，生员已经齐聚。于是，张献忠采取行动了。参加过这次“考试”的一个年幼的考生即欧阳直，后来他写了《蜀警录》，记载他在那场大乱中种种令人难以置信的遭遇。据载：“读书人来齐了那天，自大慈寺门到成都南门，两旁各站甲士三层。在寺门口设一长绳，离地四尺，张献忠亲自边上‘验发’。”如果此人年龄尚小，身高不足四尺，或者张献忠看着顺眼，想留下来用，就命令站到一边。除此之外，即属检验合格，准许出发。“于是，每发一生员通过，前面有一人，手执高竿，悬白纸旗一幅，上书某府某州生员。教官在前，士子各领仆从行李在后，鱼贯而行，以为是去赴考场。到城门口，打落行李，剥去衣服，出一人，甲士即拿一人，牵在南门桥上斫入水中，师生主仆悉付清流，河水尽赤，尸积流阻，十余日方飘荡去尽。”

如此“考”了三天，除了十几名年龄幼小的、张献忠看着喜欢想留为己用的孩子之外，剩下的一万七千人，全消灭了。本来欧阳直也在被屠杀的行列里，张献忠看到他年幼，留作书记。直到张献忠在凤凰山牺牲，欧阳直才乘机逃出，其记载应是可信的。

其次消灭的是“僧道、医卜、阴阳诸流，及百工技艺人”，这些人是流民中的精英人物。没有人比张献忠更熟悉农民运动的规律，他知道，农民们是一堆干透了的柴火，而这些有知识、见多识广、爱动脑筋的人就是一个个危险的火种。历次起事都是由于这些不安分的人振臂一呼，广大愚民才起而响应。

所以，此等人亦应作为不安定分子，除之而后快。所以，张献忠亦采取欺骗手法，“托言斋醮，或考试，或兴大工之类，至则皆死”。仅在成都城一地，他就杀死和尚两千多。

三十六

然而，杀了这些火种，却没起多大作用。各地再起义的烈火越烧越旺。这些四川人，简直是杀了一百，站起一千，前仆后继，与他张献忠为难。一旦那些从穷山大野里杀出来的叛乱武装攻向城市，城里的居民就迫不及待地里应外合，群起攻杀守城的张献忠军，欢迎那些“再起义”的队伍。

张献忠征战十余年，从未见过这样的百姓。在其他各处，百姓对他都是俯首帖耳，战战兢兢，唯蜀人“忘恩负义”。他不解地问部下：“朕得蜀二年，蜀民恩之不附，威之不畏，屡抚屡叛，将若之何？”他忘了，他以前攻破一地，最长不过数月。而今他在四川据守时间如此之长，措施如此之烈，百姓除了造反，已经没有任何活下去的希望。

张献忠分析各地情报，各地城池失守，城里人民做内应通风报信起了关键作用。这样一想，他觉得成都城内处处都是危险。从这个城市人民的表情上，张献忠早已读出了他们内心的怨恨。他越想越怕，干脆从成都城里搬了出来，住到了当初蜀王在城外的别墅“中园”里。

丞相汪兆龄摸透了张献忠的心思，他说：“蜀民剽悍，臣先言之，今则然矣……而蜀人德不知怀，威不知畏，屡抚屡叛，是蜀人负皇上，非皇上负蜀人也……以臣愚意，莫若先将在城人民，尽行屠戮……此制剽悍安反侧之善策也。”

张献忠深以为然。恰值大顺次年（1645年）十一月，大西军在汉中前线连连失利，清军节节进川东，川南又逐渐为南明军队攻占。张献忠决定，剿灭各地城市人口，以彻底消除内应。

两名传教士较为详细地记载了屠戮成都的过程：

大顺次年（1645年）十一月二十二，张献忠打算剿洗全城居民。他事先安排好一个探子大张旗鼓地跑进城来汇报，说敌军大队将到，须当操练兵马，以做御敌之计。第二天，张献忠动员人马，做出将赴战场的姿态。他先召集各营军官，在高度保密的情况下开了一个会，传达了“剿洗全城，不留一人”的命令，命令说“成都百姓已暗通敌人，勾引大队入川，故当剿灭此城居民。尔等各宜秘密准备，不得遗漏军情”云云。众军官会后回营，预备明日大屠之事。

第二天，两位传教士见张部大军纷纷出城，聚集在城外的空地上，尚不知他们要做什么。不久，传令兵来到，通知各官员和两名传教士，今天将发生大的变动，各官员应该保护好自己的家人老小，否则，出了事后果自己承担。二位传教士这才猜出张献忠想做什么，急忙奔回寓所，想救护自己的几个用人。然而，用人已经被军人搜出带走，他们扑了一个空。

这时，除了大西官员家属外，城内居民都已被挨家挨户搜出，驱赶到成都南门及东门外。利类思跑到南门城楼，安文思来到东门城楼，希望劝说站在这里指挥的军官先不要杀戮。两个外国人的比比画画当然不起什么作用，两处已经开始杀人。“无辜百姓男女被杀，呼号之声，惧绝心目，血流成渠。”

开始屠杀不久，张献忠亲自率马队来到南门外沙坝桥边，亲自观看屠杀场景。老百姓一见张献忠到来，“皆跪伏地下，齐声悲哭求赦云：‘大王万岁！大王是我等之王，我等是你百姓，我等未犯国法，何故杀无辜百姓？我等无军器，乃是守法良民，乞大王救命，赦我众无辜小民’。云云”。张献忠丝毫不为所动，反而破口大骂四川人忘恩负义，私通敌人，自寻死路。“随即纵马跃入人丛，任马乱跳乱踢，并高声狂吼：‘该杀该死之反叛。’随令军士急速动刑。”于是数万士兵齐动手，被杀之人越来越多，呼号之声越来越稀。最后，举目四望，只见成都城外的土地完全被尸体覆盖，“息静无声”，“逐处皆尸，河为之塞，不能行船。锦绣蓉城顿成旷野，无人居住。一片荒凉惨象，非笔舌所能形容”。（［法］古洛东《圣教入川记》）

中国史书还提供了传教士没有提及的一个细节：张屠成都时，天阴欲雨，雷声大作。张献忠“怒指天曰：‘尔放我下界杀人，今又以雷吓我耶？’用炮还击之”。

三十七

张献忠也许是疯了，问题是：为什么他的数万部下居然依旧对这个疯子俯首帖耳，一丝不苟地执行这个疯子的任何疯狂指令？

这就是东方专制集权体制的威力。这个体制的特点就是没有对最高权力的制约机制，因而会把一个人的英明放大为全体的胜利，把一个人的疯狂放大为全体的罪恶。在张献忠之前，有朱元璋出于一己之私，大肆屠杀功臣，而几乎所有功臣都老老实实地引颈受戮。

至于张献忠部那些手持刀刃，整日像切瓜砍菜一样砍杀无辜居民的普通士兵，他们执行这些任务时，内心究竟是什么心理状态呢？

在小俣行男著《日本随军记者见闻录》里，对参加屠杀的日军的采访，也许有助于我们理解几百年前的张军：“因为经常在战场上置身于大批的尸体和血腥中，神经都处于麻木状态了。还不能不承认，每当看见那些大批倒下的日军战死者，就会引起一种一心想对敌报复的复仇心，就会闪出嗜虐心理。”“那时我们驻下关。我们用铁丝网上的铁丝把抓到的俘虏每十人捆成一捆，推入井中，然后浇上油烧死。有种杀法叫‘勒草包’，杀时有种像杀猪一样的感觉。干着这些，对杀人就会变得无动于衷。因为这对我们来说，太司空见惯了……再者因为是命令也就不去多想了。”

那些农民出身的张军，当然明白他们所杀的人完全无辜。他们不是在报复心的驱使下举刀的，所以杀人时，他们内心所有的，只是麻木，司空见惯，“因为是命令也就不去多想了”。

中国农民存在于世上的全部任务是做提供剩余产品的“顺民”。如鲁迅所说，历朝统治者只恨没有如细腰蜂一样的毒针，否则，他们绝不惮于把农民们变成没有大脑只会劳动的青虫。长久被自然、宗族、政权和意识形态捆缚，农民们失去了自我意识。农民的独立人格、自由个性、主体意识都处于沉睡状态，他们即使团结起来，也只能成为别人的工具。

在后面将看到，张军在听到命令把刀锋对准自己朝夕相处的战友时，也一样的不折不扣。这些因为天翻地覆而从任人宰割的羊一变而成为凶恶无比的狼的农民，骨子里还是充满着“顺从权威，避免思考，永远随大流”的羊性。即使在张献忠辞世，他的继承人改弦易辙，不再滥杀无辜之后，他们依然奉张献忠为故主，一口一个“老万岁”。

三十八

在读有关张献忠的史料时，我是始终怀着高度的警惕性的。起初，对于关于张献忠残暴的记载，我大多不敢相信，因为那些作为，实在是承平时代的人所无法想象的，不敢相信人类能做出这样的事。毕竟，史书之中，郢书燕说、夸大其词之处太常见了。然而，随着相互印证的资料越来越多，我不得不改变对人性可能性的看法。

在剿洗成都前后，各地的洗城工作也在进行。看一看简州的洗城是如何进行的。

本来，简州久已安定，并没有人起兵反对。地方秩序如此之好，以至弃学经商的傅迪吉甚至受了两个堂弟的鼓动，在附近乡村购买了一批绸缎，运到简州城里，准备贩卖给驻扎在州城的起义军，赚一笔钱。也该他倒霉，十一月初三，刚刚入城，就赶上张献忠从成都发兵，把简州城四面围住，然后进城搜检人口。在《五马先生纪年》中，傅迪吉详细地记载了他惊心动魄的遭遇。

看到张军入城，傅迪吉和几个亲友急忙藏了起来。“少顷，贼兵全部涌入城中，无分男女，见人就锁。诸母姑辈匿于床下，余一人仅有茅草二捆遮身。”傅吉迪惊恐无措，事后总结经验教训，告诫后人不要住在城里：“可怜城中遇难，与乡间大不同。若在乡间，纵逃不出，犹能东奔西走也，有须臾之缓；城中寸步难移，唯束手待毙而已。从来一治一乱，天道之常，后之人当以此为鉴，乱世切莫居住城池。”

然而，张军都是搜查的好手，这些承平已久的百姓如何能躲过张军的眼睛。“少顷，无数贼兵将我诸母姑辈于床下搜去。又不一会儿，有一兵进屋，将我的两个仆人搜出锁去。可怜这两个人，张军进来时，我在茅草丛中看见他们在墙角隐蔽处彼此推藏，争着把对方往出推，最终还是不免都被抓走。后来陆续有兵来，从门外探脑袋进来一看，就大声说没人了，竟不进门。如是者十数次。街头稍静，约有两个时辰。我蜷缩在草堆里，暗暗祈祷鬼神保佑，倘得侥幸躲到黑天，又有生路。正胡思乱想间，忽然一兵进屋，其形极其丑恶，右手提刀，几步上前来，将茅草踢开，大呼：‘起来！’我起身哀求。随叫将我自己布袜脱下，裹脚解下，一头自锁其颈，一头与渠牵着飞跑。至北门，将余安在所掳众人之中，渠不知何往。”

所有城内居民都被押解到城门外的河边空地上，在这里，他们度过了恐怖的一夜：“我遂入众人中，站立空坝。其时天色已晚，墙上河边塘火齐起，胜如白日。都督驻扎城楼。起更之时，我才随众人坐下。人挤太紧，果然无容足之地。幸喜我正在人群当中，四面围得千层，得免受张军的苦楚。那些离张军近的人，张军将棒乱打，犹不致死。后面坐在城墙下者，被墙上的张军推倒城墙垛子打烂而死，众恶贼遂拍掌大笑，以为取乐。伤哉伤哉，此日之天道安在哉？”

“二更时，张军困倦睡去，这样的惨剧才停止。每塘火止有三四人暂守，不见吵闹，只闻张军歌唱之声。鸡鸣时，始唧唧有人语，细听之，乃吾州中老人与少者言：‘你们年少，或有人选上，或还有生路。我们年老，天明即死！’其词极其哀惨。凡年少者俱有此想，只是不好答应。”

第二天一早，起义军在北门外众人中选人。“初四日黎明，众兵果来选人。众人争先求售，亦不中用也。”傅迪吉幸运地被选中参加了张献忠军。

“选我的人又言：‘看你是细行人，我还要拿两个蛮才使用。’随去随得大汉两人，遂将头发各剪半边。”

选过人之后，剩下诸人，对起义军来说没有用了。于是大开杀戒。“复闻举号三声毕，大叫各营传兵杀人。登时只闻刀响，大杀逾时，与昨日不同，久之，尸满大坝，无人可杀，住刀。随拖死人下河，河面不知堆积几层。及视墙下，所存甚多，犹难计数。”

杀完人后，“起营回州，将前留妇女尽杀，上成都去了，谓之卷塘”。

三十九

张献忠将控制区内的各地城民剿灭净尽，他又从郊区强迫村民们入城。毕竟，城里还需要有人为军队服务。

虽然花了如许兵力人力来剿城迁人，四川各地也不见平定。在清军、明军、各地再起义军的攻势下，张献忠屡战屡败，接连几个月没有打过一个胜仗。张献忠挺不住了，他无比怀念起了往日的流寇生涯。放弃四川，到他处重新开始的念头越来越强烈。

然而，又不甘心这样走，因为实在是太恨四川人了。好，你们不是反对我们吗？把你们都消灭了，变成一片赤土。张献忠决定屠蜀，理由是“自我得之，自我灭之，无使他人得”。在撤离四川前尽量把四川人杀光，留给敌人一个空壳。

这是古往今来最宏伟的屠杀计划，执行得也相当坚决。

距剿灭城民不久，张献忠又发出了“除城尽剿”令，令军队出城，消灭农村人口。深入穷山大岭，一个也不放过。“立搜山、望烟等头目，踪迹高山大谷有匿崖洞者，举火薰之。”

从荣县、洪雅等县县志所引资料看，张献忠在四川许多地方无可争辩地实行了“除城尽剿”的政策。他认为：“凡居山野者俱叛逆，将悉行剿灭；城内俱良民，乃免死。”具体做法是：“凡剿一处，先令地方官清四至界，并乡导人送领兵官。前一日照四至界址布兵环围，次日开剿，四下齐向中央搜杀，如围场合龙口之状。”结果是：“不论男女老幼，逢人则杀。”“剿毕，复扒草寻穴，细搜数日乃复命。”要这样仔细是因为：“倘有漏网者，或于别处发觉，罪其领兵官。”前面提到的小秀才欧阳直，他在为张献忠部服务时，“尝见郫县解来一个逃民，审讯之后，发现系峨眉人，于是负责查剿峨眉的官员洪都督被剥皮。”在这样严厉的政策下，各地官兵当然不敢不尽职。仅川中各县，就有十四万多人死在屠刀之下。

作为一项军事命令，当然要有验功标准。那就是手掌。欧阳直办理文案时，曾经见到以手掌记功的记载。他说：“每官兵回营以所剁手掌验功，掌一双准一功。凡有军官衙门所在，手掌如山积。而成都城内人掌，则更几于假山之万叠千峰矣。尝见一札付，自副将升总兵。其札头空白处，用朱笔细字备注功级，算手掌一千七百有零。”

傅迪吉被掳入张军之后不久，寻找一个机会，开了小差，逃回家乡。然而，他的家乡也逃不过“除城尽剿”之令。顺治三年（1646年）正月，傅迪吉听说有兵来杀人，只好上山逃命。“正月十六，半夜时，闻村后林子边有许多人说话。我马上起床去问怎么回事。原来他们是早先躲在附近大山里的人，也有自山外逃来者，约数千人，他们说：‘将黑时，流贼突至杀人，我们走脱，不知后面。’我速叫家人，收拾造饭。天刚亮，还没做好饭，那些逃来的人又逃到别处去了，我只得罢饭而行。我逃到郭家沟山上，即听到有人传信说：‘张军到内官寺了，将傅某人房子烧起。’原来我家已经被烧了。这个时候，幸有此班传信之人，他在山顶一呼，接连相传，登（顿）时可闻数十里。贼在东，即走西；在西，即走东。赖此以全活者，不可计数。是夜，暂宿杨梅河。见号火连天，相绩［续］不断，数十里之遥，数十营之多，都是张军，所过之地，全无生路。我不敢少留，在此一饭即行，至老龙场寺上。天明，流贼即赶到。我岳母、小姨俱被害，伤哉，伤哉！……相依住了二十余日，贼退方回。”

“及回至地方，荡然一空，止见尸横遍野，河下不见一人。湾中止有一两手俱剁者，（因没有手，无法砍去验功，故）流贼不杀，这个人说：‘大营去了好几日。前日又有四个马兵来，问我过大河之路，我指去了。’至家，房屋尽烧，和尚尽杀，吾家众人即在寺庐共居矣。”

四十

人已经杀得差不多了，张献忠开始撤退。穷途末路之人，比以往任何时候都眷恋家乡。他对部下说：“弃蜀出秦，一得长安，则是中原首领自我而据，且关中为我故乡，诸将兵多系秦人。自来强兵战马皆产于秦，要图大事，还是陕西。”

然而，这时又遇到了供应问题。人口消灭净尽，自然粮食就越来越难找。数十万军队，没吃没喝，如何行军？张献忠想到了屠杀自己的部下。当然，要杀必先杀那些掳来的四川人，他们虽然被征入伍，心却不附，经常有人开小差。

《蜀碧》载：“献忠欲此行入陕，恶其党太多，欲止只（留）发难时旧人。”他和汪兆龄等密议如何实行。“兆龄怂恿之曰：‘恐兵知而先噪奈何？不若先立法，责之各将军都督等，多置逻者，以伺察营伍中行偶语者及微过，皆置文法并连坐，如此则杀之令名，无觉者矣。’密议已定，辄收治。”

密议结果，在义军中要“收治”的有三种人：“其一系四川人，有在四川入伍者，有系四川人而在他省入伍者。其二系他省人而在他省入伍者，有系他省人而在四川入伍者。其三系明朝官兵投降过来者，有系阵前俘获者，又有系各地方上的土匪入伙的，俱当尽诛。”其中尤其是四川义军，张献忠认为都是些“剽悍亡命，叵测不轨之徒”，故“恨入骨髓”，必欲除之而后快。

屠杀的办法与杀士子时类似。据《蜀警录》载：“先谎称要从士兵中挑出精干者，成立水师营。因此命令部队在张献忠等军官面前列队而过，过去者生，被‘挑中’者即待死。先在江边建造了一个木栅城，挑出来的数万军人都关进城内，开杀之时，先用枪炮向内轰攻，死伤大半，然后方挥兵入内砍杀。”结果在军中共杀“男妇二十万有奇”，占全军半数，张献忠在自己军中制造的屠杀恐怖，使得幸存者恐为张献忠所屠，大批逃奔“摇黄十三家”起义军。

张献忠还认为，随营妇女是自己行军作战的累赘，在杀过自己士兵以后，把屠刀探向军中妇女。顺治三年（1646年），他离开成都时，首先将自己的三百嫔妃杀掉二百八十名，只留了二十名侍候自己。并命令：“各营所有妇女，齐集一处，由兵围绕，献忠另选兵人一队为刀斧手。号令一声，乱砍乱杀，叫冤哭惨之声，震动天地。妇女尸身堆积如山，血流成河。”

还有史料记载，由于缺乏军粮，张军曾经把这些死亡者的尸体“剐之割之，制成腌肉，以充军粮”。

收拾干净之后，张献忠率部启程。开国时的一千多文官，此时被杀剩二十五名，忠心耿耿地跟在身边。士兵人数亦已只剩三分之一。张献忠犹满腔豪气。可惜行至西充凤凰山，遭遇清兵。他随即“骑马出营，未穿盔甲，亦未携长枪，除短矛外，别无他队，同小军七八名，并太监一人，奔出营外，探听满兵虚实。至一小岗上，正探看之际，突然一箭飞来，正中献忠肩下，由左旁射入，直透其心，顿时满地鲜血长流，献忠在血中乱滚，痛极而亡”。

其时，张献忠方四十一岁。

四十一

张献忠的死，并不意味着四川人灾难的结束，甚至可以说，川人的灾难不过刚刚演完第一幕。

三百多年以来，四川一直流传着这样的说法：“张献忠剿四川，杀得鸡犬不留。”“八大王（即张献忠）血洗四川，在劫者难逃。”清朝多种史书更是说，张献忠把四川土著几乎杀光。

后来，新一代史学家对于张献忠滥杀无辜的说法深感愤怒。通过深入考证，他们有力地推翻了这一说法。据他们辛勤搜罗，《张献忠屠蜀考辨》等文章证明：

第一，在张献忠走后，四川起码还生存着和张献忠作战的军队数十万。其中至少杨展有数万，曾英也还有兵二十余万。“其他逃匿山区、结砦依险者更多。如通江县地主朱应先，‘家号素封’，张献忠在蜀时，他‘散财招士，结砦依崖’，‘活者百家，抚流亡者千数’。”

“第二，还有一些人（大多是地主），在张献忠起义军占领期间，逃离家乡，以后又陆续返回故里的。”

“第三，在四川境内留下的传说中，一般的也说经张献忠起义之后，每个县都还留了一些人。如灌县的贾、苟、皮、王等姓，郫县的孙、唐、苟、范、徐、马、刘等姓。至今有些地名，如邛崃县石头公社的逃命沟、火升公社的躲兵岩、大邑县服江公社的逃亡坝（唐王坝），均与明末地主逃匿有关。”

新一代史学家通过这些有力的证据，证明了“张献忠滥杀无辜”是地主阶级恶毒的反动宣传，张献忠杀人是革命行动。张献忠不但留下了一些人不杀，而且这些人还不在少数。

可惜的是，这些幸存下来的人，大多也没有逃过以后的连续不断的灾难。正应了智慧的中国人的老话：“大难将至，善人先死。”盖后死者的使命，只是承受更多的灾难。

第一重灾难是饥荒。

张献忠据蜀期间，破坏了农业生产的正常进行，绝大多数耕地都被撂荒，积存的粮食则被搜掠净尽。所以张献忠部走后，四川遇到了严重的饥荒，粮价大涨。清人费密撰《荒书》记载：“盖自甲申为乱以来，已三年矣。州县民皆杀戮，一二孑遗皆逃窜，而兵专务战，田失耕种，粮又废弃，故凶饥至。此时米皆出土司，米一斗银十余两，嘉定州三十两，成都、重庆四五十两。”

家有钱财的人毕竟不多了，于是吃人的现象不可避免地出现了。《五马先生纪年》载，清兵入四川之后，地方秩序恢复，傅迪吉因事由简州赴成都，亲眼看到吃人。他记载，一路都是饥荒景象。“宿谭家场，这里还有人家。见到有七八个人，饿得将死，睡在板上，时而张（手），时而睁目。明日，翻山到了毛家坡，见沟下有烟，我于是令人到那里讨火，正撞住杀人吃，我的仆人将吃人强盗锁绑来，问他们肉从哪来，他们说从贺家场弄的。让他们带路到贺家场，见有七八人，搜出一大袋人肉包。将一少妇打起，问：‘你们何故杀人吃？’她说：‘我们有何本事杀得人！是公婆将死，去与申从天、申从文弟兄买来。’余问：‘怎么买来？’答以：‘一两银五斤。’”

鬼诱人图

吃人之事，在彼时的史料中记载甚多。再引欧阳直的亲身经历：“我在军营中听说外面有吃人的事，我还不信。不久，随抚军马公驻内江，乡绅范文英的弟弟带着他母亲来求粮食，马公给了他几升米，不料回家的当夜就被邻居把粮食抢走，又把范的弟弟杀了吃了。”

及至后来，欧阳直自己也免不了吃人：“后来我路过威远的时候，遇到十数个饥人。他们叫我们过去和他们同路走，我们不敢过去。他们大声喊叫说：

‘你们走也走不远，不如留下两个给我们当粮食吧！’我们继续前行来到一个村子，见一家屋里有冷肉一锅，大家争吃一空。等进厨房看时，才看见烹熟一个无发小儿，人头及人皮和内脏都在一边，原来我们所吃的，是人肉。”

平民如此，军人们何尝不是如此。顺治四年（1647年）十二月，清总兵马化豹在报给上级的塘报中说，他带领的清兵“战守叙府（宜宾）已八个月，叙属府县止催稻谷四十八石、粗米八石，何以聊生？……凡捉获贼徒，未奉上级命令正法，三军即争剐相食”。

地方土豪武装更是如此。欧阳直《蜀乱》记：“又，合阳土豪李调燮，曾对我说过，他们集合士兵扎寨时没有粮食，每发兵捕人，谓之人粮。凡拏到人口，选肥少者付厨下，余者系瘦，乃给兵士，烹宰时都按杀猪杀羊的办法。”

而四川本地的起义军中，甚至有纯以人为粮者。《五马先生纪年》载：“栽秧完，突又遭摇黄贼自河东来。其贼马步兵俱有，男妇俱有因无粮，全杀人以为食。痛哉，此番之惨较百倍于前矣！”

第二重灾难是“摇黄”起义军。

“摇黄十三家”原是四川本地的十数股农民起义军，他们纠集在一起的目的，从其各部首领的名字上就可以看出来：“争食王”“夺食王”“闯食王”……这不太像陕西大乱初起时，各农民军首领模仿《水浒传》风格起的那些外号，倒颇有些《西游记》中魔王们“狮驼王”之类称号的风采，而其所作所为也颇似食人魔王。他们称首领为“掌盘子”，内部有一套行话：称杀人叫“折割”，“锁人”叫带线，埋伏叫“卡子”，与土匪似乎区别不大。《南明史》说，他们“后来同当地官匪纠结，变成一种不伦不类的武装”。他们有时与各地小股土匪结合，有时又受雇于官兵，为其打土匪。虽然他们规模没有张献忠浩大，但所作所为酷烈则过于张献忠。欧阳直《蜀警录》载：“摇黄贼攻破长寿、邻水、大竹、广安、岳池、西充、营山、定远各州县，城野俱焚掠，炮烙吊拷后，尽杀绅士及军民老弱男妇，掳其少妇幼子女人入营，所获壮丁用生湿牛皮条捆之，交其面背粮，无人得脱，积尸遍地，臭闻千里。”张献忠败亡后，他们声势大振，可惜此时四川财富已经净尽，他们只好全军以人为粮。欧阳直评论说："张献忠部军纪严明，他们杀人，是在执行长官命令，至摇黄贼营内没有军纪可言，随军小孩子都可以擅自杀人，他们是逢人便杀。我后来被摇黄贼掳入营中，亲眼见到他们每把小儿抛向空中，下面用长枪接住，使小儿穿在枪上，手脚抓刨如同飞翔。众军人哄然大笑。又见他们将人活绑在树上，剖开肚子挑出肠子，缠在这个人身上，以为笑乐。又见将小儿提起来，用头撞钟，脑浆四溅，拍手称快。如此惨虐，远甚于张献忠。"

第三重灾难是官兵。不管是南明的"官兵"，还是清的军队，到了这个军粮匮乏的四川都得靠抢粮为生。

明朝官兵在他省时即军纪败坏。明朝末年，军官的腐败甚于地方官，他们吃空额，扣军饷，明目张胆；军人的残酷暴虐，也往往甚于土匪，不但抢劫财物、奸淫妇女、滥杀无辜，甚至还有吃人的现象。比如明军大将刘泽清经常以杀人为乐，并取人心、人脑食用，而"颜色自若"。当时的明内阁大学士文震孟坦白承认，明军的普遍情况是："将无纪律，兵无行伍，淫污杀劫，惨不可言。尾贼而往，莫敢奋臂，所报之级，半是良民。"崇祯十四年（1641年）上任的明郧阳兵备道、按察使高斗枢记叙他在张献忠经常活动的郧阳城的亲身经历时说："左（良玉）兵二三万，一涌入城，城中无一家无兵者，淫污之状不可宫。数日启行，复罄没其家以击。去十许日而予至，米菜俱无可觅。士民相见，无不痛哭流涕。不恨贼而恨兵，真惨极矣！"明末军队军纪之差，为多种史料所证实。许多史书说，他们所至一处，"掘地拆堵，细细搜掠。凡民间埋藏之物，尽数获之……班师回日，除主将车载……不计其数外，即一火头军，俱四五驴驮不等……万耳万目，共睹共闻……一家有银钱，则掳杀一家；一村有富室，则掳杀一村。玉石俱焚，惨烈于贼"，"乱兵杀掠淫掳，不忍见，不忍闻，亦不忍言"。

在他省犹如此，何况到了乏粮的四川。而清军虽然军纪较为严整，然而从来不惮于杀戮汉人，抢夺粮食。在诸军并进四川之时，侥幸活命的川人怎能安生。欧阳直记载："贼去兵来，兵去贼来，循环旋转于川北、川东，迄无宁日。贼固酷于杀掳焚劫，而琐细不取，兵则但不多杀人，其劫掳吊拷悉同于贼。且并敝衣小物，莫不席卷，民不聊生矣。"

第四重灾难则是瘟疫。死人既多，瘟疫随生。《蜀碧》："其时瘟疫流行，有大头瘟，头发肿赤，大几如斗；有马眼瘟，双眸黄大，森然挺露；有马蹄瘟，自膝至胫，青肿如一，状似马蹄。三病，中者不救。"

第五重灾难是虎灾。尸体遍地之际，野狗突然多了起来，数十成群，人不敢近。更让人惊异的，是老虎的繁殖力似乎突然增长了百十倍。在四川各地，都出现了大批老虎。经常有成群的老虎，公然出入城市，在屋脊上闲庭信步。欧阳直说："张献忠走后，突然四川遍地皆虎，或者七八只，或者一二十，爬楼上屋，渡水登船，真是古所未闻，让人难以置信。我从内江逃出的那个夜晚，四次见到老虎。坐船在叙南行走时，看见沙洲上大虎成群。过泸州，岸上虎数十，鱼贯而行。"这些虎吃人吃够了之后，遇到活人，专以咬死为务，杀戮之后扬长而去。

顺治七年（1650年），四川巡抚张春向皇帝报告，他好不容易在南充县招徕了五百零六人，不久，不料居然给老虎吃掉了二百二十八人。

五重灾难，如同一层比一层细密的死亡之网，能够活着从这个罗网中逃出去的人实在是异数。

对于蜀乱，清人刘景伯撰《蜀龟鉴》做了个粗略的总结，谓：

痛乎，明季屠川之惨也。四川南部死于张献忠部者十分之三四，死于瘟疫、虎灾者十分之二三，而所遗之民百不存一矣。川北死于献者十三四，死于摇黄者十四五，死于瘟虎者十一二，而遗民千不存一矣。川东死于献者十二三，死于摇黄者十四五，死于瘟虎者十二三，而遗民万不遗一矣。川西死于献者十七八，死于瘟虎者十二三，而遗民十万不存一矣。

四十二

康熙六年（1667年），四川巡抚张德地来到四川之后报告给皇帝说，他只是个空头巡抚，因已经无人需要他来管理，“四川有土无民”。康熙十年（1671年），四川湖广总督蔡毓荣说：“蜀省有可耕之田，而无耕田之民。”（《大清圣祖仁皇帝实录》）康熙二十二年（1683年），马湖（今四川屏山）知府何源浚也说：“蜀地民稀。”康熙二十四年（1685年），人口渐渐多了起来，然全省也只有一万八千零九丁，约合九万多人，“合全蜀数千里内之人民，不及他省一县之众”（《四川通志》卷七十一）。

当然，还有人没有被统计进来。比如那些为数不少的白毛男白毛女：“叙州有人避贼，逃入深山。草衣木食既久，与麋鹿无异。后见官兵，以为贼复至也，惊走上山，行步如飞，追者莫及。其身皆有毛云。”“南江二野人，能手格猛兽，擘手獐鹿啖之，悬崖绝壁腾上如鸟隼。他们不怕猛兽只怕人。虽家人亲戚召之，疾走不顾也。”

这些返祖的“原始人”不怕什么狼虫虎豹，最怕的倒是两条腿的同类。

当时的四川，已经不像人间景象。当时的官员目击后，在信中说：“自从进入四川，只见荆棘塞道，万里烟绝。荒野之中，只有野兽成群，不见人踪。偶尔见到一两个幸存下来的人类，又都是五官残缺，割耳截鼻，缺手断脚之人，看上去像妖魔鬼怪，让人感觉不是行走在人间。”

时至今日，每逢成都城区改造、挖路修渠，还经常会暴露出白骨，现身诉说彼时的遭遇。

四十三

明末四川之难，已足以使人惊心骇目，不忍卒读。

可是再往上翻检历史，我们发现，我们不过是少见多怪而已。这样大规模的灾难在四川并不是第一次发生，元末同样如此。元时四川是主战场之一，战争过后，人口从宋朝的两百五十九万户锐减至十二万户。后来朱元璋大力移民，才逐渐使四川人口恢复。

据说在早，佛祖释迦牟尼的数千释迦族亲族被波琉璃王的大军杀害了。释迦族及弟子们三次求佛救救释迦族的大难，佛也没有答应。大兵过后，佛弟子们对于佛的这次对亲族的劫难不管不顾很不理解，佛祖对大家讲了这样一个故事：

很久以前，荒年，有一个村庄的人，到一个大池塘捞鱼。天旱水浅，鱼也容易捞，把池里面的鱼鳖虾蟹螺蚌等，都打捞净尽了。

经过若干年代的轮回转世，今天，那村里的人都转为释迦王族了。你们知道吗？波琉璃国的人就是池子里的鱼鳖虾蟹螺蚌等转世啊，所以生有一股业因怨气，来灭释种以报宿怨。这就是所谓的“定业难逃”。佛也管不了定业呀。

千百年来，中国人对于已身罹受的无数次灾难当然有很多痛定思痛的反思。

老百姓的说法：“平时人做的坏事太多了，老天派人收人啦，咱们这片在劫啊。”“世人多杀生，遂有刀兵劫。”

士人的说法则文雅一些，那个身经离乱的读书人欧阳直晚年在他的《蜀乱》一文劈首写道：明末以来，四川“世风日下，人们越来越奸诈，人心越来越险恶。环顾巴山蜀水，到处是不良之人。川北之人粗暴，川西之人阴柔，川南之人好坏各半。及省会和川东之人，奸狡刻薄，比别处更甚”。

他说：“上天干怒，所以降下凶魔，震赫扫除，竟成劫难。是知劫难之作，皆由人心之不善致之，而蜀中之乱独甚，而祸独惨者，又蜀人之大不善之心，有以自致也。”

他提出避免此类悲剧的方法是号召大家自我反省，提高道德水平。“吾愿凡我蜀人，自今以后各图修省，共回天意。”

杀人者张献忠和被杀者在此达成了高度的共识。

四十四

中国人历来有崇拜那些暴力神的传统，如崇拜什么河伯之类。他们有无法抵御的残害人类的能力，所以获得了被人们顶礼膜拜的资格。

张献忠在四川时，有一次领兵路过梓潼县文昌庙，因听说文昌君也姓张，遂认此神为祖，并且放过文昌庙附近的百姓不杀。他死后不久，这些没有被杀的百姓感谢张献忠的不杀之恩，在文昌庙中自发地为张献忠塑了像，“绿袍金脸，狞恶狠状”，当作神灵崇拜起来。直到乾隆七年（1742年），“张献忠神”前一直香火繁盛，人们每年都来献上丰盛的供品，以求威严强悍的张的灵魂保佑，或者至少不来残害。据说张神非常灵验，有求必应，远近数十百里的人都纷纷前来进香。由于崇拜的声势过大，终于在乾隆七年，引起了官府的注意，地方官毁了张献忠神像，并把此像扔到路边，任人践踏。然而，官人走了不久，当地人民怀着对“人民起义领袖的爱戴和缅怀”，又重塑了张献忠像，重新对他跪拜如仪。（《张献忠屠蜀考辨》）特别是一些地方土匪，或者零星的农民起义武装，对张献忠更为崇拜，他们出去征杀前，都要专程来此，到张像前跪拜，以求保佑。

张献忠庙中的塑像

张献忠神像后来不知所终，然而三百五十余年过去了，张献忠的灵魂仍然游荡在我们这个民族的精神之中。“张献忠崇拜”是我们这个民族身上的一处危险病灶，虽然已被历史之手割除，然而割除得并不彻底，时有复发可能。甚至直到20世纪60年代，我们这片土地上还曾经发生过如湖南道县的集体灭绝和吃人事件。所以，研究张献忠杀人的原因，对我们这个民族来说，实不是一种猎奇，而是一种需要。

大明王朝的七張面孔

无处收留：

吴三桂

DAMING WANGCHAO DE QIZHANG MIANKONG

把吴三桂从繁体字的杂乱掩埋下发掘出来，并不是一件轻松的工作。当我的目光一层层刷去吴三桂躯体上的泥尘之后，当他的灵魂像兵马俑一样艰难地从黄土中展现轮廓的时候，我的心便和他的灵魂一起痛苦地痉挛了。这些考古学家手中的珍物啊，当他们走过这个世界的时候，他们有着和我们异样，然而又能共通的悲欢。那欢乐，是千锤百炼后的抵达和黑夜掩盖下的放松，是曲曲折折的释放和矫揉造作的皈依。而那痛苦，却是巨大张力下的血淋淋的撕裂与麻木，是浓黑的夜的泪水。这种泪水，可以毒杀任何一种生物，只要它是上帝所创造。无论如何，陈迹已经腐败，又通过树的汲取，进入我们的躯体。无论如何，这一派风景已经在历史上写下，能否观赏要看我们的悟性。

一

明崇祯十五年（1642年），吴三桂三十一岁。这是一生中最挺拔亮丽的年华。就在这一年，他第一次面对了从未经历的精神重压。

这一年三月，明朝和满洲之间的最后一次关键性战役——松锦之战尘埃落定。明朝辽东经略洪承畴的十三万大军土崩瓦解，锦州陷落，洪承畴被俘。大明王朝苦心经营十余年的宁锦防线终于被撕破。宁远，成了大明朝在山海关外的最后一座堡垒。

继洪承畴之后，三十一岁的吴三桂统率辽东兵马，成了宁远城的最高军事长官，成了明帝国风头最劲的将领，也第一次成了明清两朝大角斗中的焦点人物。崇祯皇帝和皇太极的目光分别从北京和盛京而来，聚焦在他身上。来自东西两边的政治、军事乃至社会关系的压力和吸力，揉撕着他。西面，是前途黯淡的祖国和家园。那里正处在分崩离析前夜的紧张慌乱之中，幸亏山海关那高大厚实的城墙，把饥民的呻吟和叛军的呐喊声严严地挡住，让他享受片刻清静。而东面，三百五十年前，坦荡而蛮荒的辽东平原上，尖声号叫着的满洲人潮水般一波比一波汹涌地扑来，冲刷得宁远城摇摇欲坠。

吴三桂

越来越多的人投向满洲，像洪水浸泡下不断崩塌的堤石，其中包括吴三桂的三位舅舅，赫赫有名的祖氏三大将，这座宁远城原本是他们把守。祖氏三兄弟把自己的祖先追溯到祖逖，那个志在恢复中原的东晋英雄。他们在辽东建立了自己的功业，并且相继栽培和提拔了吴三桂的父亲吴襄以及吴三桂本人。不过，现在，他们不再提及自己那位著名的祖先，他们写来亲笔信，替满洲人劝降。这些信件不断说明，在饥荒和寇贼的侵蚀下，大明朝千疮百孔，气数已尽，识时务者为俊杰。随信而来的，还有皇太极的敕书，那上面写明，满洲人许诺给吴三桂的官职远比崇祯皇帝给的高。

可是，官职再高，毕竟是满洲人的。“投降”这个词，即使是在吴三桂脑海里转一下，也火辣辣的，烫得他的神经不舒服。他吴三桂，怎么能和叛变投降联系在一起呢？

自视颇高的他无法接纳这个肮脏的字眼。天朝和异族，从来是两个相互消解的世界。从敌人那里得到的越多，标志着丧失得越多。满洲人给他的地位再显赫，也无法抵偿投降使他付出的人格代价和名誉损失。如果那样，他将日夜承受舆论造成的心灵重压。

和呈现在我们眼前的这个漫漶而无序的世界截然不同，穿过三百五十年的时空，在关东这片土地上（那时候，这片土地上到处覆盖着不修边幅的森林和无边无际的野草。人类只是在这野蛮豪放的土地的胸膛上，侵蚀出几小块难看的疤痕，作为城市和屯田。整个情景就像皮肤病初起时的症状），放眼四望，所见到的世界却是清晰、坚固、完整的。那是约三百五十年前的先人们心中的世界。这个世界来有源，去有迹，结构严谨，雄伟壮丽，一目了然。这个世界由儒家的伦理纲常所支撑，几千年来不断有智者为其修补加固，使其成为一处绝好的精神家园。每个人一出生就已被规定了生存的理由和目的，每个灵魂都可以在这个宏大坚固的庇护下安全而慵懒地憩息。这些灵魂都安土重迁，不到万不得已，刀剑相逼，不会另寻他路。

在这个世界里，生命并不属于自己。

万物本乎天，人本乎祖。

生命是祖先的恩赐，它附属于父母和家族。所以，一个人生存的目的，乃是报答父母的养育之恩，光大家族的基业，延续家族的血统，使之不致断绝。这种责任重于个人的生命利益。按照这种思维推而广之，整个社会就是一个大家族，所有的社会关系都是血缘关系的扩展。皇帝就是全社会的家长，他因上天的授权而享有至高无上的宗主权，普天之下的一切都被标上皇家的产权，阳光雨露都是皇家的恩典：恩命、恩旨、恩诏、恩赐、恩赏、恩赦、恩准、恩科、恩除、恩俸。所以，在这个世界上，所有社会成员的一切行为，必须基于两条基本准则，那就是对皇帝的“忠”和对家长的“孝”。这是协调一切社会关系的法宝，如果所有社会成员都能把这两种品质充分发扬光大，一切社会问题都将迎刃而解。治理天下的要诀即是充分培养鼓励人们的忠孝品质。一个朝代如果覆亡，那么，作为本朝恩典的主要享受者的社会上层成员（包括官员和士人）就有义务为他的恩主尽忠殉国（这是光荣的选择），至少也应归隐山林，不再为新王朝服务（这是最起码的要求）。

在某种意义上，“忠”和“孝”已经脱离道德规范的范畴，而上升到价值本体的层面。叛徒、投降者、贰臣，他们背叛的不仅是自己的主子，而且是整个世界。他们注定要被世界所抛弃。

翻检图书馆里整架整架发黄的史书之时，我惊异于历朝历代忠臣烈士的数量，他们总是于王朝板荡之际集中出现，史书作者总是不得不为他们那些近乎雷同的事迹留出大量篇幅。他们的多数是在并无切身危险的情况下安然自裁，有的还同时杀死自己的妻子儿女，甚至贴身仆人，常常是阖门自焚。他们用这种残酷的自杀方式，为自己的精神生存赢得空间，并因此获得精神上的自足感。这是他们完成自己在这个世界上存在使命的最完美选择。

吴三桂，似乎比别人更有理由效忠于大明朝。

在大明朝，吴三桂是朝野闻名的孝子良臣。他甚至可称得上是这个世界的道德楷模。这起因于一件意外事件。

那是天启末年的事。那一年吴三桂刚刚十六岁，还是个半大孩子，正在舅舅祖大寿的指导下学习武艺，父亲吴襄是祖大寿手下的一个总兵官。那一日，吴襄带领五百名士兵出锦州城巡逻，在辽西荒凉的白山黑水间，例行每天的公事。不过，这一次事出偶然，在城外几十里处，吴襄和皇太极率领的四万满洲兵遭遇。皇太极为什么带领如此庞大的军队出现在这里，史书未有明确记载，不过吴襄的境遇却可想而知。吴襄急忙撤退，但在锦州城几里之外，还是被如狼似虎的满洲兵团团包围。吴襄带领这五百人左冲右突，无济于事，全军覆没看来是唯一可能的结果。

祖大寿闻讯，带着外甥吴三桂登上城楼观战。两人都心急如焚，吴三桂一遍遍催促舅舅发兵救援。可是锦州城里只有三千守兵，坚守尚且不足，何谈出城救援。无奈之下，祖大寿只好硬起心肠，拒绝吴三桂的请求。

我们无法确知十六岁的少年吴三桂的心理感受，无法确知他的举动是出于父子情深（吴三桂和父亲的感情真的很好，这在那时是并不多见的情形），还是少年人的热血冲动。总之，在祖大寿未加注意的情况下，少年吴三桂带领二十几名家丁驰出城门，杀入了四万满洲兵的重围之中。皇太极此时想诱明军出战，但是这二十多人的队伍却大出他的意料，这个精明雄武的满洲首领不知道明军葫芦里卖的是什么药。少年吴三桂此时把生死置之度外，凭着一股血气，带领着二十多名家丁，居然如入无人之境，杀到父亲身边，把吴襄从目瞪口呆的满洲兵中带了出来。皇太极怀疑明军有诈，下令兵丁不要追杀，听任吴三桂父子逸去。

这个传奇性的遭遇，给吴三桂带来的是一生受用不尽的声誉资本。在文恬武嬉的大明王朝，这个十几岁的孩子的孝勇之举立刻遍闻天下。连皇太极也对这个后生赞不绝口，称他为“好汉子”，并不无遗憾地说：“吾家若得此人，何忧天下？”

在以德治天下的社会，对人的道德自觉非常重视。父子人伦，是最基本的社会关系，从一个人对父母的态度，可以推断他对别人对帝国的态度。“求忠臣于孝子之门”，成了当然的逻辑。当吴三桂带着一身血水汗水杀回锦州城之后，祖大寿对他说的第一句话就是：

> 儿不忧不富贵，吾即题请封拜。

之后，吴三桂高中武举。再之后，仕途一路坦荡，年仅二十八岁时，就做到了镇守一方的宁远总兵，成为青年将领中的翘楚。在仕途的攀升过程中，他比谁都更深切地感受到道德资源对一个人社会成就的巨大推动作用。吴三桂十分珍重自己忠臣孝子的社会形象，他习惯于围绕这个形象设计自己的行动。在父母面前恭谨体贴，在朋友圈里轻财好士，在百万军中英勇无双，吴三桂知道社会对他的角色期待，也尽心尽力地完善自己的社会角色。年仅三十一岁，吴三桂即已被破格提拔为辽东提督，总领关外军事，社会对他的回馈不可谓不厚。大明朝对他确实高恩厚德。

确切地分析吴三桂选择中的道义原则和现实利益的比重，也许是不可能的。不过，最后的结果是明确的，他拒绝了舅舅的建议。此举很快就为朝廷所知，并进一步丰厚了他的道德资本。不过，从以后的叙述中我们会得知，吴三桂的这一选择并不轻松。

二

大明朝就像一辆沿着下坡奔向悬崖的马车，所有的势能都指向一个万劫不复的终点。这些势能是此前的几个世纪积累起来的。它的最后一任驭手——崇祯皇帝竭尽心力的努力看起来更像一个苍白的手势，于事无补。相反，也许正是由于他的垂死挣扎，反而加速了这一进程。

大明朝的问题不在于遍地的水灾、旱灾、蝗灾，不在于四处蜂起的盗贼，也不在于几位奸臣或昏君。这些只是表象。在这一切的背后，支撑社会正常运转的精神支柱已经腐烂了。

历史上没有哪个朝代像明朝那样重视名教纲常。半文盲皇帝朱元璋，本质上是一个精明的、讲究实用的农民。他在马背上夺取了天下，又以他那典型的农民式灵感发明了八股文，发明了《大诰》，发明了《皇明祖训》。他的努力指向一个方向：把天下人的头脑装进儒教纲常的保险箱，让社会在君君臣臣父父子子的教条之下永远平稳运转。

儒教的价值，在明朝被张扬到了极致。孔子在明朝受到前所未有的尊崇，每个读书人都必须死记硬背四书五经，每个乡村在朔望之日都必须集会听老人们宣讲圣道。这个朝代的读书人比历史上任何一个时期都更善于引经据典，这个朝代树起的贞节牌坊比任何一个朝代都要多。每个年代，总有一批批大臣因为谏举皇帝不符祖训的行为，和皇帝据理力争较劲到底，被廷杖被流放被杀头，光荣地登上忠臣榜。

可是也从来没有哪个朝代像明朝后期那样，整个社会的道德水准空前低下，人们的精神生命空前萎缩，社会陷入严重的道德危机之中。

名教纲常的道德约束作用，因为朱氏家族的透支使用而遭到严重损害。事实上，儒教的伦理规范有着天生的缺陷。它基于人性本善的虚妄假设，要求每个人都应该压抑心中活泼的自然欲望，通过极大的自我克制，服从于僵硬的道德教条。它没有为人的自然本性中软弱的丑恶的一面留下弹性空间，不承认人的平庸和趋利避害的本能，缺乏对人的基本物质需要的尊重与关怀。它只有最高标准而没有最低标准。它也许能激起社会动荡时期的某种道德狂热，却不适宜作为普遍意义上的人性调节器。

在明朝以前，儒教更多的是作为一种软约束发挥作用，而在明朝，这种软约束越来越硬化，这就使这一伦理标准陷入了困境。由于操作上的难度，它实际上成了一种伪标准。人们有充分的智慧，来解决道德高压和自然欲望间的矛盾。他们一方面通过伪饰行为来装点门面，另一方面背地里则是心照不宣地沉沦在道德禁区里，享受对矫枉过正的物质欲念的满足。道德价值的过分张扬，最终结果却是整个价值体系被削弱扭曲和人欲中卑劣丑恶一面的大放纵大宣泄。

随便举几个例子，便可以把上述论证落到实处。嘉隆以来，整个明朝陷入奢靡淫纵之中，上至公卿士人下至平民百姓，每个阶层都沉陷于自然人性的放纵之中。在民间，金粉气息充斥于大街小巷，狎妓征歌之风遍及每个角落，街道上公然出售淫具春画，色情文学成为民间文学的主流。在社会上层，这种风气更为炽盛。宪宗成化年间，内阁首辅万安因进献房中术而得到宠信，朝中执掌风宪谏诤的大臣，居然也争献媚药秘方。

有人说，明中后期是中国人文主义思潮的兴起阶段。这是一种善意的误解。明朝社会的晚期，人性的约束实际上已经废弛，但人们并没有公然宣称人的觉醒。人们生活在犯罪感中，虽然狂纵不羁，但是正统的社会价值依然是心中的认同。这只能导致人们精神的委顿，导致人们强烈的务实倾向，回避任何实质上的崇高。

最有说服力的材料，恐怕还是末代皇帝崇祯在诏书中亲说的：

> 张官设吏，原为治国安民。今出仕专为身谋，居官如同贸易。催钱粮先比火耗（征收钱粮先要克扣），完正额又欲羡余（帝国规定之外又要私自征收）。甚至已经蠲免，亦悖旨私征；才议缮修，辄乘机自润（一有建设工程，就乘机中饱私囊）。或召买不给价值，或驿路诡名轿抬。或差派则卖富殊贫，或理谳（判案）则以直为枉。阿堵违心（不给贿赂），则敲扑任意；囊橐既足，则奸慝可容。抚按之荐劾失真，要津之毁誉倒置。又如勋戚不知餍足，纵贪横于京畿；乡宦灭弃防维，肆侵凌于闾里。纳无赖为爪牙，受奸民之投献。不肖官吏，畏势而曲承。积恶衙蠹，生端而勾引。嗟此小民，谁能安枕！（〔清〕计六奇撰《明季北略》卷十三）

不得不佩服这位末代皇帝的清醒、洞察力和勇气，还有不错的文笔。可惜仅仅描述症状无济于事，没有哪位名医能挽回大明朝的抽心一烂。

在三纲五常的覆盖之下，整个社会成了一盘散沙。由于没有一个切实可行的人格标准，在君君臣臣父父子子的社会关系表象之下是人们之间的深刻不信任。人们因为对自己不抱信心，所以对他人也失去了信心。皇帝信不过大臣，上司信不过下属，朝中大臣信不过外面征伐的武将。一遇大事，廷议经常是经月不决，大家都怕承担责任，都说些模棱两可的话来敷衍。

即使是忠心自矢的人，也总笼罩在人们的怀疑目光之中。

整个明王朝后期最杰出的军事领袖袁崇焕，因为满洲人一个并不高明的反间计，被崇祯皇帝活活剐死。继袁崇焕之后，又一个最有才干的将领洪承畴，也是因猜忌怀疑被推进了身败名裂的厄运之中。

洪承畴，字亨九，福建南安人，明万历四十四年（1616年）进士，按正规途径升入社会上层。不过和一般读书人不同，教条化的儒教灌输模式并没有毁坏他的思维能力。他通达权变，冷静务实，办事能力极强。崇祯初年，陕西农民军震动天下，官军望风而逃，洪承畴受命前往镇压，六破李自成军，俘获起义军首领高迎祥，给农民军以毁灭性打击。陕西战事初平，关东形势吃紧，崇祯皇帝又征洪承畴总督辽东军事。洪承畴总结前几任辽东军事长官屡战屡败的教训，制定了稳扎稳打的战略，针对满洲人羽翼已成、实力颇丰的现实，决定采取屯田久驻、步步为营的策略，逐步把满洲人赶回老家。应该说，这是当时情势下唯一现实的策略，也是明朝在明清角逐中最大的一个胜机。可惜洪承畴这个战略构想遭到朝廷的激烈反对，性格急躁的崇祯和那些精通小楷和八股的官员一致主张速战速决，他们认为天朝大国对付不了一个小小的异族，实在是一个奇耻大辱。指责洪承畴怯懦畏缩、劳师糜饷的奏章一份接一份地递到皇帝面前，皇帝则派出一个又一个太监到前线监军，谕旨里流露出愈来愈明显的怀疑和杀机。被逼无奈的洪承畴仓促出战，结果全军覆没。洪承畴不是败给了满洲人，他败给的，是自己的同胞。

吴三桂是洪承畴辽东遭遇全过程的见证人之一，他目击了洪承畴在内外夹击下走向覆灭，这令他胆寒不已。和每个处于历史大情节之中的人们一样，他并不能清晰洞见情节的转折点，但是他每时每刻都能感到充斥帝国的死亡气息。这个帝国就像一艘庞大而破烂的大船，在风雨飘摇之中，不知还能支撑多久。

他吴三桂，风华正茂才华横溢的吴三桂，为什么非要用自己的新鲜亮丽的生命去做这艘破船的殉葬品？

三

即使隔了三百年的历史烟尘，吴三桂的生命光芒依然能穿透文字的覆盖，明亮我们的视野。

这是一个充满激情、欲望、才华、能量的生命，上天赋予这个生命那么多优越之处，似乎并不是为了让它满载着遗憾消殒的。

吴三桂堪称美男子。祖籍江苏高邮，弥漫着水汽的杏花春雨的江南，吴三桂本人却是在风霜凛冽的辽东长大的。江南的水汽和塞外的长风同时融进了他的气质。吴三桂的外表兼具北雄南秀。在白皙的面庞上，两道爽朗的眉毛和一条挺拔的鼻梁，十足地挑起了男子汉的英风飒气。更引人注目的是，眉宇间那股端凝沉稳之气，竟如深潭静水，潋滟袭人。

三百多年前的文字是这样记载的：

> 三桂巨耳隆准，无须，瞻视顾盼，尊严若神。延陵将军美风姿，善骑射，躯干不甚伟硕而勇力绝人。沉鸷多谋，颇以风流自赏。

年少成名的吴三桂曾在北京短暂逗留。在上流社会的圈子里，有着传奇经历而又风姿俊逸的他几乎引起了轰动。名公巨卿乃至文人雅士们都以结识他为荣。他兼具粗豪与文雅的气质，使名动京师的大诗人吴梅村十分倾倒，为他留下了“白皙通侯最少年”一句。

从儿童时期起，吴三桂就表现出与众不同的品质。膏粱子弟的他当然同样贪玩调皮，但是在练武场上，他却表现出一般儿童所没有的自律能力和吃苦精神。在长时间单调而艰苦的练习中，吴三桂异常投入，从不偷懒。另一个突出的品质就是争强好胜，从不服输。根据现有资料判断，吴三桂的神经类型极好，智商很高，身体协调性和反应能力均为一流，天赋极为突出。祖大寿很早就发现了这个外甥身上的不凡素质，对他极为宠爱，广延名师，悉心栽培。才十几岁，他的一身骑射本领就已十分出众，校场上常常夺魁，在关外军中已小有名气。

唯一遗憾的是吴三桂对读书不太感兴趣。一心望子成龙的吴襄在培养儿子上不惜工本，曾叫吴三桂投在董其昌门下读书，无奈吴三桂实在不是此道中人，吴襄也只好由他去了。好在当时对武将的文化素质要求并不高，武功骑射是衡量武将才干的主要标准。

但是，出众的武功和传奇般的孝勇之名，并不足以解释吴三桂令人目眩的升迁步伐。吴三桂的真正过人之处，在于他的处世能力。他属于多血质类型，社会协调性极强，善于感知别人的情绪反应。不论什么场合，他都能镇定自若，在战场上，吴三桂表现出的勇气和沉着使他能赢得所有军人的尊重；而在社交场合，吴三桂的沉稳风度使他能永远成为人群的中心。吴三桂城府极深，精明机敏，和同龄人相比，他显得成熟许多。年纪轻轻的他在关外上层人物的圈里就有着“轻财好士”的美誉。虽然年纪轻轻，又是名门之后，可吴三桂身上见不到一点纨绔之气，和任何人交往都和颜悦色，彬彬有礼，从无疾言厉色。尤其是对那些地位较低的人，他同样和蔼可亲，一脸坦诚，让人大有受宠若惊之感。吴三桂热衷于广泛交游，人有所长，他总是千方百计要与之结识，别人遇到困难，他经常主动慷慨解囊，一掷千金。对于那些身居高位，于他的前途大有关碍的人物，吴三桂更是善于攀附，不显山不露水之中每每赢得他们的好感。天启年间，高起潜代皇帝总监辽东兵马，初出茅庐的吴三桂就认这位位高权重的太监做了义父。大学士方一藻巡抚辽东以后，吴三桂很快和其子方光琛成了结拜兄弟。洪承畴经略辽东之后，他又和洪的亲信幕僚谢四新结为至交。所以历任边关大吏无不对吴三桂宠眷有加，他不发迹，还有谁能发迹？

在谦恭谨慎八面玲珑的背后，是他那深藏不露的强烈欲望。在内心深处，吴三桂是一个极为自负、极为自傲的人。自身的出众素质和不断的成功使他对自己的能力极为自信，吴三桂深知自己是个欲望强烈的人，包括功名欲和享受欲。他绝不会把这一生白白放过，他要居高位，享大名，得到天下最美好的女人。他还要封妻荫子，光宗耀祖。读《后汉书·皇后纪》时，吴三桂不觉掷书长叹：“‘仕宦当作执金吾，娶妻当得阴丽华’（汉光武帝刘秀语），余亦遂此愿足矣！”而只要向社会上层攀升，生命价值、个人欲望，一切的一切，都可以得到解决。这真是一幅简洁而绚丽的人生图景。

武人吴三桂也许不会去更多地思考诸如生命的终极意义之类的问题，也不会体验到困扰着我们笔端（有时仅仅是笔端）的存在的荒谬之类的后现代痛苦。吴三桂兴致勃勃地沉醉在他的世界中，他的痛苦和欢乐都是古典的、沉重的、全神贯注的，有着埋头走路不抬头看天的性质，因此也具有某种朴素动人的意味。他存在的目的很明确，那就是在大明朝这座巨大的山体上尽力攀登，海拔的上升就意味着幸福的临近。但是，就在吴三桂兴致勃勃地攀到半山腰的时候，他突然发现，脚下所踩的原来是座冰山，而且正在面临着不可避免的缓慢消融。即使攀爬到最高处，最后的结局依然是毁灭，而不是达到永恒的幸福之源。

武人吴三桂在宁锦战役之后，在接连听到关内官军战败的消息之后，突然发现了自己原来是站在冰山上。此刻他体验到了存在的荒谬。当然，吴三桂不会用这个词去表述。他只是觉得，他心中那个完整坚固的世界破裂了，名誉、尊严、社会成就和生命欲望，个人价值被割裂成不同的两半。他必须有所取舍。而任何一种选择对他来说都是一种不能负担的酷刑。

一种无可逃避的酷刑。

四

和烂透的大明王朝相比，那时候的满洲社会还没有建立起标准化的伦理构架。满洲人更多的是凭借体内原始的热情和冲动生活着。他们大致知道些《三国演义》的故事，知道些忠孝仁义的粗浅概念，可是宋儒的高深理论却不是他们野性未除的头脑所能理解的。所以他们的行为方式更自然、更直接、更灵活，所以这个民族显得朝气蓬勃，锐气十足，效率很高。他们的征服需要汉人的引导，所以他们竭尽全力争取那些有才干的汉人，执着而真诚。

祖氏三雄一直是他们争取的目标，满洲人因为受到祖氏兄弟的有力打击而敬重他们。满洲人听不懂忠干天地义动云天的神话。在部落的争战中，狡诈、残忍、背叛都不是罪恶，而是生存的方式。弱的服从强的，失败者归顺胜利者是理所当然的事，投降并不是一件可耻的事。应该说，他们不能完全了解他们的诱降给这些汉人带来的心理伤害。

崇祯四年（1631年），皇太极在一次战役中俘获了祖大寿的两个儿子和一个侄子，他赐给他们房屋土地，并以此为诱饵招降祖大寿。祖大寿不为所动。

皇太极

崇祯五年（1632年），皇太极围祖大寿于大凌河城。三个月后，城中粮竭，祖大寿和皇太极订下城下之盟，率队出降。皇太极大喜过望，厚赏祖大寿，为了表示对祖大寿的充分信任，命祖大寿为前导，带兵攻取锦州。不料在锦州城下，祖大寿甩开大队人马逃入城中。皇太极的胸襟、气度和精明借此机会表现出来，他“命达海传谕慰诸降将（和祖大寿一起投降的其他将领），大寿诸子孙赐宅以居，厚抚之”。

七年之后，皇太极又一次俘获祖大寿。这一次，祖大寿自度不免一死，皇太极却依然不屈不挠地争取他。出于对明朝的失望，对子孙前途的考虑，还有对这位满洲首领人格力量的屈从，这一次，祖大寿低头了。

皇太极明白他的成功不仅仅是招降了祖大寿，更重要的是，他用这一举动在汉人将领中建立了威信。他知道他的付出将会得到巨大的回报。

历史证明了这一点。如果没有后来越来越多的汉人的归降，满洲人夺取天下将是一个虚妄的梦幻。

洪承畴刚刚被俘的时候，也曾经一门心思尽节殉国，在满洲人的监狱里蓬头赤脚，日夜大骂，只求速死。可是皇太极一点也不生气，供给洪承畴精衣美食，细心照顾，不断派人去劝降，做耐心细致的思想工作。过了一段时间，他亲自到监狱中去看望，看到洪衣服单薄，解下自己的貂裘大氅给他披上，并且问道：“先生得无寒乎？”洪承畴瞠视久，叹道：“真命世之主也！”乃叩头请降。

洪承畴不是腐儒，清和朱明之间的上下优劣，明眼人一目了然。在和满洲人打交道的过程中，他亲身感受到了这个民族大有前途，必将取朱明而代之。而使他最后下了投降决心的，还是这个满洲统治者不可抵御的个人魅力。

五

吴三桂简直不能相信洪承畴会投降。而相信之后，他却感到了一种莫名其妙的轻松。

洪承畴是在朝衮衮诸公中吴三桂真心敬重的人物之一。对于读书人，吴三桂的心理一直很矛盾。一方面，他对这些人嘴里那些深奥的道理敬畏有加；另一方面，这些说起话来头头是道的人，办起事来却往往让他诧异不已。这些人办正事迂腐天真，可是捞起钱来门道比谁都精，钻营起来脸皮比谁都厚。遇到树名邀誉的机会争先恐后，到了拿章程做决断的时候却言不及义，纷纷推诿。满朝大员，率多此类，吴三桂以为，帝国就是在这些人手里败坏了。

不过，洪承畴和他们不一样。这位大帅外表也一样的文弱，可眼神中却有股通透沉静之气，那是胸中有城府有见识有块垒有操持的沉静。这位文章学问名满京师的学士，并不是那种只能纸上谈兵的书呆子，他放下毛笔跨上战马，就把大名鼎鼎的李自成打得只剩下十八骑败走商洛。吴三桂觉得，书上说的修身齐家治国平天下的读书人就应该是这样，内圣外王，下马能文，上马能武，这才是受了圣人之教，得了圣人之道。对这样的人，吴三桂从心底里佩服，他们才是天地正气之所钟，帝国希望之所在，虽然满朝昏昏，但只要有几个这样的大贤，为天地立心，为生民立命，为往圣继绝学，为万世开太平，大明朝就有希望，老朱家的气数就不会尽。

松锦陷落之后，人们做好了悲痛的准备，等待着洪承畴殉国的消息传来。毫无疑问，又一个崇高的身影将走进祭坛，做孔孟之言的悲壮殉葬，和苏武、岳飞、文天祥们一起享受后代的崇敬眼光。也许还会有《正气歌》之类的作品留下来，成为千古名篇。崇祯皇帝甚至已经在北京为洪承畴立了祠堂，设了祭坛。

可洪承畴居然就投降了。道德文章的这位光辉代表转眼就成了丑恶的叛徒，一夜之间，就从高耸入云的道德殿堂坠入精神地狱。这个角色转换也实在太迅速了，实在叫人难以适应。

还有舅舅祖大寿。他和吴三桂情同父子。这个曾经威名凛凛后来又身败名裂的将军，其实就是一个既慈祥又威严的老头。这个老头曾为大明江山出过死力，也曾大义凛然在生死之际多次拒绝满洲人的利诱。只是最后一次，身家性命和儿孙前途使他做了另一种选择。

这一次选择就扼杀了自己的精神生命，以往所有的功绩、忠贞，全都被泯灭。大忠大奸，大善大恶，竟然是一念之间判然分野。做人难啊！

一个人的生命价值和尊严，竟然不是自我所能左右，而是常常受到你所连属的社会粗暴而蛮横的威胁。一个人，常常会突然陷入外部情势所造成的精神陷阱之中。比如，所依附的王朝灭亡了，无辜的生命会面临尽忠还是求生的考验；比如，一个妇女的丈夫死了，她面对的是苦苦守节还是忍辱再嫁的两难选择；再比如，一个奉公守法的人，会在突然之间因为自己的亲戚犯罪而被株连入狱，虽然自己和这个亲戚可能根本不通音信。

在苛刻的道德伦理标准之下，一个人很容易被推入冰炭相激的两极选择之中，承受自然人性和社会伦理两方面同样强烈的撕扯，而没有第三条路可走。王朝板荡，你不想做忠臣就只能选择做贰臣，不成君子只能成为小人，不成为天使就只能狠狠心做魔鬼，不进入圣祠就只能跪在历史的耻辱柱前。这里，只有道德教条的严酷压力，没有为现实人性的软弱和不完美预留一点弹性空间。

在这种情况下，死亡甚至是最简单最轻松的选择。而活下来，却需要勇气。你必须承受社会舆论和内心负罪感的双重挑战，这往往是一般人难以承受的，如果一个人的生命力不是足够强健，肯定要在这种重压之下委顿，再也难以发出热量。

《清史稿·祖大寿传》共四千余字，其中关于祖大寿降清之后六年之内的事迹记载仅寥寥三十二字：

> 明年，世祖定鼎京师，大寿从入关。子泽溥在明官左都督，至是亦降。十三年（1656年），大寿卒。

这枯燥平淡的几十字，从一个侧面明确传递出祖大寿生命中最后六年生活的压抑、灰暗：那是一种苟活。

明初有这样一个故事：元朝末年的礼部尚书危素，在元朝覆亡之后曾投井自杀却被救出。虽然他是个汉人，可是从一而终的原则却高于民族分野。朱元璋听说此事，认为其人忠义可用，把他招来安排在自己身边做侍从文官。朱元璋此时也许没有意识到，自己的这个举动使自己也使危素陷入了一个矛盾的境地。他因为欣赏危素的忠义而把他救了上来，却使危素陷入了不忠的窘境。他为了利用危素的品质而信任他，却使自己成了鼓励“贰臣”的人主。在危素尽心尽力地为他服务了一段时间之后，朱元璋突然省悟到了这一点，当然，他是不会错的，那么只能是危素错了。于是这个危素在他眼里，怎么看怎么不顺眼起来。有一天朱元璋在便殿屏风后闲坐，危素从门口进来，足声橐橐。朱元璋问：“来人是谁？”危素答道：“老臣危素。”朱元璋对危素泰然自若的语气十分反感，冷冷地说：“老臣危素，我还以为是文天祥呢！”

不久，朱元璋举行朝会，廷臣牵来元宫廷驯养的一头大象来表演节目。不料，这头大象可能是到了新环境不太适应，死活不肯表演，让满朝文武大为尴尬。朱元璋一怒之下，命人把这头大象杀了。可是事后一想，却认为大象是忠于故主，应该褒扬，遂命令予以厚葬。然后，他又让人做了块牌子，上面写上“危不如象”四个字，挂在危素身上，来奚落这个不幸的老头。不久，朱元璋找了个借口，把危素流放到了边远地方，让他在屈辱中郁郁而死。

我们不知道武人吴三桂是否知道这个故事，但是，对于投降之后的精神代价，他必然比我们认识得深刻痛切。

吴三桂觉得自己生不逢时。

六

历史上那座有名的宁远城，现在叫作兴城。

当年祖大寿亲自督建的古城墙依然雄踞，墙顶那些青灰色的古意斑驳的城砖，曾经印上过祖大寿和吴三桂的足迹。

游荡在古城之中，城中心的那两座巨大的石头牌坊吸引着所有来到这里的人的目光。这两座建筑依然以三百多年前刚刚矗立起时的那种目空一切的神气，雄赳赳地俯视着过往人群，不过现在这种神气却显得有点自作多情。因为三三两两的游人只是抬头看看牌坊上面那些依然精美的浮雕，然后摸摸下面那两个石狮子的头，没有几个人去认牌坊的主人费尽心思刻在上面的那几个繁体字。那几个字刻得极高，要认清楚，必须费老大的劲抬头才成。

兴城古城

前面的那座牌坊上的几个字是“忠贞胆智”，后面更为高大的那座上的四个大字是“登坛骏烈”。这些字的意思是表彰当初守卫这座城池的将军，表彰他们的忠贞和英勇。它们要表彰的人就是祖大寿和祖大乐。这两座牌坊是祖氏兄弟在皇帝的批准下自己修建的。后来，这两位热衷于自我表彰的将军同时背叛了他们的皇帝。

看着这两座石牌坊，最先想到的是它们为什么要建得这么高大，以至于经过其下的人会体验到一种压迫感。而且，下面还要放两头狰狞的狮子来保卫？

祖氏石坊

这里面体现了一种与世俗拉开距离的努力，一种俯视一切凌驾一切的意味。而这种俯视一切凌驾一切的东西是什么呢？是这个社会的道德观念的核心。

基本价值观念是一个社会凝聚人心、整合全社会意识形态的精神支柱，是每个社会成员的精神出发点和归宿。所以，每个社会总是竭力高扬这种价值观，巩固这种关系社会向心力的精神制高点。

在祖大寿投降之后，这两座牌坊已成了两座具象的讽刺。作为继任者的吴三桂，几乎每天都要经过这两座建筑。不过，他却从来没有提议拆掉它们。这是一个意味深长的事实。当宁远继任守将吴三桂三百多年前再次穿过这两座建筑之下时，他心里想的是什么呢?

七

崇祯十七年（1644年），大明王朝终于要咽下最后一口气了。

这年正月，李自成在西安开朝改元，旋即渡河东征，一路势如破竹。这时，明朝的精兵良将已经丧失殆尽，吴三桂手下的三万关宁铁骑成了最后一张王牌。正月十九，崇祯帝在德政殿召集大臣，正式商讨调吴三桂入关事宜。这其实是饮鸩止渴的一步棋，吴三桂入关，就意味着撤去了满洲人面前最后一道屏障：大明朝用吴三桂挡住了前胸，同时也把后背裸露给了敌人。面对这个难以决断的问题，大明朝的官僚系统最后一次典型地表现了它的低效性。先是在皇帝焦急的注视下，满朝的文武大员面面相觑，因为怕承担责任，谁都不敢发言。后来，还是内阁首辅、大学士陈寅打破沉默，老相毕竟阅历深厚老谋深算，他首先慷慨激昂地打出“一寸山河一寸金”的旗号，坚决反对弃地，同时又认为调兵势在必行。老相慷慨激昂了半天，却等于什么也没说，可是满朝文武却大受启发，纷纷按这个调子发言，结果调兵之议一议再议，迁延了一月有余仍然没个结果。

李自成却不必等待廷议的结果。这一个月之中，他的大军已逼近畿辅。北京的陷落看来只是时间问题了，只有到这个时候，朝廷才下了最后决心。三月初，崇祯帝诏封吴三桂为平西伯，命其入关勤王。

面对平西伯这个尊贵的头衔，吴三桂感觉不到一丝兴奋。在等待朝廷决议的这一个月时间里，他的心情应该比北京城内那些官员更为焦虑。假设在这一个月内吴三桂曾经多次失眠，也许不会离历史真实太远。因为他的性格里缺乏逆来顺受的因素，所以面对绝境，他的心理挣扎应该比常人激烈得多。有足够证据表明，在朝廷做出决定之前，吴三桂已经做出了某种决定。现在，皇帝的诏命已下，大明朝的最后一个柱石之臣立即行动，检阅步骑，带兵上路。

从宁远到山海关，距离是两百四十多里，在当时，按正常行军速度，两天内可以到达。可是不知为什么，这样短短一段路，吴三桂的大军竟然走了八天。是由于队伍过于庞大以至影响了速度，还是出现了什么特殊情况呢？这成了明清易代史上的一个谜团。

俯视一下当时的情势，这个谜其实并不难解。此时，大明朝的腹地已成鱼烂之势，大半领土已在起义军的控制之下。李自成的军队连战连捷，士气正旺。吴三桂的关宁铁骑能挡得住李自成的步伐吗？根本不可能。吴三桂也许能在北京城下阻挡李自成几天，却没有能力挽狂澜于既倒。作为受恩深重的军官，他应该与大明朝共存亡、相始终。问题是，现在只有终，没有始；只有亡，不能存。如果天下势仍有可为，他有可能做个中兴名将，拯大明于危难，扶大厦于将倾，不论有多少艰难险阻，吴三桂也不会却步。可如果只是单纯地送死，他实在没有必要那么兴冲冲地自投罗网。

当然，吴三桂不能按兵不动。如果他按兵不动，就会成为帝国和民族的罪人，就等于宣告自己是叛臣逆子。他可不想给天下人这样的口实。

所以，吴三桂选择了这样一个最佳方案：拖延。他摆出一副对朝廷尽职尽责的姿态，在行进的路上等待着大明朝的灭亡。等到明朝的灭亡成了既成事实，他的效忠对象已经不存在之后，他就有了道义上的行动自由。下一步的取舍，就轻松多了。

真实的吴三桂在求生本能的指引下，在道德的荆棘阵中寻到了一条缝隙，做了一次诡秘的出逃。

天地巨变，终于彻底压碎了吴三桂身上的道德外壳，他选择了求生而不是殉道。经过多少不眠之夜，吴三桂才终于把自己从忠君报国的道德外壳下剥离出来，不过这种剥离是血淋淋的。毕竟，自命不凡的吴三桂有过真实的道德理想。他对自己的生命构想绝不仅仅是一个衣食俸禄层面的碌碌之辈。现在，他的人格理想已被击碎，可以肯定，自诩为血性汉子的吴三桂从此不得不面对世人的指指点点，他不知道自己最终将以什么样的形象进入历史。

吴三桂只能仰天长叹。

现在，他的前途中剩下的，只有家族的平安，个人的功利地位，还有，陈圆圆。

一想到陈圆圆，他觉得这一切损失毕竟还得到了补偿。这个女人啊！

只是在认识陈圆圆之后，他才明白了一个不可思议的道理：原来一个真正的男人，是为了一个女人而存在的。

在拥有陈圆圆以前，他虽然有着风流将军的美名，但是从来没有把女人真正当回事，女人在他眼里不过是供他消遣的玩物，不过是比其他东西更好玩罢了。可是自从结识陈圆圆之后，世界在他眼中和以前不一样了，这个女人本身就是一个神奇、瑰丽、美妙而莫测的世界。他发现自己也变了，自己不再是以前那个汲汲名利的吴三桂了，他变得浪漫而多情，变得单纯而透明，和这个女人相比，许多以前显得那么重要的东西现在却无足轻重了。一个真正的女人可以改变世界。

现在，对他来说，做一个真正的男人比做其他任何一个角色都重要，甚至比做一个名垂青史的大英雄更重要。

现在，陈圆圆和他的家族，和大明皇帝一起，都留在京城里。他没法救出皇帝，但是，以他的三万铁骑，跟李自成去换取自己的身家性命和陈圆圆还是没什么问题的。

八

吴三桂的算盘打得很准，正当他在勤王的路上缓缓行进之时，三月十九，农民军攻陷了北京城。崇祯皇帝在煤山上，用一根白绫，给大明王朝近三百年的统治打上了一个句号。

得到这个消息时，吴三桂刚刚走到河北丰润，距京城尚有数百里之遥。他忙撤兵返辔，率领大军奔回山海关。

这座依山傍海的雄关，将是他用来换取后半生前程的砝码。明朝的灭亡，使得这座关城已经姓吴了，他不知道这是他的幸运还是不幸。不过，他知道，这座关城不论是对李自成还是对皇太极都是沉甸甸的。他完全有理由相信，李自成会为这座关城开出一个大价钱。李自成会找上门来的。

崇祯十七年（1644年）四月，明朝覆亡后的第十天，李自成的信使到了。带来了封吴三桂为侯的檄书，带来了四万两犒师银子，同时，还带来了老父吴襄的一封信。

一切都按照吴三桂的设想到来了，尤其是老父的这封信。皇帝已经死了，可是父母仍然在，这就是吴三桂在这个世界上堂而皇之地活下去的理由。忠臣是做不成了，因为他已经失去了效忠的对象，可孝子这冠冕堂皇的社会角色还可以继续扮演下去，他的行为照样可以获得社会伦理观念的认可。父亲的信，说得多么有理：

……今尔徒饰军容，逊懦观望，使李兵长驱深入，既无批亢捣虚之谋，复无形格势禁之力。事机已失，天命难回；吾君已矣，尔父须臾！呜呼！识时势者，可以知变计矣。……我为尔计，及今早降，不失封侯之位，而犹全孝子之名。万一徒恃骄愤，全无节制，主客之势既殊，众寡之形不敌，顿甲坚城，一朝歼尽，使尔父无辜受戮，身名既丧，臣子俱失，不亦大可痛哉！

是啊，大势已失，天命难回，帝国已亡，家族仍在。父母家小还有那日夜思念的陈圆圆都在李自成的手里，为了父母的生命，牺牲自己的名誉情有可原顺理成章。在大明他是平西伯，到了大顺他就是归命侯。寇贼杀了皇帝，寇贼就成了皇帝。从行脚僧起家的朱元璋可以做明太祖，那么，同样用血汗挣得天下的李自成为什么不能顺天应命抚驭万民呢？

现在，吴三桂终于可以光明正大地抛弃一直虚掩在身上的“忠臣”的外壳，不过里面还有一张“孝子”的面具，可以用来抵御社会正统价值评判系统的正面杀伤。在命运的逼迫下，吴三桂的生命欲望就像一只见不得光的软体动物，急匆匆地从一只外壳迁入另一只外壳。

吴三桂点齐兵马，把山海关交给大顺农民军，踏上了第二次西进的征途。

命运，却同他开了一次让他无比尴尬的玩笑。

走在西进之路上，吴三桂虽然心中还有点紧张，但是心境和第一次入关毕竟大大不同了。他不断幻想着到京城之后会遇到的盛大欢迎场面，不免有几分激动。李自成也许会亲自迎接，所有新朝权贵都会出席接风宴会。封侯建府，钟鸣鼎食，他在大顺王朝可能前程更为远大……毕竟，他送给李自成的这份礼物不轻啊！

可是，四月初五，当吴三桂来到永平以西的沙河驿时，突然遇到了从京城里逃出来的家人。这个家人因多日逃亡形同乞丐，一见到吴三桂就痛哭失声。

原来，大顺军入城之后，所做的第一件事就是追赃助饷，剥夺高官显宦们的家财来解决财政困难。吴襄虽有招子降顺之功，也不能例外。昔日巨富的吴府，现在已被搜刮得空空荡荡。

青年陈圆圆

吴三桂不由得倒吸一口冷气，半天沉吟不语。他没想到李自成竟然送给他这样一份见面礼，看来他的如意算盘打得也不是太准。可是，自己已经走到这里，已经没有回头路了，也许他到了北京这些可以摆平。突然，他想起一个至关重要的问题："陈妾现在怎么样？"

家人告诉他，陈圆圆现在已是李自成驾下"权将军"刘宗敏的人了。

轰的一声，那些美好的幻想在吴三桂眼前彻底崩塌了。吴三桂像被人当众打了一顿耳光，原本白皙英俊的面庞一瞬间涨得血红血红。他觉得自己的头好像涨大了。三十三岁血气方刚的吴三桂，简直不能相信这样的奇耻大辱会劈头盖脸落到自己身上。好一群流贼，他把山海关拱手而献，他们却夺走了他最心爱的女人！什么封侯之赏，什么犒师银，都是敷衍，他们分明把他吴三桂当成了玩物！有生以来，没有人这么侮辱过他！吴三桂一把拔出腰间的佩剑，刀光一闪，面前的桌案已经被劈成两半。

“大丈夫不能保一女子，何面目见人！”

吴三桂出屋上马，调转马头。三万大军像一头发怒的雄狮直扑山海关。守城的农民军还不知是怎么回事，已被袭杀殆尽，而闻讯应援的白广恩部，刚刚接近关城，也遭到痛击，竟然全军覆没。在战场上，很少有人能成为他的对手，尤其是在他狂怒之际！

一场激战之后的山海关出奇地寂静，吴三桂一个人坐在大厅之上，没有任何人敢进来。他既不是忠臣，也已不是孝子，命运撕掉了他所有的面具，现在，吴三桂只是一个因为女人而狂怒的男人。在狂怒过去之后，他发现自己真的无家可归了。

九

吴三桂多血质的性格特点，此刻又一次激烈地表现出来。性格即命运，而此时，性格即历史。就在他冲冠一怒的那个瞬间，墨一样浓的愤怒淹没了他的理智，当他静下来之后，吴三桂发现自己已被判定为一出悲剧的主角：他不但失去了帝国，也失去了家族，同时，还有最心爱的女人。在这个条理分明的世界上，他丧失了经度和纬度，找不到自己的坐标。

冲冠一怒使吴三桂永远地背负了历史的重债，他因此而成了所谓“民族的罪人”。不过，吴三桂在这愤怒的一刻袒露出的人性底色是历史上一抹斑斓的色彩，否则这部历史就过于灰暗乏味了。这个由赤裸裸的愤怒驱动着的人，一瞬间挣破了文化在他身上形成的层层伪饰，显露出未被阉割的真性真情。否则，我们可以设想，一个不是历史罪人的吴三桂是什么样的呢？只有两种可能。一、他驱兵西进，与李自成激战于北京城下，以卵击石，壮烈殉国。一出情节单调重复的英雄剧背后是无意义的生命损失，对于历史进程不能有丝毫影响。二、吴三桂忍辱负重，为了民族大义，唾面自干，在那些羞辱捉弄了他的农民军将领前强颜欢笑，虚与委蛇，以此换取他们的残羹剩饭。很明显，吴三桂在大顺政权之下，非如此不能生存。这样的话，吴三桂确是兼顾了民族大义和身家性命，可是这样的人格形象是不是更为卑琐？

愤怒很快就过去了。冷静下来的吴三桂又恢复了理智，而他的理智是出众的。他迅速判明了自己的处境，他不甘于处于被打击被剥夺的地位。他要对命运反戈一击，永不服输的他在绝望中竭力奋争，试图冲出命运为他设计的险恶陷阱。

十

顺治元年（1644年）四月十五，清摄政王多尔衮接到了这样一封书信：

……流寇逆天犯阙……先帝不幸，九庙灰烬……三桂受国厚恩，悯斯民之罹难，拒守之边门，欲兴师问罪，以慰人心。奈京东地上，兵力未集，特泣血求助。我国与北朝通好，二百余年，今无故而遭国难，北朝应恻然念之。而乱臣贼子，亦非北朝所宜容也。夫除暴剪恶，大顺也；拯危扶颠，大义也；出民水火，大仁也；兴灭继绝，大名也；取威定霸，大功也；况流寇所聚金帛子女，不可胜数，义兵一至，皆为王有，此又大利也。王以盖世英雄，值此摧枯拉朽之会，诚难再得之时也。乞念亡国孤臣忠义之言，速选精兵，直入中胁西胁，三桂自率所部，合兵以抵都门，灭流寇于宫廷，示大义于中国，则我朝之报北朝者，岂啐财帛？将裂土以酬，不敢食言！

这些充斥着“大仁”“大义”字眼的文字——“亡国孤臣”吴三桂的这番“忠义之言”，是在吴三桂被李自成围困在山海关后写出的。走投无路之时，他顾不得什么华夷之分、敌我之辨，向昔日不共戴天的死对头发出了乞求。可是连乞求都是这么慷慨激昂，大义凛然，满腔悲愤，真好像文天祥再世，申包胥重生。可是，就连不识几个汉字的多尔衮也一目了然，这不过是一封投降信而已。他何尝不知道，这个“亡国孤臣”在几天前还仆仆奔走在投奔“流寇”的路上，兴致勃勃地想和流寇们分一杯羹！这些汉人真是会说话呀！

吴三桂重又捡起了通行的社会伦理符号。他并不指望谁真的从词语层面理解他的话，这只是一种信息的标准化包装而已，华夷通用。形式永远是重要的，有时甚至是第一位的，虽然实际上大家彼此心照不宣。

多尔衮并没有用心思品味这些华丽的词，他立刻感到了这封信不同寻常的分量。这真是天赐之机，父兄两代人征战多年，始终不能接近的这座雄关，如今唾手可得，逐鹿中原的宏愿即将实现，他怎能不大喜过望。多尔衮立刻发兵，向山海关奔去。

这时，山海关已经被李自成的大军团团围住了。李自成这次亲征，不光带了六万大军，而且还带来了吴三桂的父亲。

他知道吴三桂是有名的“孝子”，他希望吴襄能发挥比六万大军更大的作用。到了山海关下，他做的第一件事，就是命吴襄在阵前致书劝降。

可是这封劝降书对吴三桂已经没有任何作用了。吴三桂现在不需要什么台阶来下，李自成那里已没有他落脚的地方。李自成收到了这样一封回信：

父既不能为忠臣，桂亦安能为孝子？桂与父决，请自今日。父不早图，贼虽置父鼎俎旁以诱三桂，不顾也。

这冠冕堂皇的措辞让李自成无话可说。他知道，再和这个人费口舌不会有任何意义了。大顺军向这座著名的关城发动了猛烈的攻势。

当多尔衮的大军到达城下时，这座关城已是岌岌可危。激战已进行了一天一夜，大顺军的攻势越来越猛，有的地方，已攻上了城墙。吴三桂焦急万分，可是老谋深算的多尔衮却一点也不着急。他望着吴三桂那神情焦虑的脸，不慌不忙地提出，吴三桂得先剃发改服，他才能出兵。他还记着吴三桂在那封慷慨激昂的信中装出的那副大明忠臣的姿态。

吴三桂确实没想到这一着。不过，他没有犹豫片刻。不就是把顶发剃掉，脑后梳一条猪尾巴似的古怪辫子吗？不就是穿上那身难看的蛮服吗？他已经抛弃了帝国，抛弃了父母，抛弃了名誉，他还在乎这几根头发吗？！他已经不再在乎什么了，不坚持什么了，就是把自己出卖给魔鬼，也没什么不可以的。事实上，他已经这样做了。

在一片震天动地的喊杀声中，吴三桂头顶上的一缕缕头发，飘落到地上。

心理学家说，外表的变化对一个人的心理有着重要的影响。满洲人在征服中国的过程中，所到之处，坚决要求被征服者剃发改服，即使逼得这些人再度反抗也在所不惜。而许多本来已经投降的汉人，仅仅为保住自己的发式，却再一次选择了死亡。因为双方都明白，这绝不仅仅是一种简单的形式上的改变，这实际上是为精神举行的葬礼。这种改变，意味着彻底放弃了人格独立，彻底放弃了价值体系，把自己变成异类。

吴三桂的精神世界终于放弃了最后一点依托。不过这样也好，现在心里已经了无挂碍，他反倒获得了解放，从此吴三桂可以任凭自己胸中的贪婪、欲念、仇恨，痛痛快快地肆意流淌！

多尔衮终于同意出兵了，吴三桂现在已经是他的掌中之物。不过，他依然从容不迫。为了保存八旗兵的实力，他命令吴三桂为先锋出城去冲击敌阵。这样，既可以检验吴三桂的诚意，又能目睹大顺军的实力，以便他随后实施有力的突击。

吴三桂只能从命了。他现在觉得自己已经变成了一条狗，那么，就像狗那样地去卖命吧！

吴三桂的人马出城了。四月二十二，从早上到晚上，他率领大军冲锋陷阵，连杀数十阵。清人彭孙贻在《平寇志》中这样描述道：

> 三桂悉锐鏖战，无不以一当百。自成益驱群贼连营进，大呼，伐鼓震百里。三桂左右奋击，杀贼数千。贼多数鳞次相搏，前者死，后者复进，贼众（三桂）兵寡，三面围之。自成挟太子登庙岗观战，关宁兵东西驰突，贼以其旗左萦而右拂之，阵数十交，围开复合。

战场上的吴三桂永远是无与伦比的。只是现在，他只能是一个无与伦比的叛徒而已。

十一

法国传教士白晋在他所著的《康熙帝传》中说："事实上，鞑靼人（满人）在征服帝国过程中，几乎没有付出任何代价，而是汉人互相残杀，加上汉人中最勇敢的人，反而为了满洲人去反对他们本民族而战。"

吴三桂就是这些"最勇敢"的汉人中"最杰出"的一个。事实上，在大清取得江山的过程当中，平西王吴三桂在所有的汉人将军中出力最多，功劳最大。一旦弃了道义信条，同胞的生命在他眼里就成了一具具成全自己功绩的道具。出于一种特殊的心理，面对自己的同胞，他比满洲人下手还黑，手段还残暴。这里面也许掩藏着这样一个心理学的真实，那就是，这类举动正是为了掩饰吴三桂内心的负罪感、恐惧感和痛苦。

四月二十三，山海关大战后的第二天，吴襄在永平范家店被斩首。四月二十六，吴家满门三十余口在北京二条胡同被杀光。

虽然早已知道这样的结局，但是当他面对眼前到处僵卧的亲人尸体时，吴三桂还是受到了极大的心理刺激。亲人的血，湮灭了他最后一丝犹豫和顾虑。

他已心硬如铁，没有什么可以再软化他。从山海关之战以后，他像发疯一样对李自成穷追不舍，终于在望都和真定之间追上了。一场昏天黑地的厮杀之后，李自成扔掉所有辎重妇女，狼狈逃走，陈圆圆终于又回到吴三桂手中。

这是吴三桂用一个家族的性命换来的女人。

击溃了李自成，他马不停蹄，迎击降清复叛的姜瓖，鏖战榆林叛将刘登楼，败明宗室朱森釜于阶州，败农民军将领王永强于同官，平定陕西，攻取四川，收复云贵……他的马蹄从关外一直践踏到云南，踏遍了大半个中国。没有他的浴血奋战，大清绝不可能如此顺利地夺取江山。这一系列战役，许多是硬仗、恶仗、死仗。他曾多次陷入绝境，生死悬于一发，凭着不屈不挠的斗志和运气，他才一次次和死亡擦肩而过。吴三桂一生中最激烈的战斗是为满洲人打的。为大清朝，他真的做到了舍生忘死。这一系列战役充分反映了吴三桂作为一个军人的杰出素质。从单纯的军事观点看，许多战役也许能成为军事经典。吴三桂的判断力、决断力，意志的坚定性、持久性，战略战术上的创造性，在此过程中都得到了充分的表现。

顺治帝

虽然屡获大捷，但吴三桂并不敢居功自傲，仍然是每战身先士卒，躬履行间，战战把头别在腰带上浴血搏杀。吴三桂知道，为大清作战和为大明作战不同，作为一名叛臣降将，他在满洲人面前总有点伸不直腰，抬不起头。他只有豁出性命，表现出异乎寻常的忠勇，才能赢得清人的信任，才能在清朝的权贵中站稳脚跟。

顺治十七年（1660年），在为满洲人卖了十七年命之后，吴三桂终于获得了他的报酬，吴三桂被封藩云南，位享人臣之极。

然而，虽然满洲人授予他高官显爵，吴三桂还是时时处处觉察到了他们的防范心理，觉察到了他们目光中隐藏着的一丝轻蔑和不信任。

谁让他吴三桂是一个降臣呢！面对满洲人那外松内紧的满汉分野，对汉人将领处心积虑的提防措施，吴三桂并没有过多的抱怨和愤懑。他天生是个行动人物而不是观念人物，他不会让这些没有任何积极效果的情绪占据他的理智空间，浪费他的心理能量。现实主义是吴三桂的坚定指南。他考虑的是如何采取下一个行动。

十二

吴三桂是追着永历的足迹来到云南的。

明朝虽亡，可是朱氏子孙一直没有放弃恢复的努力。明朝的残余在江南又建立了南明政权，在帝国依然有着巨大的号召力。可惜这个小朝廷还是改不了窝里斗的老毛病，成天忙于争权夺利，结果被清军追得整日东逃西窜。追得南明的永历皇帝经常是饥肠辘辘，卧不成眠，偶然讨得一碗饵块炒青菜，也要称之为“大救驾”。最后，被追得走投无路，逃入了蛮荒炎热的缅甸，才算保住了一条命。

永历通宝

看来永历皇帝只能在缅甸无声无息地死去了，满洲人终于放下了那颗悬着的心。可吴三桂却有不同的想法。他认为只有擒杀永历，才能彻底证明自己的忠心无二。

吴三桂对永历皇帝个人并无好恶可言。作为昔日的明臣，他对这位故主的后裔也并非没有恻隐之心和抱愧之意。大明朝没有任何对不起吴三桂的地方，有的只是高恩厚德，他前半生的功名地位都是大明所赐，可是他回报的却是对明朝后裔的无情追杀。不过，既然做了恶人，就做到底吧！现在，他就要借昔日恩人的头颅一用。

于是，吴三桂上书，要求入缅扫灭南明残余。顺治皇帝认为没有必要，南明窜入荒夷，不可能东山再起，就放他一马吧。可吴三桂却反复恳求，提出所谓不灭永历有“三患二难”，最后终于说得顺治皇帝动了心。于是，吴三桂又率大军踏上了为清廷效命的征程。

一个小小的缅甸怎能抵挡得住清朝的大军？吴三桂的征程势如破竹，把朱家子孙斩尽杀绝看来就要实现了。就在这时，他意外地收到了用绣着五爪盘龙的明黄缎子包着的一封书信，这是朱元璋的十三代孙永历皇帝的亲笔信。吴三桂不由心中一震。看着这落难王孙的笔迹，不知为什么，他心里涌起一股无法言说的复杂情绪。

这封信文笔极好：

……仆由是渡沙漠，聊借缅人以固吾圉。山遥水远，言笑谁欢，只益增悲矣！既失世守之山河，苟全微命于蛮夷，亦自幸矣！如将军不避艰险，请命前来，提数十万之众，穷追逆旅之身，何视天下之不广哉？岂天覆地载之中，独不容仆之一人乎？抑或封王锡爵之后，犹欲歼仆以邀功乎？但思高皇帝栉风沐雨之天下，犹不能贻留片地，以为将军建功之所？将军既取我室，又欲取我子，读《鸱枭》之章，能不恻然于心乎？将军犹是世禄之裔，即不为仆怜，独不念先帝乎？即不念先帝，独不念二祖列宗乎？即不念二祖列宗，独不念己之祖父乎？不知大清何恩何德于将军？仆又何仇何怨于将军？将军自以为智，而适成其愚；自以为厚，而反觉其薄。奕祀而后，史有传，书有载，当以将军为何如人乎？仆今者兵衰力弱，茕茕孑立，区区之命，悬于将军之手。如必欲仆首领，则虽粉身碎骨，血溅草莱，所不敢辞。若其转祸为福，或以遐方寸土，仍存三恪，更非敢望。倘得与太平草木，同沾雨露于圣朝，仆纵有亿万之众，亦付与将军，唯将军是命。将军臣事大清，亦可谓不忘故主血食，不负先帝之大德也。唯冀裁之！

这真是一篇极好的文章，极尽嬉笑怒骂之能事，却又从容不迫，句句藏着机锋却又哀切婉转。这也是一篇正统思想观念的愤怒、茫然、沉痛的檄文。在吴三桂，在当时任何一个人看来，这封信字字大义凛然，句句鞭辟入里，每个字都像火焰一样烧灼着吴三桂的眼睛和心脏。他不能没有触动，这封信肯定会翻起他压制在心底却总是余烬未熄的深深的负罪感，触动他封存已久的良知。“将军犹是世禄之裔，即不为仆怜，独不念先帝乎？即不念先帝，独不念二祖列宗乎？即不念二祖列宗，独不念己之祖父乎？”“但思高皇帝栉风沐雨之天下，犹不能贻留片地，以为将军建功之所？将军既取我室，又欲取我子，读《鸱枭》之章，能不恻然于心乎？”字字句句，提示着吴三桂生存状况的荒谬无依，提示着吴三桂的精神生命已被普遍价值观放逐于荒蛮，提示着吴三桂的灵魂在旷野中的无遮无蔽。

这位终日逃亡以胆小闻名的永历皇帝，凭这篇文章应该被列入文字大师之列。不过和他的老祖宗朱元璋比起来，他还是显得太天真了。文字永远是最苍白无力的，它们只对那些苍白孱弱的灵魂起点作用。而在赤裸裸的邪恶面前，这种努力显得幼稚而可笑。这封信只是让吴三桂不舒服了那么一阵而已，对大军的前进步伐一点也没影响。

缅人在清军的压力之下，不得不献出永历。在接到这封信的第二天，吴三桂带着几名护卫，缓步走向永历帝的居所。

在热带竹楼的厚厚屋棚之下，永历帝面南而坐。他头戴一顶马鬃瓦楞帽，身穿一件纯绢大袖的袍子，腰间束了一根黄丝带。这个末代皇孙空顶着皇帝之名，终生逃亡，到处漂泊。不过毕竟是天潢贵胄，他仪表伟岸，举止端庄。他一动不动地坐在竹椅上，眼睛空空洞洞地看着前方。不知为什么，吴三桂看见这个人，心跳忽然凌乱了，他越走越慢，在永历帝几步之外悄悄地停下了。

永历帝见有人进来，轻声问道：“何人？”

不知为什么，吴三桂张张口，没说出话来。永历帝又问了一句：“来者何人？”

扑通一声，吴三桂自己也没想到，恍惚之中，他已经跪在这个年轻人的面前。

“你就是平西王吴三桂吧？”永历依然轻轻地问。

吴三桂什么也没听见，他只是恍惚见到这个酷似崇祯皇帝的年轻人脸上的疑问表情。他分辨不出他在说些什么，只是机械地一连声地应道：“是！”“是……”

也不知过了多久，他终于听清了永历长叹一声：“说什么都无益了！只是朕本是北人，想见到十二陵再死，这，你总能做到吧？”

他又勉强应了一声。永历轻轻向他挥挥手，让他退去，他却站不起身来，只好由卫士上来把他搀扶出去。

自这天以后，吴三桂再也没有见过永历。四个月之后，他不顾别人的反对，没有把永历押赴北京，而是在昆明城外的篦子坡把他缢杀了。

十三

吴三桂不想再叛变了。他在云南的日子过得挺不错，他真的别无所求了。

他喜欢云南这地方。这里四季如春，天蓝得一尘不染，和北方简直是两个世界。

这里离辽东很遥远，离京城也很遥远，远到似乎他可以将它们忘却。这两处埋藏了他那么多复杂记忆的地方，他真希望能够不再想起。

“仕宦当作执金吾，娶妻当得阴丽华。”吴三桂现在所得到的，已经超过了他最奢侈的想望。现在，他是天下最富有、最有权力的人之一，云南的几千里土地上的所有金帛子女都为他所有，在这里，他可以为所欲为。人生一世，他还能有何求呢？

在昆明，他次第建起了三座宫殿。天下所有的珍玩宝器和人类所能想出的所有享乐花样，他几乎都可以拥有和尝试。昔日的风流将军，此时更加风流狂放。

> 三桂在滇中奢侈无度，后宫之选，不下千人。三桂公余，召幕中名士宴会，酒酣，三桂吹笛，宫人以次唱和。旋呼赏赉，则珠宝金帛堆陈于前，宫人憧憧攘取，三桂顾之以为笑乐。三桂不善书，然每喜临池。府苑中花木清幽，有所谓列翠轩者，厅事五间。春秋佳日，三桂辄携笔坐于轩内，作擘窠大字，侍姬诸人环视于侧，鬓影钗光，与苍翠之色互相辉映。厕身其中，殆无异蓬壶阆苑矣。……

玩过奢侈玩高雅，吴三桂已经五十二岁了，却愈加裘马清狂。昔日占据了他全部情感世界的陈圆圆现在已不能享专房之宠，青春年少不再，他要抓紧剩下已经不多的时间恣意享受，尽情追欢，仿佛只有这样，才能对自己的巨大付出做出补偿。不过，吴三桂毕竟是吴三桂。虽然嬉游无度日日笙歌，可是在世人的眼里，他却仍是位贤明仁义的王爷。虽然跺一跺脚云南都要抖一抖，可他却是一副宽厚长者的形象。平时和衷御下，和蔼可亲。与人计事，相对如家人父子。人有诘难，益喜与之交往。文武官员每以公事拜谒王府，府中必于规制之外，备饭款待。上至督抚，下至守令甚至小吏，逢年过节都能得到王爷的丰厚馈遗。巡抚袁懋功内召返京，吴三桂以十万金相赠；继任巡抚李天浴患病，他竟不居王爷的身份，亲至府中视疾，以示眷励之意。

凡是旧日上司或者朋友有求于他，不管多难，他必定尽心帮助。在辽东时，他曾隶属于毛文龙部，入清之后，未相往来。然而，当毛氏的老仆从几千里外的江浙赶到昆明，向他告诉失势的毛家被将军李强强占之时，他亲自出面，迫使李强退还了毛宅，还输金谢罪。宁都曾应遴曾于吴三桂有恩，其子游滇，吴三桂以十四万金相赠。

上上下下都知道王爷仁义诚厚，可是也都知道王爷曾经置父母性命于不顾，曾经追杀故主子孙以为功。当然这不关自己的事，吴三桂在朝在野，都混得明白，混得精神，所以到处收获的都是毕恭毕敬和衷心服从。

可是，富可敌国位极人臣的吴三桂却经常觉得有点什么不对劲。他越是拼命作乐，越是觉得空虚无聊。“浅把涓涓酒，深凭送此生。”每当此时，他总是一饮颓唐。他总是莫名其妙地心里发虚，夜里，经常在梦中惊醒，一夜无眠。

也许是一家三十多口尸横遍野的场景总在他眼前浮动，也许是成千上万的同胞的鲜血让他难以淡忘，也许是列祖列宗的在天之灵让他难于安枕。

还有，那从遥远的北京射过来的，闪烁莫测的目光。虽然他殚精竭虑地效忠，可是那些满洲人似乎总是和他若有若无地保持着距离，热情的外表下总似乎隐藏着深深的寒意……这种闪烁的目光，像是一把沉重而锋利的剑悬在头顶，让他时刻不安。

毕竟，他是个叛臣啊！

平西王爷开始信佛了，像是一个虔诚的佛教徒。他给云南遍地的佛寺大量布施。他在府内设了多座禅堂，常常像个孤僧一样长时间地打坐。他又在凤鸣山上以前无古人的手笔用纯铜铸了一座佛寺，号称“金殿”。

平西王爷不光信佛，凡是神仙，他都热心讨好。他重修了昆明的玉皇阁、老君殿、报国寺、西寺。在报国寺的众佛之中，他又命人修了一尊奇怪的塑像，这尊塑像面容酷似吴三桂本人，“将巾，松花服色，锦边，右手抚膝，左执卷，面左顾”。这个奇怪的佛像叫“西来尊者”。

可是，所有这些高大的殿宇，都不能遮蔽他那无家可归的灵魂，不能阻挡一点灾祸。吴三桂的宿命，正向他一步步走来。

十四

满洲人对吴三桂失去信任，应该是从吴三桂亲身入缅擒杀永历的那一时刻起的。

永历帝那封信里的话，成了吴三桂命运的预言："将军自以为智，而适成其愚；自以为厚，而反觉其薄。"

顺治皇帝可以理解吴三桂在命运的压迫下屈辱地投靠，也可以用混合着欣赏与蔑视的眼光看着他拼尽心力在大江南北为他卖命。但是，当吴三桂为了进一步讨好他而再一次扑向故主时，福临不寒而栗了。吴三桂做得太过分了，过分得连被效忠的对象都有些难以接受。一条噬咬旧主来取悦新主人的狗，能让人放心吗？一个没有任何道德原则的人，可以为功，更可以为祸。

当吴三桂从缅甸回来，马不停蹄地投入镇压云南当地叛乱之时，顺治十八年（1661年），康熙皇帝即位了。

康熙皇帝基本上是在和平环境长大的，与从白山黑水走来的祖先不同，他接受的是正规而系统的汉文化教育。到了康熙这一代，爱新觉罗家族才真正弄明白了儒臣所说的天理人欲和世道人心的关系。出于内心的道德信条，他不能对吴三桂当初的投奔抱理解态度；对于吴三桂为大清天下立下的汗马功劳，他也不存欣赏之意。对这位王爷的卖主求荣，他更是觉得无法接受。对这位功高权重的汉人王爷，他心底只有鄙薄、厌恶，还有深深的猜疑和不安。

亲政不久的康熙皇帝在宫里柱了上悬起了一张字条，上面写着"三藩"的名字。那是困扰他的首要问题。为了帝国的长治久安，他必须用伦理纲常来整合人心。而任用叛臣作为帝国藩篱实在是不可接受的现实。"三藩"中，他最不放心的就是吴三桂。这个手握重兵的人是帝国内最大的危险因素。为了大清的江山万无一失，必须解决这个人，而要解决这个人，首先必须解除他的兵

青年康熙

权。要解除他的兵权，就得撤藩。在康熙看来："'三藩'等蓄谋久，不早除之，将养痈成患。今日撤亦反，不撤亦反，不若先发！"

刚刚二十岁的康熙说干就干，康熙十二年（1673年），撤藩的诏书送到了云南。

对吴三桂来讲，这确实是当头一棒。云南是他苦心经营准备留给子孙后代的。他为满洲人打下了大半个中国，云南这块封地并非过厚的报酬。对此，吴三桂和顺治之间有着某种心照不宣的默契。可是现在，刚刚即位的康熙皇帝却要剥夺他用半生的出生入死肝脑涂地换来的这点报酬，未免太让他吴三桂难以接受。

兵权就是吴三桂的命根子。像吴三桂这样的叛臣，在这个世界上，已经失去了道义的保障。他的所作所为，使正人君子愤懑已久。而且，在军政上层生存了这么多年，他结交了许多朋友，也不可避免地树了许多敌手。一旦失去兵权，吴三桂的身家性命就会受到严重威胁。朝里多少人对他虎视眈眈！他之所以到处横行无碍，处处迎来满面春风，还不是因为兵权在握！朝廷催促撤藩的诏令一道接一道，面对年轻气盛的康熙皇帝一步步杀机毕现的举动，他好像别无选择了。吴三桂没想到康熙会这样薄情寡义，爱新觉罗家族会这样过河拆桥。“飞鸟尽，良弓藏。狡兔死，走狗烹。”看来竟是千古通义，历朝历代，概莫能外。可是，吴三桂实在不想再叛变了，叛变并不是他的专利。他原想在满洲人的庇护下，安安稳稳地终此一生。

几乎所有的史学家都把“三藩”叛乱的罪责归于吴三桂，我却愿意为他开脱。如果不是康熙帝对吴三桂个人品质的深刻反感，不是其人的年轻气盛以及超越祖业的雄心所驱动，叛乱本可以避免。如果康熙皇帝再老成一些，再等待几年，等已经六十二岁的吴三桂寿终正寝之后再采取措施，本可用和平手段解决“三藩”问题，对中国历史造成的震动会小得多。

事实是，在康熙十二年（1673年）九月撤藩诏下达之后，吴三桂经历了长达两个多月的犹豫彷徨。毕竟已经六十多岁了，吴三桂不再有当年“冲冠一怒为红颜”的锐气。明明大势已去，一向头脑清楚的他还在幻想皇帝能收回成命。可是，身边的幕僚们却比他清醒，他们日夜撺掇他起兵。智囊方光琛的进言一针见血：“王欲不失富家翁乎？一居笼中，烹饪由人矣！”

多年养尊处优的平西王，现在又一次落入焦躁痛苦的抉择之中。他整夜失眠，动辄脾气大发。转眼到了岁末，宣诏的使臣又一次到了府中，平日温文尔雅的吴王爷头一次失去了自制。面对使臣的催问，开始还笑容可掬的他，竟一下子“赤颊大骂”起来，他指着钦差的鼻子吼道：

吾挈天下以与人，只此云南是吾血挣。今汝贪污小奴，不容我住耶？！

起兵势不可免了。只是，难道反叛竟是他的宿命？

六十二岁那年冬天的一个早晨，吴三桂又一次全身披挂。在练兵教场的鼓角齐鸣中，他纵马疾驰，连发三箭皆中靶心。虽然已是花发满巅，延陵将军风采依然，还是那么英武绝人！

吴三桂率领二十万人马又一次踏上了征程。一路上，风动尘生，杀气袭人。

十五

起兵之初，形势对吴三桂颇为有利。吴三桂手下的官兵都是百战之锐，能征惯战，在吴三桂的指挥下，他们很快就拿下了贵阳、长沙、岳州、成都、常德、衡州，一路克捷。所到之处，清军望风披靡。

吴三桂又一次饮到了长江之水。他亲临常德指挥，陈重兵于长江南岸，摆出一副汹汹之势。这时，吴军士气高涨，将领中有人主张立明朝后裔以收揽人心，有人主张疾行渡江全师北上，有人主张沿江东下，控扼江淮以绝南北粮道。可是吴三桂拒不表态。时间一天天过去，开始时势如破竹的吴军仍在长江南岸按兵不动。

吴三桂自有他的打算。他想通过这个举动，向朝廷表明他并不是想真的反叛，他只是要保住自己应得的那份利益。他认为大军的一路摧枯拉朽，足以吓倒未经世事的小皇帝。他派人给朝廷送去奏章，请求停战。同时，又转托西藏的达赖喇嘛为他向朝廷“说情”，示以“裂土罢兵”之意。

他觉得自己的要求合情合理，康熙皇帝没有理由不妥协。

这个举动暴露了吴三桂的目光短浅。这正是他这个精明的投机者和真正的历史伟人之间的差别，也是注定他不能成大器的证明。他这样的人，在历史脉络的缝隙间可以游刃有余，却缺乏引导历史、创造历史的眼光和识度。武力有时可以决定一切，却不是无懈可击的论据。当他的努力和更多的人的利益针锋相对时，他的英勇、精明、识略都成了礁石上苍白的泡沫。

康熙皇帝比吴三桂想象的坚强许多。他身上有着吴三桂所最缺乏的东西：原则性。他并不认同吴三桂的逻辑。就在吴三桂按兵不动的同时，他正在紧张地调动军队，动员种种力量。当他初步站稳脚跟，调整好整个帝国应对危机的姿态后，他对吴三桂做出了回答：将吴三桂留质在京的长子吴应熊、长孙吴世霖处死，其余在京子孙免死，入宫为奴。

史书记载，当吴三桂听到这个消息时，正在吃饭，“闻报，惊曰：‘上少年乃能是耶！事决矣！’推食而起”。

至此，吴三桂的梦想才彻底破灭。他渐渐明白了自己的处境，一种不祥的预感笼罩了他的心头，自己的一生有可能以彻彻底底的悲剧收场。在历史大情节中摸爬滚打了一生的吴三桂，在晚年发觉自己一生奋斗的荒唐可笑。天下之大，竟然没有一条留给他的路。自以为聪明一世，英雄一世，谁料竟是一直走在绝境的边缘。家庭观念极重的他在自己的爱子幼孙身上倾注了许多情感，垂暮之年的这一新的打击，使他有些承受不了，“在人前不肯显出，暗地里哭，云吃这一伙（指撺掇自己起兵的幕僚）亏了”。

退路已断，吴军只好再次发动攻势。可是此时时机已失，清军已做好了充分准备。形势的力量毕竟大于人，吴三桂的大军开始步履艰难了。在清兵以举国之力奋力反扑之后，骁勇善战的吴军终于开始不断品尝失败。战局急转直下，吴三桂一生中的最后一次赌博很快就失去了任何一丝成功的希望。

康熙十七年（1678年），起兵五年之后，六十七岁的吴三桂在绝境中痛苦死去。

三年之后，叛军余部被肃清。吴三桂的子孙后代被彻底杀光，包括襁褓中的婴儿。

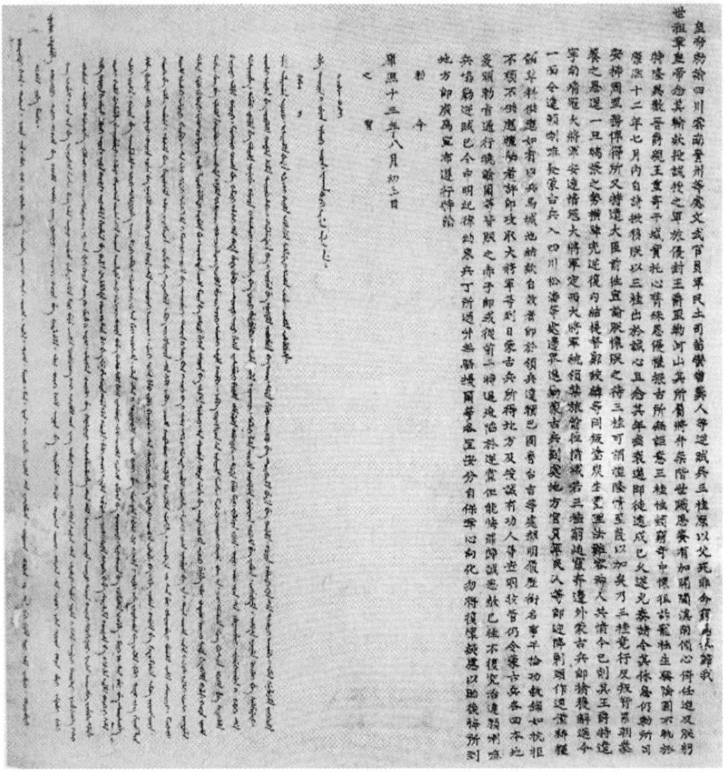

讨吴三桂诏

十六

在吴三桂发动叛乱之前七年，洪承畴死了。临死的时候，他已经失去了权力。也许正是这点，使他能够寿终正寝。在悼词中，清廷慷慨地送给他许多美好的词语，说他“应天顺时，通达大义，辅佐本朝成一统太平之业，而其文亦标名竹帛，勒勋鼎彝”。

然而，到了清朝中叶，天下已经平定，朝廷开始大力宣扬“臣节”。这位“勒勋鼎彝”的勋臣终于被政府列入《贰臣传》，昔日的赞词荡然无存，剩下的只是对他背叛君亲的严厉指责和锋利嘲讽。洪承畴终于以嗜利偷生、不顾君臣大义的罪名，被钉在了道德审判台上。

十七

乾隆三十七年（1772年），清朝最有福气的大皇帝，康熙帝的孙子乾隆在出关祭祖的路途中，路过宁远城。乾隆饶有兴致地观看了宁远城中这两座漂亮的石牌坊，这位爱作诗的皇帝又写了一首“御制诗”：

燧谨寒更烽候朝，鸠工何暇尚逍遥。若非华表留名姓，谁识元戎事两朝？

大明王朝的七張面孔

血液里的海水：

郑成功

DAMING WANGCHAO DE QIZHANG MIANKONG

一

南明永历十五年（1661年）四月三十，星期六，占领台湾已经三十七年的荷兰人的生活和以往一样平静：赤嵌街商铺里的荷兰商人，正在一件件仔细检视他们刚刚从高山族猎人那里收购来的鹿皮，看看上面有没有虫蛀的痕迹；几名荷兰牧师深入到汉人聚居区，在为新入教的汉人举行洗礼；两名荷兰军官在赤嵌城（荷称普罗岷西亚城，今台南市）边的树林里打猎，作为枯燥的日常生活的消遣；而已经在台湾住了十九年的荷兰土地测量师菲力普·梅“正在赤嵌的普罗岷西亚市镇外面的中国医院指示几个中国水泥匠建造大门”。天空和往常一样蔚蓝，大海水平如镜。这个星期六看来将和过去三十七年中无数个周末一样，平静而乏味。

早上9点钟，在台湾城（荷称热兰遮城，今台南市西安平镇）上抽着烟悠闲散步的荷兰东印度公司驻台湾军队代司令雅科布·描难实叮（Jacobus

荷兰在台湾修的热兰遮城图

Valentijn）不经意间，发现北方海面的天际线上出现了一个黑点。按常规，今天不应该有任何船只出现在这片海面。描难实叮满怀狐疑地拿起望远镜，镜头里出现的情景，使他震惊得几乎跌倒在城墙上：海面上出现的是庞大的船队，长长的队伍一眼看不到头。在前面一艘战船的船头，张着一张巨大的丝制太阳伞，伞下，一位身穿白色战袍的将军，正手持望远镜，向描难实叮方向看来。

荷兰人后来得知，这位白袍将军，就是“国姓爷”郑成功。

描难实叮命令士兵们升起警报旗。然后，他靠在城头，恢复一下一时瘫软的身体，匆匆下城，组织荷兰人准备迎敌。

二

做出与荷兰人开战的决定并不容易。

南明永历十二年（1658年），郑成功在与满洲人的作战中遭到惨败。在大陆上，他控制的地域因而迅速缩小，唯金门、厦门等几个沿海孤城尚在手中。这几座单薄的孤城显然无法支撑起郑成功规模宏大的反清构想。他的目光落到了台湾岛上。

郑成功

那个时候，从中国大陆望去，台湾岛的形象模糊而神秘。在明朝人的印象里，这个孤悬海外的巨岛笼罩在有毒的瘴气之中。曾经去过这个海岛的人回来描述，岛上除了断齿文身的野人之外，就是巨大凶猛的野兽，和望不到边的亚热带原始丛莽。基于这种认识，明朝政府从来没有把这个巨岛纳入关注的视线以内，而是听任“红毛夷”——他们一直这样称呼荷兰人——占领。大明王朝那些短视的文官几乎一致认为，这个荒岛没有任何价值。

南明永历十五年（1661年）一月，在一次秘密军事会议上，郑成功首次提出了收复台湾的计划。

据郑成功的部下回忆，参加会议的大部分部下并不同意郑成功的提议。他们强烈要求固守残留在大陆上的老家，以伺机反扑。他们认为这片未开辟的草莱之地，“风水不可，水土多病”。即使得到了，也没有多大用处。更何况船坚炮利的荷兰人在台湾经营了数十年，“炮台利害，水路险恶”。

汉人向来不喜欢大海。他们热爱大陆，不仅仅是因为他们的祖坟、亲友和家产都在大陆，更是因为这里也是他们熟悉的文化之邦。在他们看来，海洋是穷途末路，是陌生的充满险恶的所在，是永远排在最后的一个不得已的选择。有人引证历史，预言离开大陆必然会遭遇灭顶之灾。确实，宋元以来，大海都是残余政权的不祥的葬身之地。在蒙古人的紧紧追赶之下，南宋君臣走投无路，不得不逃入海中，最终全军覆没。陆秀夫背负着年仅七岁的南宋少帝，投海自尽，用留在海面上的漩涡给南宋王朝画上了一个仓促的句号。元末群雄纷争，浙江割据者方国珍不敌朱元璋，选择了率众入海这一绝路，在朱元璋的穷追之下，战船、辎重和部下损失殆尽，最终也不得不屈膝投降。

郑成功却并不这样认为。他对部下说，海洋充满危险，也充满机会。“草莱未辟”，意味着艰苦，也意味着巨大的潜力。在郑成功眼里，台湾将是他东山再起的后盾，是他继续反清大业的坚强堡垒，他对部下这样分析台湾的优势：

> 田园万顷，沃野千里，饷税数十万。造船制器，吾民鳞集，所优为者。近为红夷占据，城中夷伙不上千人，攻之可垂手得者。我欲平克台湾，以为根本之地，安顿将领家眷，然后东征西讨，无内顾之忧，并可生聚教训也。（〔清〕杨英《先王实录》）

至于“船坚炮利”的荷兰人，郑成功说，他们毕竟也是凡人。如果这些荷兰步枪手尝到中国弓箭的滋味，他们也许就不会那么骄横了。

三

相比这些将军，郑成功更熟悉海洋，也更熟悉荷兰人。

遍数中华近代以前的民族英雄，谁也没有郑成功这样复杂的“海外关系”。这从以下这个事实就可以充分证明：郑成功的父亲，有一个名字叫“尼古拉斯·加斯巴德”，这是他的天主教教名；他本名郑芝龙，通葡萄牙语、荷兰语和日语。据说，他把一个女儿嫁给了生活在澳门的外国人，因此，郑成功有一个葡萄牙姐夫。郑成功本人则有一半日本人血统，七岁以前，在异国长大。

这个家族是蒋介石家族出现前最为西化的中国政治家家族。郑芝龙和郑成功两代，都和天主教神父来往密切。在荷兰海牙的博物馆中，保留着一封郑成功写给荷兰人的信，信的内容是请荷兰医生菲力普·海尔曼斯去为他看病。因为这个大夫十年前就曾给他的父亲郑芝龙看过病，深得郑氏家族的信任。

郑芝龙

这个家族之所以有如此广泛的国际背景，起因于郑芝龙是东亚海洋上最有名的“海盗”。

四

台湾海峡对面的福建省，曾以偷渡和走私而闻名。实际上，这两项活动在这个省份是有深厚传统的。起码从明朝初年起，福建沿海就活动着为数众多的海盗。

虽然大元帝国是一个世界性帝国，以发达的海外贸易而闻名于世，然而，后来者朱元璋却对外面的世界丝毫不感兴趣。朱元璋对曾给中国带来巨大财富的海外贸易充满恐惧，怕这种活动会给他的帝国带来不安定因素。因此，他不但禁绝了海外贸易，甚至禁止渔民下海捕鱼，把海岛上的居民悉数内迁，“以三日为限，后者死”。

宋元以来，东南沿海人民久已习惯以经营海外贸易为生，福建人曾因此享有帝国最高水平的生活。禁海令一下，生机勃勃的沿海经济遭遇到毁灭性打击。闽人历来敢于冒险，他们不甘坐以待毙，于是，或者偷渡异国，开辟新邦，或者持械为盗，纵横海上，或者进行走私，万里远航。“向外自谋发展的动力于焉形成，越到后来越成为滚滚洪流，并结成足以与朝廷相抗衡的庞大的民间武装势力。”（汤锦台著《大航海时代的台湾》）那个时代，“海盗”和“商人”的界限是如此模糊不清。他们“市通则寇转为商，市禁则商转为盗”。（〔明〕谢杰著《虔台倭纂》）一旦有通商的可能，海盗们就会卷起骷髅旗，把刀枪藏到甲板下面，堆起满面笑容，和和气气地赚钱。只有实在走投无路时，才靠抢劫度日。而一个规规矩矩的商人想要经营远洋贸易，他会发现他必须得武装成半个海盗。因为远洋通商实际上就是武装走私，东亚的这片海上，危机重重，没有武力做后盾，他的船队随时可能葬身大海。

海上的竞争如此激烈，是因为当日的海上贸易，利润实在惊人。以当时贸易的大宗生丝为例，荷兰东印度公司《巴达维亚城日志》天启五年（1625年）四月六日条载：“生丝（从前一担卖八十两，其后卖至八十五或九十至九十五两，是很高的价格）现在中国跃至一百十五两，日本人去年以二百六十两买进。”

一般估计，当日海上大宗输日商品——生丝，其利润率为百分之一百四十，牛尾药的利润率最高，达百分之四百五十以上，锦缎获利最低，也有百分之九十。据此分析，当时海上贸易，利润率约为百分之一百五十。所以，如果有机会正常贸易，做商人远比做海盗收益更丰。

在那个时代，海盗，或者说远洋贸易商，几乎是福建省内所有有野心、有魄力的男性的首选职业。

郑芝龙是福建南安人。从地图上，可以看到这个地方离海不远。史载，这个小官吏的儿子“性情逸荡，不喜读书，有膂力，好拳棒”，生就一副江湖性格。受这个地区闯荡海外传统的影响，年仅十八岁时，郑芝龙即离家出走，浪迹于澳门、日本、菲律宾。由于长期在外，他精通葡萄牙语、荷兰语和日语，做过鞋匠、厨子和专职翻译，并且成了天主教徒。

混迹日本期间，郑芝龙娶了日本女子田川氏为妻。郑成功因此成为中日混血儿。

日本人画笔下的郑芝龙一家三口

因为狡猾豪雄，郑芝龙混迹海上十余年，成为东南海面上令人闻风丧胆的海盗头目，兼东南沿海最大的国际贸易商。他拥有上百只大商船，还拥有数万人的私人武装，其他经营海外贸易的中国人都得向他交保护费。与郑芝龙一样，以东印度公司为名组织起来的荷兰商人也兼做海盗，他们与郑芝龙来往密切。虽然来自不同的两个半球，海盗的本性却是相通的：嗜血，贪婪，不讲信义，没有道德底线。有时，郑芝龙头一天还在欢宴时教荷兰人中国式划拳，第二天却会劫一条荷兰船，扫荡了财物后，把它偷偷凿沉海底。而荷兰人身上同样也散发着浓烈的丛林动物的味道。德国史学家卫特（Albrecht Wirth）《台湾之历史》说："他（郑芝龙）和台湾的荷兰人的关系似乎和睦。但在1620年代之末，（郑）到Zeelandia（台湾）作友好的访问时，被Peter Nuyts（皮特·纳依茨）诡诈地拘捕，不得不以二十条金条赎回。然而如同俗语所说的下流人容易打架，也容易和好，共同的商业利益又使他们结合。"

五

出身于这样的"海盗"之家，郑成功当然对远东海域的各种势力都了如指掌。因此，他知道荷兰人确实不是那么好对付。

即将展开的郑荷之战，是鸦片战争之前中国和西方的第一次大规模海上碰撞。

在鸦片战争之前的一百八十多年前，中国和西方的武器装备差距就已经十分巨大。荷兰军队已经进入热兵器时代，而中国军队还处于冷兵器时代。一切情形，与鸦片战争时是那样相仿。连大臣们向明朝皇帝汇报荷兰人情况的报告，读起来都容易让人误以为是鸦片战争时的文件。福建巡抚邹维琏在向皇帝汇报荷军情形时，这样说："红毛一番远去中国四万里，晨昏昼夜皆相反。……其人深目长鼻，赤须朱发，其性贼虐，尚仇杀，诸夷畏之。其舟长五十丈，横广六七丈，名曰夹板，内有三层，皆置大铳外向，可以穿裂石城，震数十里，人船当之粉碎，是其流毒海上之长技有如此者。"

明末时期，海上霸主的地位还没有轮到英国，而是被荷兰牢牢占据。当时的荷兰军队以武器精良而闻名全球，当时中国人称荷兰军舰为"铁舰""夹板船"。用郑军的话说："夹板船只高大，两边遮盖坚固，火炮利害。"（〔清〕江日升著《台湾外纪》）这些荷兰战舰吃水、载重、船上装载的火炮数量，都大大超过郑军所有的木制帆船。在当时的台湾海面上，停泊着荷兰战舰"赫克托"号、"斯·格拉弗兰"号和"威因克"号、"马利亚"号等以及多艘小艇。此外，荷兰人还在台南海岸修建了一系列坚固的城堡和炮台，上面安装了威力巨大的臼炮和大炮。普通荷兰士兵则拥有先进的步枪、短手枪、榴弹，甚至还有瞄准器。

而郑成功的军队基本上是用弓箭、关刀、刺戟武装起来的。荷兰人说："敌兵使用各种各样的武器。有的把弓箭挂在背上，有的左手持盾，右手执剑，不少兵士双手拿着装在长柄上的大刀。"郑成功也拥有一些热兵器，不过中国热兵器停留在初起阶段，制作十分粗糙。"国姓爷拥有大量的火药和重炮。虽然中国人比欧洲人早好多年就知道了制造火药和铸造大炮的方法，但其威力无论如何赶不上荷兰的产品。"（［荷兰］揆一著《被忽视的福摩萨》）

因此，郑成功知道，他将要面对的敌人，远非手持弓箭的满洲人可比。所以，在确知台湾岛上的荷兰人只有一千余人的情况下，他还是调集了两万多名军人，跨海远征。南明永历十五年（1661年）三月初一，郑成功在厦门祭海，祷告上苍：

> 本藩矢志恢复，切念中兴……故冒波涛，欲辟不服之区，暂寄军旅，养晦待时，非为贪恋海外，苟延安乐。自当竭诚祷告皇天，并达列祖，假我潮水，行我舟师。

他号召部下不要害怕荷兰人的炮火，并保证，自己将身先士卒，向大家证明荷兰人并非不可战胜：

> 尔从征诸提、镇、营将，勿以红毛火炮为疑畏，当遥观本藩鹢首所向，衔尾而进。

作为后世的历史阅读者，我读到郑成功这段慷慨激昂的讲话时，心里替他捏着一把汗。因为，人数并不是战争胜利的保证。历史的线头，有时重叠交缠，歧径纷纭。许多我们认为的第一次，其实不过是历史的重复。在鸦片战争中，清王朝拥有的常备军达两百多万，直接调集与英国人作战的有十多万大军，英国远征军人数最多的不过两万；然而，“英军已处于初步发展的火器时代，而清军仍处于冷热兵器混用的时代”。人数多寡及武器装备的对比，与郑荷之战惊人的相似，结果却是数万大军都做了英国人的炮灰，大清王朝一败涂地。

六

听到有敌军来袭的消息，正在修医院大门的土地测量师菲力普·梅立刻放下手中的活计，和大部分荷兰人一样，登上普罗岷西亚城堡，向海里张望。他看见，在北方海上，“戎克船很多，匆忙之间无法计算数量”。

而《被忽视的福摩萨》提供了更为详尽的数字：“几百只战船在热兰遮城可以望见的福摩萨海面出现，船上载有约二万五千名兵士。”

战争双方从数量上来说是不成比例的。荷兰人后来说：“（热兰遮）城堡内约有一千一百人。”（《被忽视的福摩萨》）而普罗岷西亚城堡里的武装人员不到两百人。从人数上来说，郑军是荷军的近二十倍。

虽然人数对比悬殊，但荷兰人并没有绝望。因为在他们眼里，中国人并没有什么战斗力。长久以来，荷兰人对中国人怀有深深的蔑视。天启五年（1625年），曾经跟随荷兰船队在中国沿海参与抢劫的荷兰人威廉·庞德古写成了风行一时的《难忘的东印度旅行记》，里面记载了对中国人的观感。他说：“中国人很少听到过枪声，据说一听到枪声就吓得要命。”他们在中国沿海烧杀抢掠，却很少遇到有效的抵抗。在荷兰船的甲板上，挤满了被俘获的中国人，庞德古说：“每当我走上甲板时，这些中国人马上让出一条路来，并且合掌跪在两旁，真像绵羊一般的驯服。”

在统治台湾的三十多年中，荷兰人也一再确认了中国人的驯服和懦弱。《荷兰人侵占下的台湾》（甘为霖编译）载，荷兰人每年向生活在台湾经营海外贸易的中国汉族人收取关税，“获得了不少利益”。虽然人数近十万，居台已百年，这些中国人却视后来的一千多名荷兰人为合法的统治者，甘心缴纳这不合理的税赋。然而，同样居住在这里的日本人却拒不缴纳。“日本人强烈反对缴纳关税，借口他们比东印度公司的人们早来此地六年，所以该地最先是他们所占有的。”因为这一争执，日本人和荷兰人之间爆发了长时期的互不妥协的对抗。

在三十余年的统治中，以上事实奠定了荷兰人对中国人的心理优势。因此，当郑成功军队登上台湾岛时，他们还有心情以猎奇的心态来观察这只陌生的军队。站在普罗岷西亚城头的梅发现，郑军的军容很整齐：“敌军全副武装，士气高昂地从位于新港车路帝的Jan Sou农园，越过高地，击鼓吹管，行军而来，其中有几个骑马的。他们的军队有数不完的漂亮丝质旗帜幡旐，头戴光亮的头盔，手握大刀，迅速沿Inding的路，经过哈根那（Hagenaer）森林，来到海边的小森林，在普罗岷西亚北边，公司的庭园小溪后面扎营，在那里搭起上千个白色帐篷，时间是下午一点半。”

安营扎寨之后，郑军向普罗岷西亚城发动了第一次攻击。梅说：“有一千人以上的武装敌人从城堡北边的马厩，举着飞扬的旌旗，其中有些人骑着马沿着海岸，经过高丘的下面飞奔而来，好像就要打进城堡里面来。”冷热武器的巨大差距此刻显现出来：“但是当他们来到五六竿的距离时，我们向他们发射步枪，射了一二发炮弹，他们损失了几个人之后就退回去了。”“敌人从海边的高丘后面继续向我们射箭，射了很久，箭如雨下，但未造成显著的伤害，只有两名士兵受伤。”

步枪对弓箭的巨大优势，有效地弥补了人数上的劣势。不过荷兰人还是注意到了这些中国人与以往他们见到的中国人的明显不同，那就是惊人的勇敢。一直站在城上的梅记载说：“他们有一个人受伤卧在城堡前面，无法救离那里，虽然他身上已经被射中几颗子弹，躺在地上，他不肯投降，还向城堡上的人射了十九或者二十枝箭，直到我们的黑人青年，用一支他射过来的箭射中他的臀部，他才摇晃地跌向另一边，用手脚爬离我们的视线。”

这个不怕死的中国士兵，给普罗岷西亚城里的所有荷兰人留下了深刻的印象。

七

第二天，也就是南明永历十五年（1661年）五月初一，郑荷军队在海上和陆上同时爆发了激战。

《被忽视的福摩萨》载，五月初一的一早，荷军贝德尔上尉因为儿子被中国人击伤，愤然要求带兵出击中国人。贝德尔上尉决心，让这些胆大妄为的中国人尝尝荷兰军人的厉害，“号召兵士们勇敢作战，不要害怕中国人，说他能领导大家获得胜利。他自信必能获胜，其乐观的态度鼓舞了士兵。他们相信中国人受不了火药的气味和枪炮的声音，只要放一阵排枪，打中其中几个人，他们便会吓得四散逃跑，全部瓦解”。

荷兰东印度公司的“台湾总督”揆一回忆说，贝德尔的想法不无根据。“1625年的确有过这样的事情，当时我方二三百名战士竟能压倒大约七八千名武装的中国人，把他们击溃。从此以后，在福摩萨的中国人就被荷兰人看作不堪一击，以为他们都是文弱怯懦、不能打仗的。据荷兰人估计，二十五个中国人合在一起还抵不上一个荷兰兵。他们对整个中国民族都是这样的看法：不分农民和士兵，只要是中国人，没有一个不是胆小和不耐久战的，这已经成为我方战士不可推翻的结论。”

因为对自身战斗力有这样的自信，所以，贝德尔上尉率领荷兰军队发现他们出城之后，面对的是四千名中国军队，也毫不胆怯。“荷兰军队以十二人为一排，勇敢地前进，靠近敌人时，连放了三排枪。敌人也不示弱，箭如骤雨，连天空似乎都昏暗起来。双方都有死伤，而中国人并不像预期的那样准备逃跑。”

荷兰人大惊失色。他们发现这些中国人远比他们勇敢，和他们以前认识的中国人几乎不是一个物种。“这些（中国）士兵低头弯腰，躲在盾牌后面，不顾死活地冲入敌阵，十分凶猛而大胆，仿佛每个人家里还另外存放着一个身体似的。尽管许多人被打死，他们还是不停地前进，从不犹豫，而只是像疯狗似的向前猛冲，甚至不回头看一看自己的战友有没有跟上来。”

“现在，他们（荷兰人）才知道过去过于轻敌，以致根本没有想到会遭到这样的抵抗。如果说战斗前他们是英勇无畏，想要仿效吉迪翁（古以色列的英雄）的行径，那么他们的勇气则完全为恐惧所代替，许多人甚至还没有向敌人开火便把枪丢掉了。他们抱头鼠窜，落荒而逃，可耻地遗弃了他们英勇的队长和同胞。”“中国人乘势猛攻，见人便砍，毫不留情，直到上尉及其部下一百一十八人全部战死。”

甚至海战，荷兰人也是一败涂地。荷方主动进攻，试图在海上一决胜负。

荷兰人记载说：“敌方大型帆船约六十艘，各装有两门大炮，驶离舰队前来迎战。我方船只首先开炮，炮声如雷。于是，海战开始了。最大和最重的赫克托号驶在前面，作战颇为顺利。它一驶过去就用大炮击穿了许多逼近的敌船，有一二艘敌船很快地沉下去。”

看上去，荷兰海军如同一百八十年后鸦片战争中的海军一样，将轻易荡平海面。然而，郑成功的军队却不是那么容易屈服的——“但是勇敢的敌军并不因此而退却。在战斗狂热中，有五六艘最勇敢的帆船从各个方向向赫克托号围攻。”在混战之中，“赫克托号不幸因船上火药爆炸而沉没，船上的货物和兵士全部同归于尽”。其他军舰慌忙逃走，荷海军首战告负。

八

郑军的血性，有一半是来自于郑成功本人的血性。

史称郑成功“果敢刚毅，传之自母”。郑成功的这位日本母亲，有胆有识，性情刚烈。在后来郑芝龙望风而降之日，田川氏拒不同行。清军攻入安平，郑家族人纷纷逃走，田川氏“手持剑不肯去”，清军入门之际，这个日本女人“毅然拔剑割肚而死”。

可以想见，这样一位母亲对郑成功会产生多么大的影响。这个日本女人家教甚严，特别对郑成功道德品质的培养颇为关切。“他接受了母亲田川氏的日本式教育，也接受了父亲郑芝龙离开日本之前给他安排的日本武士花房的武士道教育和‘二刀流’（日本武圣宫本武藏所创）剑术。”

郑芝龙后来投降了明朝政府，成为一名海军高级军官，兼富贵和荣华而有之。他继续半公开地经营他的商业帝国，同时从日本接回了七岁的郑成功。郑芝龙对这个长子非常重视，为他提供了普通人家无法企及的教育条件。郑成功的天姿原本非常突出，经过文武两方面系统的教育，这个少年身上的不凡气象吸引了周围人的眼光。许多人预言这个少年人前途远大。郑芝龙的朋友王观光一见郑成功，就对郑芝龙说：“此子英物，非尔所能及也。”叔叔郑鸿逵也屡屡摸着郑成功的头说：“此吾家千里驹也。”

史载，读书期间的郑成功文武兼备。“制艺之外，则舞剑驰射，楚辞章句，特余事耳。”这个军阀的世子长成了一个玉树临风的美男子。黄宗羲称他“丰采掩映，奕奕曜人”。二十二岁入南京国子监，文坛领袖钱谦益一见而喜，称他的文章：“声调清越，不染俗气。少年得此，诚天才也。”“伟其器，因给别字‘大木’。”

优越的家境、天赋的杰出才华和一帆风顺的成长经历，培养了郑成功强烈的自信心、优越感和贵族气。在接受中国传统教育的过程中，他“性喜春秋，兼爱孙吴”，偏爱读春秋故事，欣赏春秋人物那种豪迈坦荡、敢作敢为、一诺千金、轻生重义的英雄气质，崇拜孙子、吴起这些运筹帷幄、决胜千里、凭借超人胆智改变帝国前途命运的英雄人物。“少年心事当拏云。”母亲的刚烈性格遗传和传统儒家教育的理想人格设计，使青年郑成功对自己的人生充满了理想主义的期待。虽然文笔潇洒，书法出众，他却从来不以一个书生自期。面对明末以来纷乱的世态，郑成功有一种将在这个舞台上扮演重要角色的直觉。

南明隆武元年（1645年），郑芝龙把二十一岁的郑成功引见给隆武帝。隆武帝见他风度翩然，一表人才，对答如流，英气四射，大喜。“抚森背曰：‘恨朕无女妻卿。’遂赐姓，兼赐名‘成功’。”“以驸马体统行事。”

清军南下，母亲为清军所逼，剖腹自杀，郑成功闻讯，痛不欲生，匆匆赶回安平，料理了母亲后事，用黄金铸造了一尊田川氏坐像，朝夕礼拜。同日，“携所着衣巾，焚于南安文庙，仰天唏嘘，曰：‘昔为孺子，今为孤臣。谨谢儒服，唯先师昭鉴！’再拜而去。与所善陈辉、洪旭等九十余人，收兵南澳，得数千人”。从此，郑成功“以只身而奉故朔，海岛群雄，拱手听其约束；五省移徙，避其锋锐。且当败军喘息，又能镇定强战。继而，开辟海外乾坤”。他一生“处无可如何之境，得未曾有之局，以其螳臂之势，纵横大敌，逐红夷于海上，辟地千里，为有明硕果之仅存”。终其一生，郑成功“明知不可而为之”，在令人沮丧的明末历史留下了英雄主义的一章。

九

郑军令人惊恐的战斗力来自两个方面：一是海盗遗风，一是郑成功的个人风格。

在严密的专制统治之下，敢于蹈险出海之人，都是一些血液沸点较低的热血男儿。而逃亡海上天不收地不管的自由，又进一步强化了他们的野性和血性。这些海盗，专靠勇气作为吃饭的资本。在郑芝龙降清之初，他们一时群龙无首。郑成功一树义旗，他们又呼啸而至，聚集在少帅旗帜之下。

郑成功天性英迈果决，疾恶如仇。他知道，收服这些散漫惯了的海盗，非严明的纪律不可。因此，郑成功军令如山，一言既出，驷马难追。

南明永历二年（1648年）十月，清军袭击厦门。当时负责厦门守备的三叔郑芝鹏在慌乱中，“席卷珍宝，弃城下船”，引起“岛中腾沸”。战后，郑成功大会群臣，以“贪财怕死”“临阵逃脱”为由，斩亲叔郑芝鹏之首，并令将其首级悬街示众三日。郑成功治军不讲情面，往往如此。

在战斗中，郑成功经常亲身督战，身先士卒，视死如归。南明永历七年（1653年），清军围攻海澄。郑成功为鼓舞将士，从厦门亲临海澄，登上炮台督战。清兵炮火齐发，部将拼命将郑成功拉下炮台，郑成功刚刚离开，清军的炮弹正好落在郑成功的座位上，“座位被击粉碎”。像这样九死一生的事例，在郑成功的军事生涯中数不胜数。

郑成功崇尚忠义节气，在明末实用主义弥漫的社会氛围之下，很少有人能像他那样，不因眼前利益牺牲道德原则。

南明永历六年（1652年）长泰之战，清总督陈锦率兵作战失败，羞惭之下，痛打其奴库成栋泄愤。库成栋怀恨在心，将他刺死，割其首级投降于郑营。次日，郑成功会集文武，下令把库成栋捆起来，对他说：“你杀主求荣，是无耻之徒，本藩绝不用你这种不义的人。”虽然诸将也以库成栋投诚，有功无罪，为他求情，但郑成功仍下令斩首示众。

他尊敬真正的军人。在后来的郑荷之战中，荷兰人记载，有一个荷兰士兵在郑成功军前表现出了不凡的勇敢：“马摔倒了，敌人（郑军）追到时，他仍奋勇抵抗，手持卡宾枪拼命射击，直到因伤势过重而死去。国姓爷知道后，认为他是一个勇敢的战士，下令厚葬，全军放礼炮致敬。”

这种视荣誉重于生命的理想主义，正是明末的中国人所极为缺乏的品质。春秋以降，在日益严密的专制权力的不断挫辱下，中国人日益软熟圆滑，英雄气质不断从这个民族体内消散，实用主义越来越向着苟且、丑陋的方向发展。“生命尊严”和“生命质量”已经成为不可兼得的鱼与熊掌，一些人彻底放弃生命的优雅，选择了生存重于一切的动物化生存。另一些人虽然不想放弃道义责任，但被专制教育侵蚀得单薄僵硬的生命，不足以承担“英雄主义”的理想，“英雄主义”在他们那里已经异化成那些手无缚鸡之力、迂腐教条的书生“平时袖手谈心性，临难一死报君王”的可笑表演。

只有郑成功重新接续起了春秋传统，把“荣誉”放在了“生命”之前。然而，郑成功的英雄主义却不是建立在“拼一死以成名”的简单人格设计之上。

“果敢刚毅，传之自母”这个史评之前，还有一句“权谋术数受之于父”。毕竟，他是成长在一个军阀之家，从小读兵书长大。父亲的精明、现实，在耳濡目染之中渐渐融入他的血液。从二十二岁起，郑芝龙就有意识地安排他亲历戎行，参与了许多军事指挥活动，使他得以遍知人之情伪。所以，郑成功的刚烈是一种有弹性的刚烈，郑成功的理想主义是以现实主义为两翼的理想主义。他既有血气，又有操作的能力。这就注定他不会像黄道周、瞿式耜那样能言不能行，只能做历史上空一颗短暂的流星，而是会留下重重的一笔。

十

中国史书崇尚简约。那些鲜活的、包含着大量复杂信息的细节都被史家删节净尽，只留下严格符合英雄定义的几则条目。

我们得感谢荷兰人。是他们为我们留下了关于郑成功的几笔生动描写，使这个生活在三百多年前的民族英雄得以避免被脸谱化的命运。

经受惨败之后，热兰遮城荷兰“总督”揆一派出了两名代表前来与郑成功接触。两名代表详细汇报了与郑成功接触的经过，这一汇报被载入《被忽视的福摩萨》之中。其中，我们得以领略西方人眼中的郑成功的神情风采。

两名代表被领进大帐。他们小心翼翼地询问郑成功，为什么对台湾突然发动袭击。

荷兰人描述说：“那个潜伏进来的海盗，不再问任何问题，就扬起眉毛，僵起下颚，很骄傲地说，他来，是为了索取福摩萨岛，及岛上建造的荷兰联合东印度公司的城堡，武力夺取或者志愿交付。因为福摩萨岛靠近对岸的漳州，所以是属于他的。”

两名荷兰人说，郑成功要荷兰人立刻投降，否则，就要在他们面前下令，立刻攻击普罗岷西亚城堡：“他挥手指指他的军队，指指普罗岷西亚城堡，很狂傲地说出亵渎神灵的话（哦，真可怕！）：‘我能够用我的力量把天地翻转过来，我来到的地方，我就一定征服。你们已经看到，昨天你们的大船已经被我的戎克船烧毁了，队长佩德尔及所有他的士兵也在北线尾被杀死了……我实实在在告诉你们荷兰人，要避免用你们微小的兵力来对抗我强大的军队。’”

确实，五月初一的战斗摧毁了普罗岷西亚城堡内荷兰人的信心。这个城堡内所有能作战的人不足两百，在郑军的包围下，饮水和食物供应都遇到了极大困难。经揆一同意，他们打算与郑成功进行谈判投降事宜。

荷兰土地测量师菲力普·梅被任命与另一位测量师赫尔曼一起，作为谈判特使去拜见郑成功。梅后来侥幸活着回到了荷兰，并且把他与郑成功谈判的过程记入了梅氏日记。

中国史书和其他资料中，关于郑成功容貌举止的记载极少，且歧义纷纭。有的画像上，郑成功浓眉重目，威武雄健，有的画像则显示郑成功淡眉细目，状如儒者。有的记载说郑成功身材很高，别的记载则说其身高不及中人，弄得连后来塑郑成功像时都不知如何取舍。

幸亏，梅氏留下了这本日记，使我们得以幸运地通过它，穿越三百四十年的光阴，直接观察这位名垂史册的军人的音容笑貌。

五月初四上午，两名土地测量师被领到了郑成功的大帐之前。

梅回忆说：“国姓爷坐在帐幕正中央的一张桌子后面。桌子上铺着刺绣得很贵重的桌巾。他身穿一件未漂白的麻纱长袍，头戴一顶褐色尖角帽，式样像便帽，帽檐约有一个拇指宽，上头饰有一个小金片，在那小金片上挂着一根白色的羽毛……”“我猜他年约四十岁，皮肤略白，面目端正，眼睛又大又黑，那对眼睛很少有静止的时候，不断到处闪视。嘴巴常常张开，嘴里有四五颗很长、磨得圆圆、间隔大大的牙齿。胡子不多，长及胸部。他说话的声音非常严厉，咆哮又激昂，说话时动作古怪……中等身材，有一条腿略为笨重，右手拇指戴着一个大的骨制指环，用以拉弓。”“叛徒何斌将那封信递交给他。他拆看那封信，读完信后，先对自己吆喝，然后对我、何斌，以及站在他旁边的那些显贵官员吆喝。最后经由何斌告诉我说，看起来上天还是怜悯我们的……

（国姓爷）不但要让我们活着，还要同意那些条款所说的内容……只拒绝我们一件事，就是不许前往大员（热兰遮城）。”

经过反复谈判，双方达成协议：普罗岷西亚城堡中的军人放下武器，走出城堡，可以居住在附近的市镇，但不得去热兰遮城与其他荷兰人汇合。

这样，郑成功就可以专心对付有一千一百人据守的热兰遮城了。

十一

在另一篇日记里，梅记载了郑成功特意在他面前炫耀武艺的情形：“他于是上了马，叫我跟着去。我们来到海边平坦的地方，他的一个随从就拿三根约二尺高的短棍，每一根顶端都有一个小圆环，小圆环上贴着一个银币大小的红纸当箭靶。三根棍子在海边插成一排，互相间隔十竿。国姓爷遂插三支箭在他的腰带后面，骑到约五十到六十竿的地方，然后尽马所能的最快速度，疾驰而来，拔一支箭射中第一根棍子的箭靶，第二枝射中第二根的，第三根射中第三根的……一路跑来都维持同一个速度，既没有停下来，也没有减速。这样连续骑射两回之后他就下马，走到我的旁边，问我：看清楚了没有？能不能也一样骑射？我推辞说，不能，因为我从来没有拿过弓箭，我们是练习射枪的；不过，在我们贵族当中是有类似的娱乐……”

通过荷兰人绘声绘色的记载，我们可以发现，郑成功具有明显的胆汁质性格特征，外向、活跃、急躁。他言语直率，锋芒毕露，作风张扬，为人狂傲。

也许荷兰人的笔端，难免带有敌人先入为主的情绪化倾向。不过，中国人的记载同样验证了郑成功的个性。中国史学家评价郑成功时，往往有这样的语言：“英迈果断有余，而豁达恢宏不足，一生遇事容易冲动发怒”“失在激讦”“易以意气用事，喜得独占之功”。通过这些评价，我们可以确知，在中国史学家眼里，郑成功“不成熟”“急躁”“冲动”“不沉稳”。

确实，有许多史实可以证明这些结论。比如，他嫉恶过甚，执法过严，部属有小过亦不能宽免，常因小事而暴跳如雷。自南明永历二年（1648年）至南明永历十五年（1661年），十三年间，被他诛杀的将吏，有姓名可考者七十五员，导致许多将领忍受不了他的严刑峻法，纷纷投奔清人。后来替清军收复台湾的施琅，即是其中之一。

郑成功的个性与中国人传统的英雄形象不完全吻合。在我们眼里，一个真正的大英雄应该富于城府，深不可测，喜怒不形于色。

在为郑成功的不完美惋惜的同时，我看重的却是这一所谓性格弱点的另一面。郑成功却拥有中国人严重缺乏的可贵性格品质：少年性。

西方文化以积极和欣赏的心态来看待“少年”，少年意味着活力和创造力。西方人认为，必须让年轻人自己去闯荡世界，即使做出一些不负责任的事也不要紧，因为这正是少年的特权。

中国人则对少年人的活力有一种根深蒂固的恐惧。三十岁以前的人，在中国人看来，“血气未定”，属于“嘴上无毛，办事不牢”。非得四五十岁了，火气渐消，血性全无，才让人感觉安全可靠，才可以当领导，办大事。在传统社会里，“少年老成”是对一个人最高的褒扬。“老练”“老实”“老辣”“老马识途”“老骥伏枥”“老蚌生珠”，在中文词典里，与“老”有关的词语几乎都是褒义的。

《曲礼》说，孝就要“不登高，不临深”，“父母在，不远游”，中国的传统家庭教育一个重要目的是要取消一个孩子的冒险冲动和对外部世界的好奇。如此，一个人当然就不会有自己的见解、思想和个性，当然就更不会有任何逆反心理。这样才能把每一代新成长起来的人的热情、火气、棱角磨去，把他们纳入一成不变的生活轨迹，以维持千年不变的超稳定生活结构。

所以，中国文化缺乏朝气。“天真”“热烈”“理想主义”是中国文化中的缺色。中国文化是以发黄的故纸、深沉的紫檀色、缺乏个性的绣着团花的酱色衣服为底色，灰暗模糊，缺乏亮丽明快的色调。

只有郑成功，这个异国出生的海盗之子，性格中一直燃烧着明亮的“少年性”。因此，当清军南下之时，他才会做出与父亲截然不同的选择。

十二

南明隆武二年（1646年）二月，清军大举南征，兵锋直指郑芝龙的势力范围福建。清军南进途中，郑芝龙就已开始与之密使洽谈投降事宜。为了表达自己的诚意，郑芝龙密令自己的部下放弃天险，自动撤退，并且留下粮草，以备清军使用。

二十二岁的郑成功对父亲的行为深为不安。他与父亲展开了一次长谈。《台湾外纪》中有这样一段记载：

> 成功劝曰：“……以儿细度，闽粤之地，不比北方得任意驰驱。若凭高恃险，设伏以御，虽有百万，恐一旦亦难飞过。收拾人心，以固其本；大开海道，兴贩各港，以足其饷。然后选将练兵，号召天下，进取不难矣。”
>
> 龙曰：“稚子妄谈，不知天时时势。夫以天堑之隔，四镇雄兵且不能拒，何况偏安一隅。倘画虎不成，岂不类狗乎？”
>
> 成功曰：“吾父所见者大概，未曾细料机宜，天时地利，有不同耳。清兵马虽盛，亦不能长驱而进。我朝委系无人，文臣弄权，一旦冰裂瓦解，酿成煤山之惨。故得其天时，排闼直入，剪除凶丑，以承大统。迨至南都，非长江失恃，细察其故，君实非戡乱之君，臣又多庸碌之臣，遂使天下英雄饮恨，天堑难凭也。吾父若借其崎岖，扼其险要，则地利尚存，人心可收也。”
>
> 龙曰：“识时务为俊杰。今招我重我，就之必礼我。苟与争锋，一旦失利，摇尾乞怜，那时追悔莫及。竖子渺视，慎毋多谈。”
>
> 成功见龙不从，牵其衣跪哭曰：“夫虎不可离山，鱼不可脱渊；离山则失其威，脱渊则登时困杀。吾父当三思而行。”

郑芝龙的选择，在唐宋之后日益软熟的绝大多数国人看来，都无可厚非。毕竟，此时清人已经占领了绝大部分中国领土，只有福建、两广、云南尚未归附。满洲人的战斗力已经一再得到清晰的展示，以一省抗全局，无异螳臂当车。既然早晚都得投降，那么，晚降不如早降，被迫不如主动，消极不如积极。既然天下大势已定，就应该按归降后的利益最大化来安排现在的对策。在郑芝龙看来，现在正是像天才演员那样表演“诚恳”“积极”的大好机会。他又把海盗那一套抛胆倾心结交新知的老伎俩使了出来，清人一信相邀，就欲欣然只身前往。郑成功的劝说，他根本没有往心里去。在他眼里，二十二岁的郑成功虽然聪明精干，然而毕竟不过还是个孩子，黄口小儿，根本没有和他探讨的必要。因此，“龙见成功语繁，厌听，拂袖而起”，干脆起身离去。

老谋深算的郑芝龙无论如何都没有想到，他这个个性强烈的长子，竟然敢违抗他的命令，不但不随着自己一道投降，而且后来成为清军最坚定的敌人，并且最终因此带累得老父搭上了性命。

十三

中国思想家说，孝的最根本的意义在于“无违”，就是无条件地服从父亲。

按理说，郑芝龙的考虑无疑比郑成功更理智，更现实，也更深远。这个老海盗，凭着他在中国社会和政治风涛中的经验，已经清楚地判断出，改朝换代的大戏此时实际已经快唱完了。历史大势不容更改。降清之后，即使不能如吴三桂、尚可喜、耿精忠那样封王据土，也一定可以留住自己在福建的广大财富；穿戴异族服装，并不妨碍他继续享尽人间荣华富贵。

所以，不论是从郑成功自己考虑，还是从整个郑氏家族的利益考虑，郑成功听从父命，安心归顺，都是一个正确的选择。况且，演变中的中国文化对“忠”的要求，已经不如春秋时代那么严格。“顺天知命”已经不受社会舆论的苛责，甚至能言善辩的降臣们给自己准备的理由十分大义凛然："谁非忠臣，谁非孝子，识天命之有归，知大事之已去，投诚归命，保全亿万生灵，此仁人志士之所为，为大丈夫可以自决矣！"

然而，郑成功却做出了一个让所有人吃惊的举动。在郑芝龙命他跟随自己一同去见清朝官员时，郑成功拒不从命，并且回信说："从来父教子以忠，未闻教子以贰。今吾父不听儿言，后倘有不测，儿只有缟素而已。"

这是中国文化史上难得一见的父子决裂书。郑成功跳出数千年间笼罩在中国人头上的"孝"的禁锢，成就了自己的特异人格。这封决裂书，鲜明地昭显了郑成功激烈慷慨的少年性格。郑氏父子的差异，不仅仅在于"忠"与"叛"这样一个简单的道德标签，更在于对时势的看法。少年人对前途对世界的看法总是更为乐观，更为理想化。正像郑成功对父亲所说的那样，天下尚大有可为，"地利尚存，人心可收"。处理得好，"选将练兵，号召天下，进取不难矣"。在郑成功的眼里，时势还大有可为，这个世界上还有许多奇迹等着他去创造。

郑氏父子的另一个差异是对人生的看法。在郑芝龙看来，什么"民族""帝国"这些宏大之事，对他来讲等同于无。人生在世，就在于要有势力、有财富、有女人，这就够了。这个老海盗的人生观是典型的中国人实用主义的"身体化"人生观。而少年郑成功的人生观无疑是一种英雄主义、理想主义的人生观。在郑成功看来，荣誉重于生命，当然更重于物质利益。人活着，不仅仅要为"身"，更要为"心"。所以，不久之后，他写了中国史上独一无二的"教父篇"，要父亲"自爱"：

> 我家本起草莽，玩法聚众，朝廷不加诛，更赐爵命。至于今上，宠荣迭承，阖门封拜，以儿之不肖，赐国姓，掌玉碟，畀印剑，亲若肺腑，即糜躯粉骨，岂足上报哉？今既不能匡君于难，至宗社堕地，何忍背恩求生，反颜他事乎？大人不顾大义，不念宗嗣，投身虎口，事未可知。赵武、伍员之事，古人每图其大者。唯大人努力自爱，勿以成功为念！

西方文化是弑父文化，中国文化是弑子文化。在中国历史上，只见过父教子，哪里见过子教父？然而，郑成功却在精神上弑父，成了独一无二的“逆子”。后来，在与清廷谈判时，他屡屡说：“不知有父，久矣。”他给郑芝龙写了一封模棱两可的回信，摘要如下：

违侍膝下，八年于兹矣。但吾父既不以儿为子，儿亦不敢以子自居。坐是问候阔绝，即一字亦不相通。总由时势殊异，以致骨肉悬隔。盖自古大义灭亲，从治命不从乱命。儿初识字，辄佩服《春秋》之义，自丙戌（**南明隆武二年**，1646）冬父驾入京时，儿既筹之熟，而行之决矣。

父既误于前，儿岂复再误于后乎？儿在本朝，亦既赐姓矣，称藩矣，人臣之位已极，岂复有加者乎？况儿功名之念素淡，若复作冯妇，更非本心。此可为智者道耳。不然，悬乌有之空名，蒙已然之实祸，而人心思奋，江南亦难久安也。

郑成功的选择，不论在当时，还是在后世看来，都是一个不明智的选择。他这支大木，虽然高大，终于没有撑起明王朝的天空。历史证明了那些投降者的眼光和见识。然而，在当时和后来的漫长中国历史上，“识时务”的“俊杰”出现得太多了，这些人聪明得让人郁闷，理智得让人心灰。只有郑成功的出现，才让历史阅读者稍稍舒一口气。

十四

普罗岷西亚投降之后，郑成功大为振奋，集中全军包围了热兰遮，希望一鼓作气，一举拿下荷兰人盘踞的最后堡垒。

然而，热兰遮城却非普罗岷西亚城可比。热兰遮城内守军约一千人，是普罗岷西亚城的五倍，荷兰人绝大部分军用物资都囤积于此，城高墙厚，守备完善。城四隅向外突出，置炮二十尊；南北各置巨炮十尊。荷军火炮密集，射程远，封锁了周围每条道路，所以无论从哪一方面接近，都会受到堡上炮火的轰击。五月二十六，郑成功决定冒死进攻，他调集了所能征集到的全部二十八门大炮，在清晨时分出其不意，向台湾城猛轰，瞬间摧毁台湾城大部胸墙，城上毫无防备的荷军多被击伤。

然而，郑军的二十八门大炮仅给荷兰人带来了片刻的惊慌。揆一在《被忽视的福摩萨》中回忆说，荷兰人对炮战还是抱有充分的信心的。“我方战士立刻跑到城堡的胸墙上，打算用真正荷兰人的气概来回答中国人的清晨礼炮。”

荷军长官“用有经验的眼睛一看，马上看出敌方大炮的弱点，全无掩蔽，容易受到攻击；同时又看到，敌人正因炮轰成功而兴高采烈，希望在城墙上打开一个缺口，许多人都跑到防御工事外面来回走动，轻率地暴露了目标”。于是，荷军指挥官命令所有炮火做好准备。“等到时机已到，他便下令从上下左右各个方向，同时向没有掩蔽的中国兵开火。果然战绩卓著，第一次攻击，就使敌人死伤遍野。”“如以俘虏或逃兵间所流传的说法为准，敌人足足死了一千人，伤者无数。”

荷兰人掌握的数字是准确的。梅也在日记中说：“今天从清晨到整个上午，我们听见在大员有强烈的炮声。不久，也看到那炮战的结果，有很多受伤的中国人被带来赤嵌，所有的房子和角落都挤满了人，我们的五个医生整天为他们包扎，几乎没有时间停下来吃口饭……听说死亡人数超过一千人，受伤的多达七八百。”

因为轻敌，郑成功付出了登台以来最大的代价。看来，荷兰人的“红夷大炮”不是浪得虚名。武器技术差距的巨大鸿沟，不是仅仅靠勇气就可以填平。

吃此一堑，郑成功痛定思痛，决定改取长围久困、且耕且战的方针。郑军在所有通向城堡的街道都筑起防栅，并挖了一条很宽的壕沟，围困荷军。八个月之久的围困开始了。

十五

漫长的包围使荷兰人逐渐失去了斗志。

十二月十六，一批荷兰守兵偷偷出城，向郑军投降。他们不仅详细讲述了热兰遮城内的情况，还建议郑成功先攻占城边小山头上的乌特勒支堡，然后居高临下，一举可攻破热兰遮。郑成功欣然接受了这个建议，在南明永历十六年（1662年）一月，再次调集二十八门巨炮、无数的弹药和数千名士兵，利用挖壕战术，不顾荷兰人顽强的火力抵抗，在经历了重大牺牲后，终于在二十五的晚上占领了这个有利的制高点。

荷兰人经此一役，已经走投无路。乌特勒支堡失陷当晚，“热兰遮城里面的守军彻夜发射大炮、迫击炮、步枪和投射手榴弹，城堡里面就像着火一样”。东印度公司战事评议会也彻夜开会，商讨是拼死出击还是继续抵抗。经过理智的权衡，荷兰人最终决定向郑成功投降。二月初一，双方开始谈判，在二月十日达成了一共十八条条款的协议，荷方同意将热兰遮城城堡交给国姓爷。二月十二，荷兰人撤出了热兰遮城。

幸运地在战争中活下来的梅和其他荷兰人，一起乘船离开了台湾岛。在船上，他看到“国姓爷亲率几个武装士兵，从已经毁坏的乌特勒支碉堡，向角城的后方骑马下来，进入热兰遮城堡里面”。

梅伤心地说：“就这样，热兰遮城堡和整个福摩萨岛丧失了，使我们的国民在这东印度地区蒙受不小的羞辱，也使我们的老板主人蒙受了很大的损失。我也完全破产，我的东西全部丧失了。”

在骑马走进热兰遮城堡的那一刻，郑成功心中充满喜悦，然而他却无法意识到这一时刻的历史意义。他所知道的是他赶跑了一千多个红毛夷人，获得了反清复明的基地，他所不知道的是，这次战役标志着在东西半球的第一次正式海上对决中，东方取得了第一次，也是唯一的一次胜利。他不知道这标志着